Claudia Irle-Utsch

AF634619

Siegerland und Wittgenstein

Unterwegs in Südwestfalen – an Sieg, Lahn und Eder

50 ausgewählte Touren

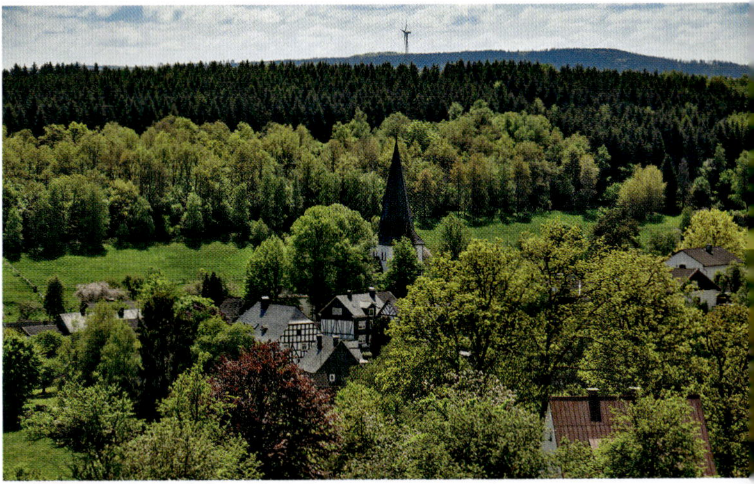

ROTHER
BERGVERLAG

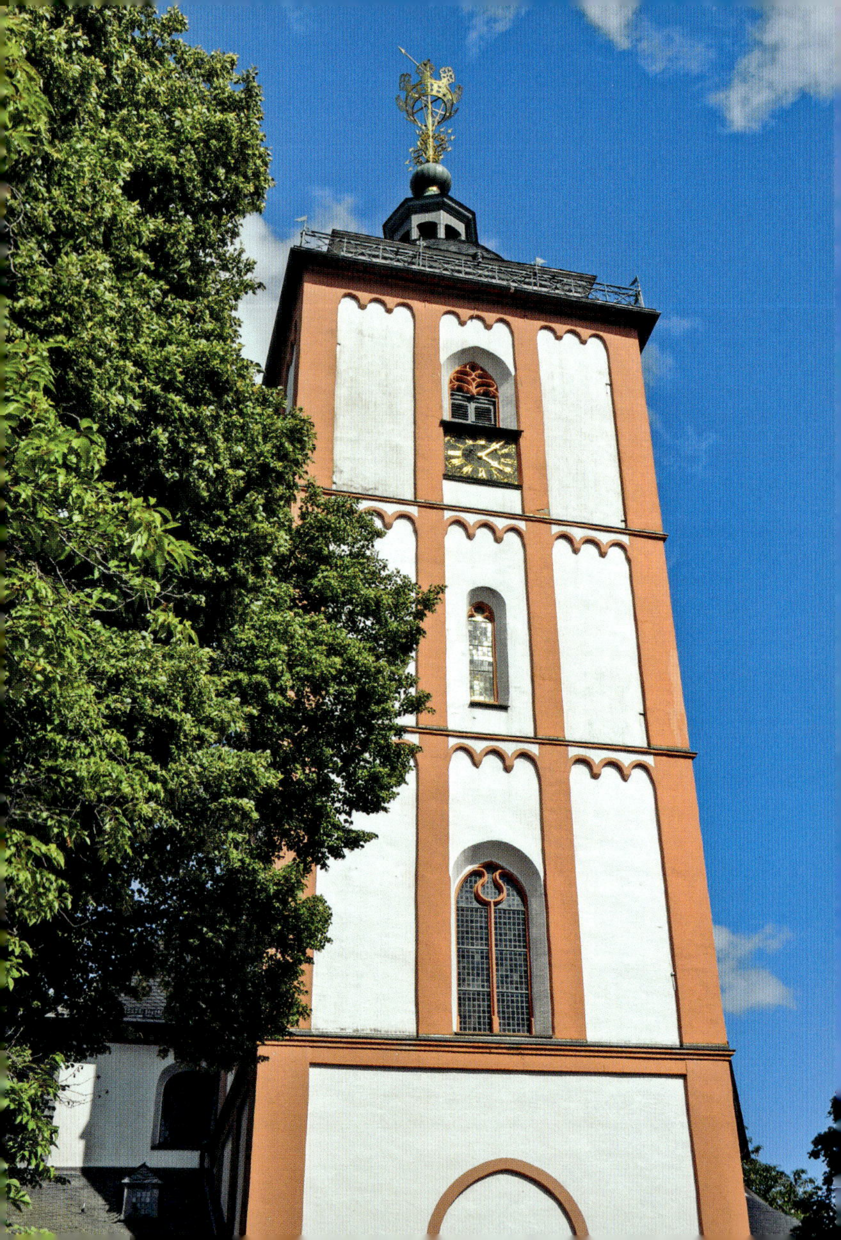

VORWORT

Viele hundert Kilometer bin ich in den Jahren 2021/22 gewandert, um fünfzig exemplarische Touren zu finden, mit denen sich die Region, die meine Heimat ist, stimmig beschreiben lässt. Dabei habe ich Siegerland und Wittgenstein ganz neu entdecken können, inklusive des Staunens über die Schönheit dieser Mittelgebirgslandschaft an Sieg, Lahn und Eder. Dabei war das Ende eines Weges oft der Anfang eines neuen. Besonders eindrucksvoll war für mich, zu sehen, wie grün die Großstadt Siegen tatsächlich ist: den Berg hinauf, ins Tal hinein – und schon sind Walderlebnis, ländliche Idylle und ganz viel frische Luft im Übermaß vorhanden.

Augenblicklich unterliegt der Süden Westfalens einem enormen landschaftlichen Wandel. Zwar zeichnet der Waldreichtum die Gegend immer noch aus, doch erfordert(e) der Borkenkäferbefall massive Rodungen der einst ausgedehnten Fichtenwälder. Die Folge: brachliegende Flächen und manchmal kurzfristig modifizierte Wegführungen, aber auch grandiose Aus- und Fernsichten.

Da Wandern in Siegerland und Wittgenstein ein Trend mit Tradition ist, tüfteln kommunale Touristiker im Verbund mit örtlichen Vereinen immer wieder an neuen, auch zertifizierbaren Wanderwegen. Mittelfristig wird der Natursteig Sieg von der rheinland-pfälzischen Grenze bis zur Siegquelle weitergeführt sein. Entlang dieser drei finalen Etappen sind weitere Rundwege geplant. Das Wegenetz verändert sich unentwegt. Es bleibt also spannend.

Ich gehe weiter, bin auch künftig zu Fuß an Sieg, Lahn und Eder unterwegs. Und das besonders gern mit meinem Mann, der mir auch bei der Durchsicht des Manuskripts ein wertvolles Korrektiv gewesen ist. Herzlichen Dank!

Herbst 2022 Claudia Irle-Utsch

Den Turm der Nikolaikirche schmückt das Wahrzeichen der Stadt Siegen: das Krönchen.

INHALTSVERZEICHNIS

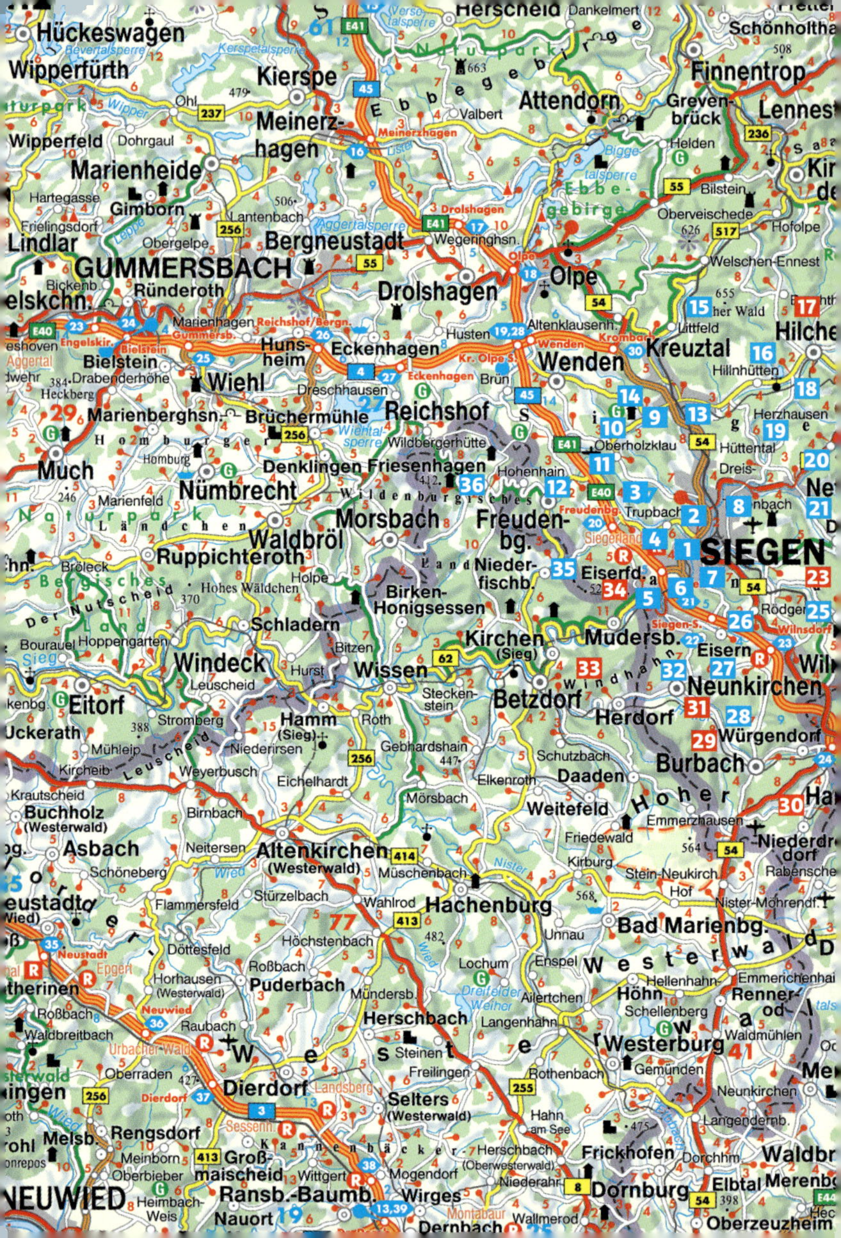

Hückeswagen
Wipperfürth
Kierspe
Meinerzhagen
Herscheid
Attendorn
Finnentrop
Schönholthausen
Grevenbrück
Lennestadt
Valbert
Ebbegebirge
Naturpark
Wipperfeld
Dohrgaul
Ohl
Marienheide
Gimborn
Hartegasse
Lantenbach
Helden
Bilstein
Oberveischede
Hofolpe
Frielingsdorf
Lindlar
Obergelpe
GUMMERSBACH
Bergneustadt
Wegeringhsn.
Olpe
Drolshagen
Welschen-Ennest
Bickenb.
Ründeroth
Marienhagen
Hünsheim
Eckenhagen
Husten
Altenklausenh.
Littfeld
Kreuztal
Hilchenbach
Engelskirchen
Bielstein
Wiehl
Drabenderhöhe
Heckberg
Dreschhausen
Brün
Wenden
Hillnhütten
Marienberghsn.
Brüchermühle
Reichshof
Herzhausen
Homburger Ländchen
Homburg
Wildbergerhütte
Oberholzklau
Hüttental
Much
Nümbrecht
Denklingen
Friesenhagen
Hohenhain
Dreis-Tiefenbach
Marienfeld
Wildenburgisches Land
Morsbach
Freudenberg
Trupbach
Waldbröl
SIEGEN
Ruppichteroth
Bröleck
Niederfischbach
Eiserfeld
Bergisches Land
Hohes Wäldchen
Holpe
Birken-Honigsessen
Der Nutscheid
Schladern
Mudersbach
Rödgen
Bourauel
Hoppengarten
Bitzen
Kirchen (Sieg)
Eisern
Windeck
Hurst
Wissen
Leuscheid
Steckenstein
Betzdorf
Neunkirchen
Eitorf
Stromberg
Hamm (Sieg)
Roth
Herdorf
Uckerath
Mühleip
Niederirsen
Gebhardshain
Würgendorf
Kircheib
Leuscheid
Weyerbusch
Eichelhardt
Schutzbach
Daaden
Burbach
Krautscheid
Elkenroth
Buchholz (Westerwald)
Birnbach
Mörsbach
Weitefeld
Hoher Westerwald
Emmerzhausen
Asbach
Neitersen
Altenkirchen (Westerwald)
Friedewald
Niederdresselndorf
Schöneberg
Müschenbach
Kirburg
Rabenscheid
Stein-Neukirch
Flammersfeld
Stürzelbach
Wahlrod
Hachenburg
Hof
Nister-Möhrendorf
Bad Marienberg
Unnau
Döttesfeld
Höchstenbach
Horhausen (Westerwald)
Roßbach
Puderbach
Lochum
Enspel
Hellenhahn
Emmerichenhain
Höhn
Rennerod
Mündersbach
Dreifelder Weiher
Ailertchen
Schellenberg
Roßbach
Waldbreitbach
Raubach
Herschbach
Langenhahn
Waldmühlen
Urbacher Wald
Steinen
Westerburg
Oberraden
Freilingen
Gemünden
Dierdorf
Rothenbach
Neunkirchen
Selters (Westerwald)
Hahn am See
Langendernb.
Rengsdorf
Melsb.
Meinborn
Oberbieber
Großmaischeid
Kannenbäcker
Herschbach (Oberwesterwald)
Frickhofen
Dorchheim
Waldbrunn
Mogendorf
Wittgert
Niederahr
Dornburg
Elbtal
Merenberg
NEUWIED
Heimbach-Weis
Ransb.-Baumb.
Wirges
Nauort
Montabaur
Wallmerod
Dernbach
Oberzeuzheim

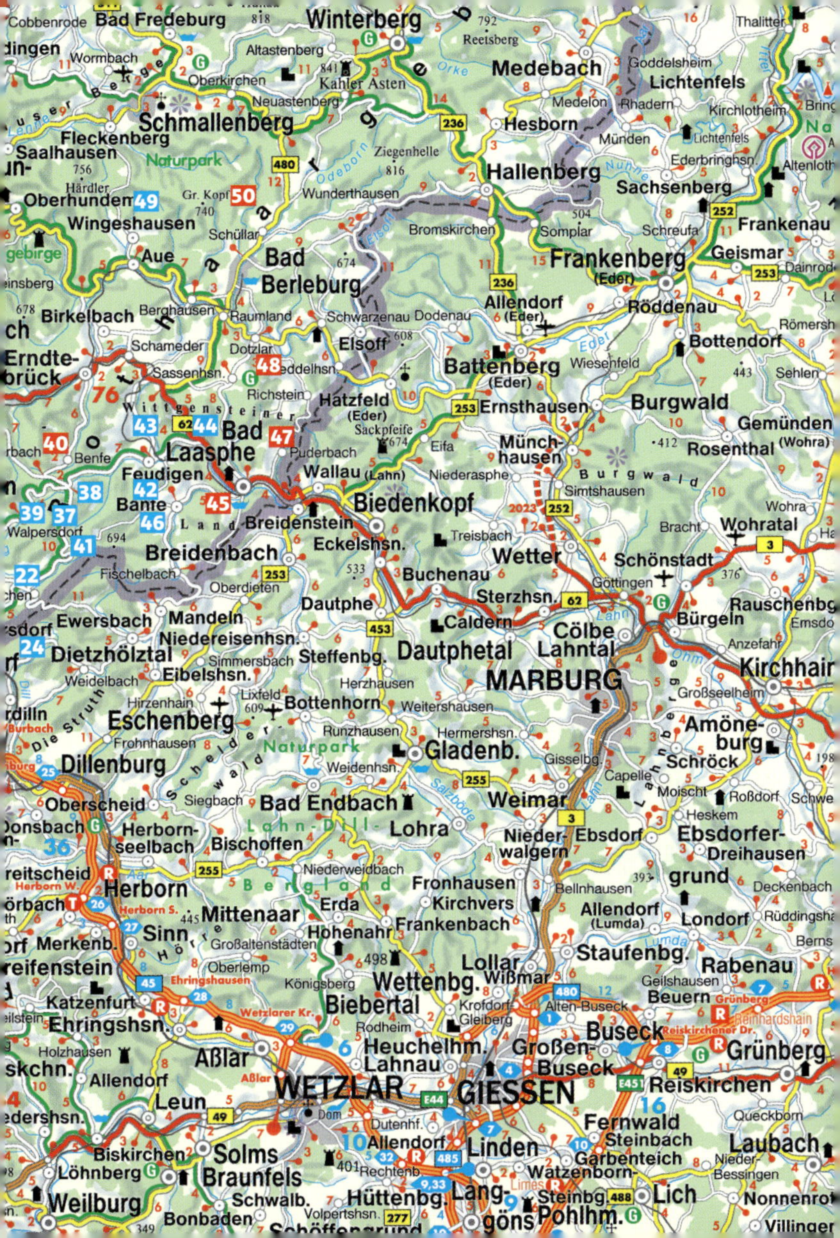
Cobbenrode
Bad Fredeburg
Winterberg
Medebach
Thalitter
Wormbach
Altastenberg
Reetsberg
Goddelsheim
Lichtenfels
Oberkirchen
Kahler Asten
Orke
Medelon
Rhadern
Kirchlotheim
Neuastenberg
Schmallenberg
Hesborn
Münden
Fleckenberg
Saalhausen
Naturpark
Ziegenhelle
Hallenberg
Ederbringhsn.
Sachsenberg
Altenloh
Härdler
Gr. Kopf
Wunderthausen
Oberhundem
Wingeshausen
Schüllar
Bromskirchen
Somplar
Schreufa
Frankenau
Aue
Bad Berleburg
Frankenberg (Eder)
Geismar
Birkelbach
Berghausen
Raumland
Schwarzenau
Dodenau
Allendorf (Eder)
Röddenau
Bottendorf
Schameder
Dotzlar
Elsoff
Battenberg (Eder)
Wiesenfeld
Erndtebrück
Sassenhsn.
Beddelhsn.
Sehlen
Richstein
Hatzfeld (Eder)
Ernsthausen
Burgwald
Gemünden (Wohra)
Wittgensteiner
Sackpfeife
Eifa
Münchhausen
Rosenthal
Benfe
Laasphe
Puderbach
Feudigen
Wallau (Lahn)
Niederasphe
Simtshausen
Banfe
Biedenkopf
Wohra
Breidenstein
Treisbach
Bracht
Wohratal
Walpersdorf
Breidenbach
Eckelshsn.
Wetter
Schönstadt
Fischelbach
Buchenau
Göttingen
Oberdieten
Sterzhsn.
Rauschenberg
Dautphe
Caldern
Bürgeln
Ewersbach
Mandeln
Cölbe
Emsdorf
Niedereisenhsn.
Lahntal
Anzefahr
Dietzhölztal
Simmersbach
Steffenbg.
Dautphetal
Kirchhain
Weidelbach
Eibelshsn.
Herzhausen
MARBURG
Hirzenhain
Lixfeld
Bottenhorn
Weitershausen
Großseelheim
Eschenberg
Amöneburg
Runzhausen
Hermershsn.
Frohnhausen
Gladenb.
Dillenburg
Weidenhsn.
Gisselbg.
Schröck
Capelle
Oberscheid
Siegbach
Bad Endbach
Weimar
Moischt
Roßdorf
Donsbach
Herbornseelbach
Bischoffen
Lohra
Nieder-walgern
Ebsdorf
Heskem
Ebsdorfergrund
Dreihausen
Niederweidbach
Herborn
Fronhausen
Bellnhausen
Deckenbach
Erda
Kirchvers
Allendorf (Lumda)
Londorf
Mittenaar
Sinn
Hohenahr
Frankenbach
Merkenb.
Großaltenstädten
Staufenbg.
Rabenau
Oberlemp
Geilshausen
Katzenfurt
Königsberg
Wettenbg.
Biebertal
Lollar
Wißmar
Beuren
Ehringshsn.
Krofdorf-Gleiberg
Alten-Buseck
Rodheim
Buseck
Grünberg
Holzhausen
Aßlar
Heuchelhm.
Großen-Buseck
Lahnau
Allendorf
WETZLAR
GIESSEN
Reiskirchen
Leun
Dutenhf.
Queckborn
Fernwald
Steinbach
Laubach
Allendorf
Linden
Biskirchen
Solms
Garbenteich
Löhnberg
Braunfels
Rechtenb.
Watzenborn-
Bessingen
Weilburg
Schwalb.
Hüttenbg.
Lang-göns
Steinbg.
Lich
Nonnenroth
Bonbaden
Volpertshsn.
Pohlhm.
Villingen

TOP-TOUREN

Historischer Rundweg Achenbach
Wanderung am Rande der Großstadt Siegen mit jeder Menge Geschichte und Geschichten *(Tour 4, 3.30 h).*

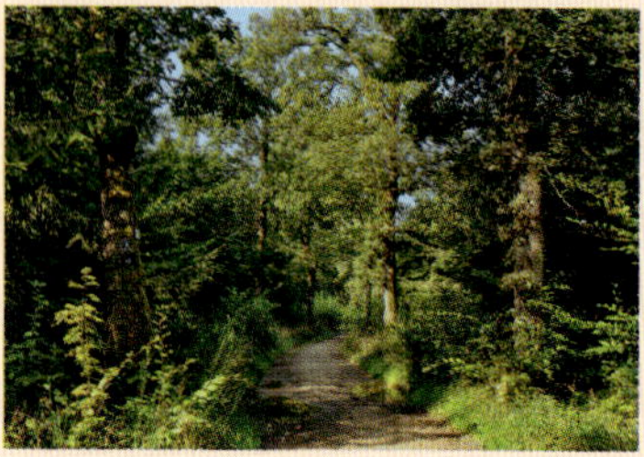

Von Bühl zum Ischeroth
Dörfliche Idylle und ein famoser Lugins-Land nicht weit von Freudenberg *(Tour 11, 2.00 h).*

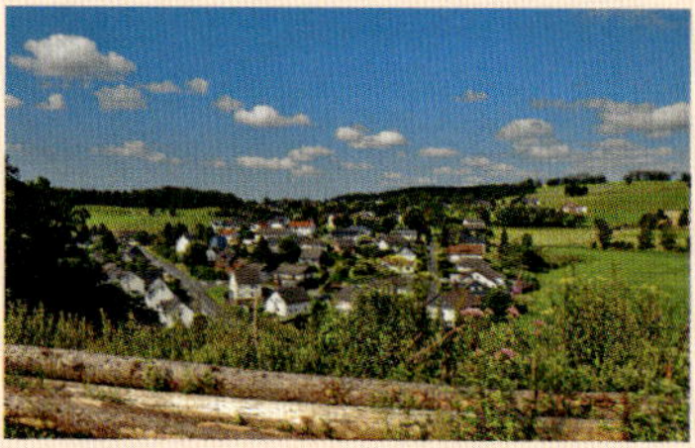

Der Sonnenweg bei Irmgarteichen
Aussichtsreiche Tour für Naturfreunde mit Ausklang an einer Wasserburg *(Tour 22, 4.00 h).*

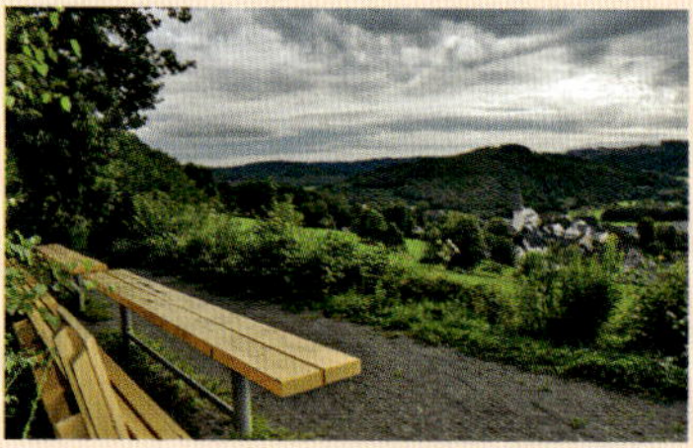

Dill-Bergtour ab Offdilln
Mit der Nase im Wind über die Höhen eines Grenzgebirges. Es locken spektakuläre Fernblicke *(Tour 24, 4.30 h).*

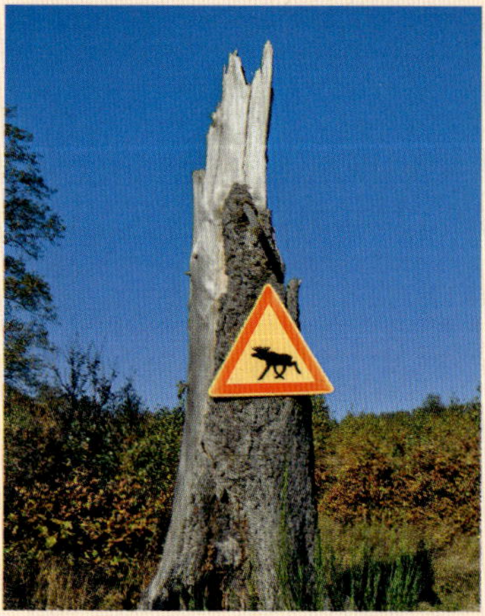

Von Wahlbach zu den Trödelsteinen
Vom romantischen Buchhellertal zu einer Basaltkuppe mit Gipfelkreuz – ein Erlebnis für die ganze Familie *(Tour 29, 3.00 h).*

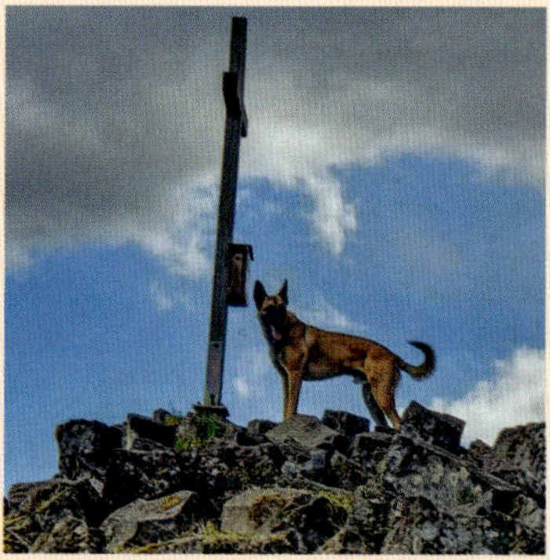

Unterwegs im Wildenburger Land
Geschichtsträchtige Runde mit Schloss, Burg und Kapellen *(Tour 36, 3.00 h).*

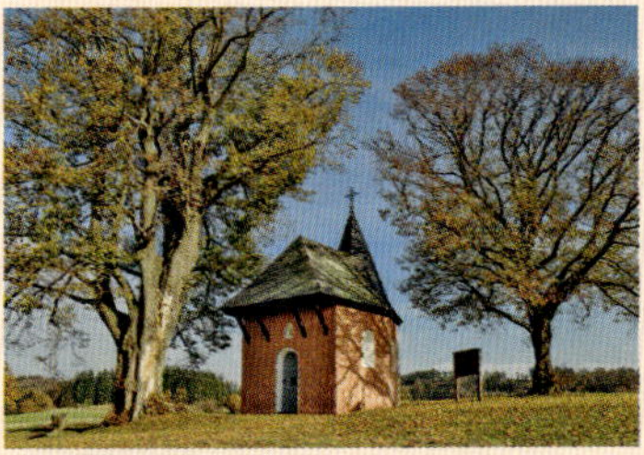

Von Lützel über die Ederquelle nach Erndtebrück
Wunderschöne Zwei-Flüsse-Tour im Quellgebiet des Rothaarkamms *(Tour 40, 5.00 h).*

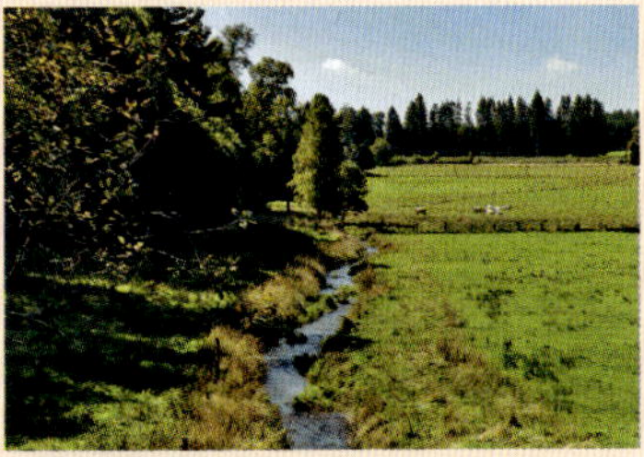

Bad Laaspher Lahn-Facette Entenberg
Gipfelerlebnis an der Grenze zu Hessen mit einem abwechslungsreichen Auf und Ab *(Tour 45, 3.00 h).*

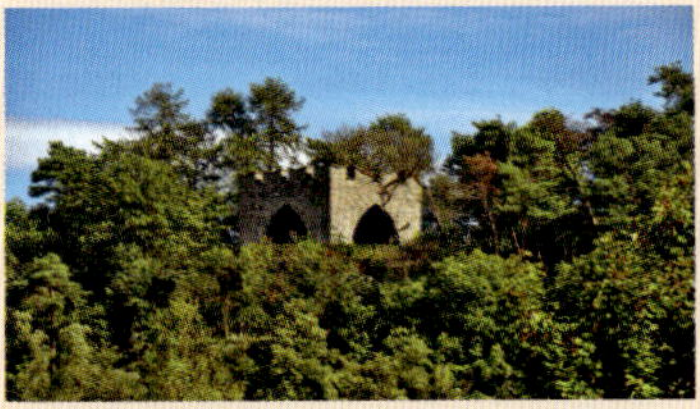

Die Via Celtica bei Dotzlar
Landschaftlich herausragende Tour mit zum Teil alpinem Charakter und Flussgenuss an der Eder *(Tour 48, 5.00 h).*

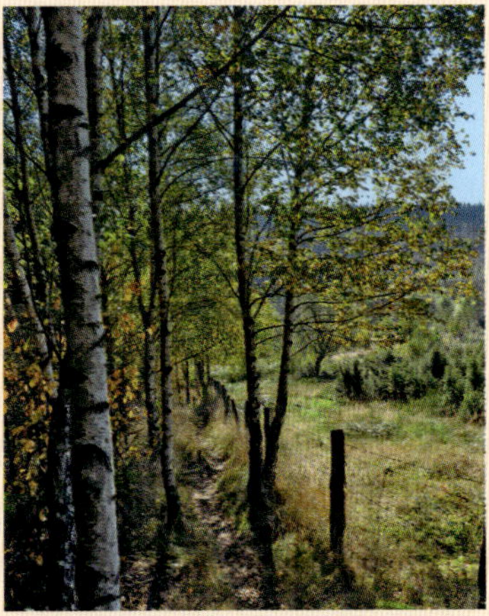

Von Girkhausen nach Bad Berleburg
Wittgensteiner Panoramen und Waldskulpturen – eine Symbiose von Natur und Kunst *(Tour 50, 5.30 h).*

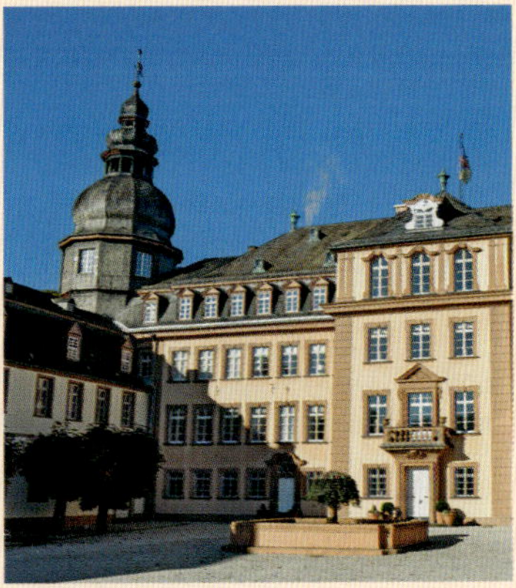

WICHTIGE HINWEISE FÜR UNTERWEGS

Anforderungen

Die Mehrzahl der hier vorgestellten Wanderungen in Siegerland und Wittgenstein bemisst sich auf eine Streckenlänge von 5 bis 12 Kilometern. Nur wenige Touren sind kürzer; darunter ein Stadtrundgang durch die Siegener Innenstadt. Doch auch Freundinnen und Freunde etwas längerer Wege werden fündig: im nördlichen und südlichen Siegerland ebenso wie im Wittgensteiner Land. Gerade die längeren Touren erfordern ein gewisses Maß an Ausdauer und für manches Bergauf und Bergab braucht es eine gute Kondition. Wo Trittsicherheit vonnöten ist, findet sich in der Beschreibung ein konkreter Hinweis.

SCHWIERIGKEITSKATEGORIEN

■ = Leicht

Diese Kategorie umfasst breite Forst-, Wald- und Wiesenwege, die selten, aber manchmal dann doch auch über Asphalt führen. Nur ab und an geht es über Stock und Stein.

■ = Mittel

Die Wege erfordern aufgrund ihrer Streckenlänge und auch der zu bewältigenden Höhenunterschiede ein gutes Maß an Ausdauer. Wegführungen über felsige, rutschige, steile oder sehr unebene Passagen verlangen Trittsicherheit.

Gehzeiten

Die angegebenen Gehzeiten richten sich nach einer durchschnittlichen Wandergeschwindigkeit von vier Kilometern in der Stunde. Immer handelt es sich um die reine Gehzeit – ohne Pausen oder Zeiten für Besichtigungen.

Wanderzeit, Wanderwege, Wegmarkierungen

Die beschriebene Region lässt sich rund ums Jahr erwandern. Dabei hat jede Jahreszeit ihren besonderen Reiz: das Frühjahr mit dem »Chor« von Amsel, Drossel, Fink und Star, der Sommer mit Streifzügen entlang herrlich blühender Wiesen, der Herbst mit dem Genuss der klaren Luft und einer Anmutung von »Indian Summer«, der Winter mit verschneiten Landschaften. Gerade bei den aussichtsreichen Touren empfiehlt sich, zumal im Herbst, das Konsultieren des Wetterberichts – zu schade, wenn das Panorama vernebelt wäre! Vorsicht ist geboten bei anhaltendem Regen oder auch Tauwetter, dann können die Wege aufgeweicht und daher rutschig sein. Mitunter sind aufgrund von Waldarbeiten oder nach heftigen Stürmen manche Wege zerfahren. Zu beachten ist, dass aufgrund der forstlichen Veränderungen Wege anders geführt werden oder Wegzeichen

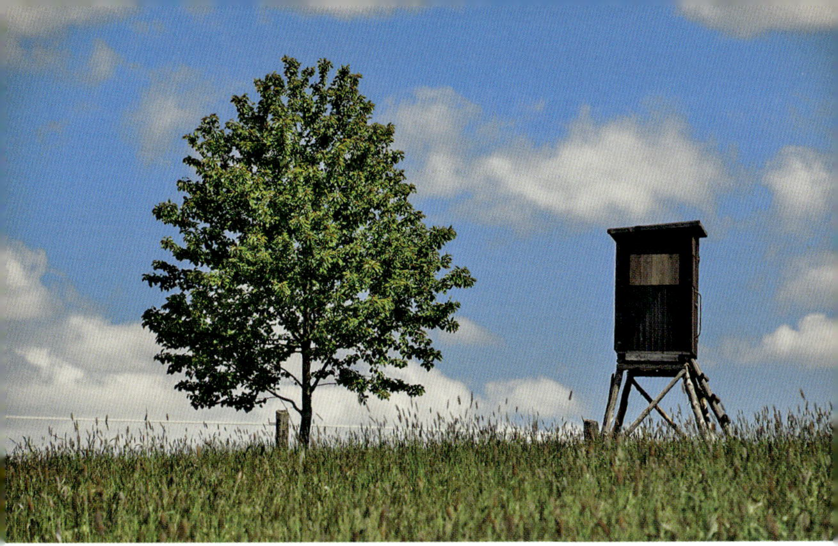

Sommerstimmung im ländlichen Umfeld der Großstadt Siegen.

fehlen können. Es kann zu kurzfristigen Sperrungen oder Umleitungen kommen. In der Regel sind die Tourist-Infos (→ Seite 17) darüber informiert, eine vorherige Nachfrage ist angeraten. Insgesamt sind die meist von den Sektionen des Sauerländischen Gebirgsvereins (SGV) betreuten Wege in Siegerland und Wittgenstein in einem sehr gepflegten Zustand, was sich auch an der nahezu durchweg eindeutigen Markierung zeigt. Diese wird in den einzelnen Tourenbeschreibungen im Text ausgewiesen.

GPS-TRACKS UND KOORDINATEN DER AUSGANGSPUNKTE

Zu diesem Wanderführer stehen auf www.rother.de GPS-Tracks und Koordinaten der Ausgangspunkte zum kostenlosen Download bereit.
1. Auflage, Passwort: **459601nwr**
Sämtliche GPS-Daten wurden von der Autorin auf einer digitalen Karte erfasst. Verlag und Autorin haben die Tracks und Wegpunkte nach bestem Wissen und Gewissen überprüft. Dennoch können wir Fehler oder Abweichungen nicht ausschließen, außerdem können sich die Gegebenheiten vor Ort zwischenzeitlich verändert haben. GPS-Daten sind zwar eine hervorragende Planungs- und Navigationshilfe, erfordern aber nach wie vor sorgfältige Vorbereitung, eigene Orientierungsfähigkeit sowie Sachverstand in der Beurteilung der jeweiligen (Gelände-)Situation. Man sollte sich für die Orientierung auch niemals ausschließlich auf GPS-Gerät und -Daten verlassen.

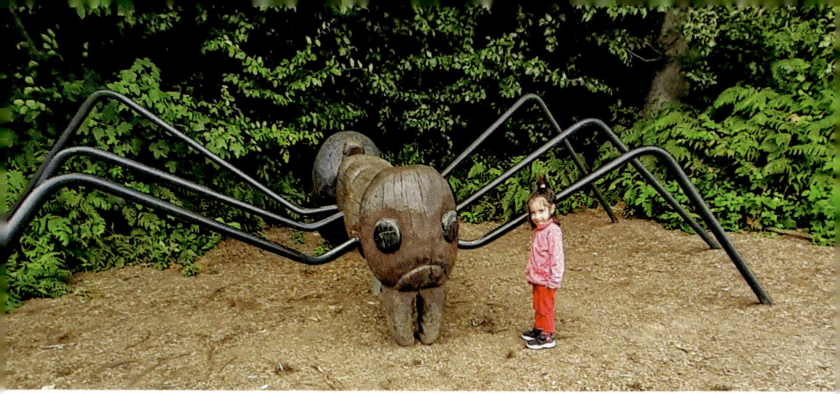

Die riesige Waldameise macht kleinen und großen Leuten Freude.

Ausrüstung

Die Wanderschuhe sollten fest, möglichst knöchelhoch und mit einer guten Profilsohle versehen sein. Noch besser, wenn das Schuhwerk auch wasserdicht oder wasserabweisend ist und das nicht nur bei Regen oder Schnee, denn manche Wege führen über Gras und durch sumpfiges Terrain oder erfordern das Durchqueren eines Bachs. Bei Touren, die sehr steile Passagen aufweisen, empfehlen sich Trekkingstöcke. In den Rucksack gehören je nach Wetterlage Regen- und/oder Sonnenschutz. Eine warme Jacke zum Überziehen schadet im Mittelgebirge nie. Ratsam ist es, Wasser oder Tee mitzunehmen sowie, selbst bei den Touren mit Einkehrmöglichkeit, etwas Proviant.

SYMBOLE

Symbole im Tourenkopf	Gipfel
Mit Bahn/Bus erreichbar	Kirche, Kapelle / Kapellenschule
Einkehrmöglichkeit unterwegs	Burg, Schloss, Ruine
für Kinder geeignet	Aussichtsturm
	Aussichtsplatz
Symbole im Höhenprofil	Quelle
Ort mit Einkehrmöglichkeit	Picknickmöglichkeit
Einkehrmöglichkeit, Hotel	Mühle
Unterstand, Schutzhütte	Brücke
Parkplatz	Abzweigung
Bahnhof	Naturdenkmal
Bushaltestelle	archäologische Stätte

Wandern mit Kindern

Explizit an Familien mit Kindern richtet sich der Kleine Rothaar (Tour 41). Besonders zu empfehlen sind außerdem die Spazierrunde durch den Siegener Tiergarten (Tour 2), der Weg zu den Trödelsteinen bei Wahlbach (Tour 29) und der Köhlerpfad bei Walpersdorf (Tour 37). Abseits einer weiten Strecke lässt sich ein Höhepunkt auch gesondert bzw. über einen kürzeren Zuweg ansteuern: wie die Wisent-Welt bei Aue-Wingeshausen (Tour 49), wie der Entenberg bei Bad Laasphe (Tour 45) oder mancher Aussichtsturm. Kürzere Runden entlang oder in der Nähe des Weges sind etwa der Eichhörnchenweg bei Niederfischbach (Tour 35), das Walderlebnis Siegquelle (Tour 38) oder die »Märchenspur« in Bad Berleburg (Tour 50). Der Wasserreichtum der Region ermöglicht vielerorts eine Rast am Bach: etwa im Wetterbachtal (Tour 30), im Weißbachtal (Tour 25) oder im Ilsetal (Tour 42).

Einkehrmöglichkeiten und Unterkunft

Da sich Einkehrmöglichkeiten oft erst am Ende der Tour ergeben und diese wiederum nicht unbedingt an jedem Wochentag, empfiehlt sich ein gut gefüllter Verpflegungsrucksack. Vielerorts gibt es Ruhebänke oder Picknickplätze. Wer den Besuch eines Cafés, Restaurants oder Ausflugslokals fest einplanen möchte, sollte sich vorab telefonisch informieren und gegebenenfalls anmelden. Sämtliche Wanderungen sind als Tages-, Halbtages- oder gar als Feierabendtour vorgeschlagen. Wer auf einer Reise länger in Siegerland und Wittgenstein bleiben möchte, dem bietet sich eine Vielzahl an Übernachtungsangeboten. Eine erste, gute Anlaufstelle ist der Touristikverband Siegerland-Wittgenstein (→ Seite 17). Jugendherbergen finden sich in Hilchenbach und Freusburg sowie am nahen Biggesee bei Olpe. Zu manchen Routen gibt es auch einen Übernachtungstipp.

Anreise

Bahn: Eine Anreise zum Siegener Hauptbahnhof ist von Frankfurt/Gießen (RE99), Aachen/Köln (RE9) oder Essen/Hagen (RE16, RB91) möglich. Dazu gibt es eine Intercity-Anbindung (Frankfurt – Münster – Emden – Norddeich-Mole). Erndtebrück und Bad Berleburg sind mit der Rothaar-Bahn

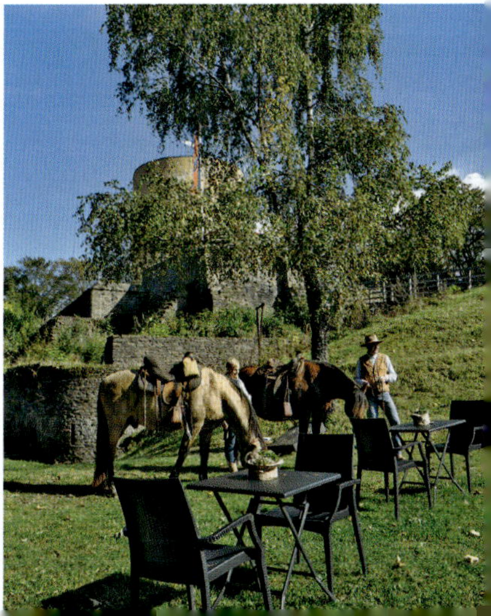

Eine wunderschöne Einkehrmöglichkeit bietet sich an der Ginsburg bei Hilchenbach (Tour 18).

(RB93) zu erreichen, Bad Laasphe von Erndtebrück oder Marburg aus mit der Oberen Lahntal-Bahn (RB94). Die genannten Strecken erschließen auch die Region selbst. Dazu gesellen sich die Hellertal-Bahn (RB96), die von Betzdorf über Herdorf, Neunkirchen, Burbach und Haiger nach Dillenburg führt, und die Sieg-Dill-Bahn (RB95) von Dillenburg über Siegen nach Au.
Bus: Siegen ist z. B. mit dem Flixbus zu erreichen, die Haltestation findet sich in Siegen an der Koblenzer Straße 45 (www.flixbus.de). Das Linienbusnetz in Siegen-Wittgenstein und den Nachbargebieten in Rheinland-Pfalz ist vor allem entlang der Hauptverkehrsadern dicht. In eher verkehrsschwachen Räumen ersetzen Taxibusse den Linienbus, örtlich gibt es auch sogenannte Bürgerbusse. Weitere Infos beim Zweckverband Personennahverkehr Westfalen-Süd (ZWS), Tel. +49 1806 504030 oder www.zws-online.de. Für den Öffentlichen Personen-Nahverkehr im Kreis Altenkirchen zuständig ist der Verkehrsverbund Rhein-Mosel, Tel. +49 800 5986986, www.vrminfo.de. Im Lahn-Dill-Kreis hilft die Verkehrsgesellschaft Lahn-Dill-Weil mbH weiter, Tel. +49 69 24248024, www.rmv.de.
Auto: Nach Siegerland und Wittgenstein führen die Autobahnen A45 (Sauerlandlinie) und A4.

Fern- und Weitwanderwege

- Europäischer Fernwanderweg E1: Nordsee – Bodensee (hier 108 km in 5 Etappen vom sauerländischen Oberkirchen über Bad Berleburg, Bad Laasphe und Siegen nach Herdorf)
- Rothaarsteig: Brilon – Dillenburg (154 km, 8 oder 12 Etappen)

Der Bahnhof Vormwald ist ein idealer Ausgangspunkt, zum Beispiel für den Jung-Stilling-Rundweg bei Grund (Tour 18).

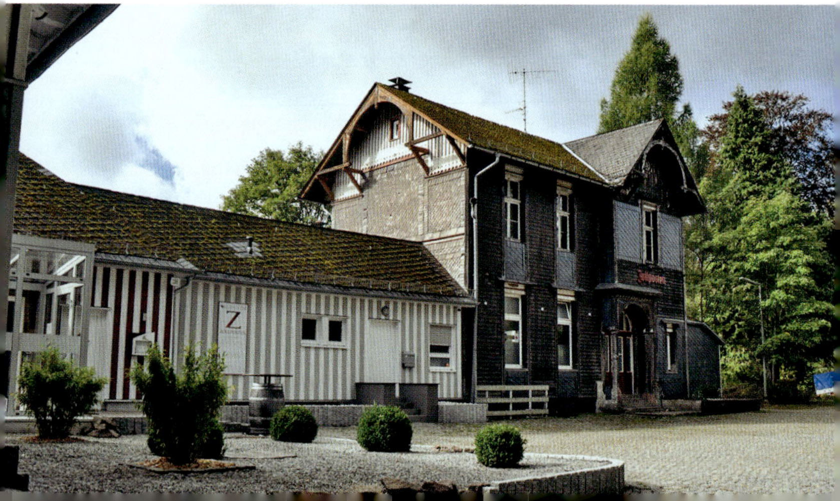

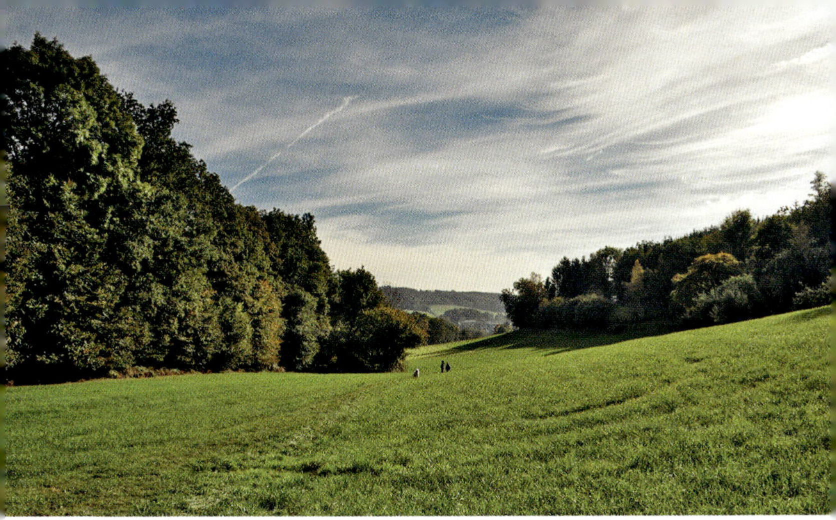

Unser Weg bringt uns auf ein schön gelegenes freies Feld. Es geht auf Littfeld zu (Tour 15).

- Natursteig Sieg: Siegburg – Mudersbach (200 km, 14 Etappen; Weiterführung bis zur Siegquelle in Planung)
- Lahnwanderweg: Lahnquelle – Lahnstein (290 km, 19 Etappen)
- Ederhöhenweg: Ederquelle – Kassel (234 km, 11 Etappen)
- Schlösserweg (X19): Düsseldorf – Dillenburg (207 km, 9 Etappen)
- Siegerland-Höhenring: Klassiker, der einmal rund ums Siegerland führt (150 km, 6 Etappen)
- Wittgensteiner-Panoramaweg: Rundtour ums Wittgensteiner Land (145 km, 7–8 Etappen)
- Druidensteig: Freusburg – Hachenburg (83 km, 6 Etappen)

Rundwanderwege

Rothaarsteig-Spuren – ausgezeichnete Rundwanderwege entlang des Rothaarsteigs; in unserer Wanderregion: Wisentpfad, Ilsetalpfal, Gernsdorfer Höhentour, Dill-Bergtour, Wacholderweg (Haiger), Romantischer Hickengrund, Trödelsteinpfad (Burbach)

»Wanderhöhepunkte rechts und links des Rothaarsteigs« – erlebnisreiche Rundtouren im Kreis Siegen-Wittgenstein: Via Adrina, Wittgensteiner Schieferpfad (beide bei Bad Berleburg), Wittgensteiner Mäanderweg (bei Erndtebrück), Mythen- und Sagenweg (Bad Laasphe), Keltenweg (Netphen), Kindelsbergpfad (Kreuztal), Auf Bergmannspfaden (Wilnsdorf), Köhlerpfad (Walpersdorf), Fachwerkweg Wilder Mann (Freudenberg), Kalorienpfad (Hilchenbach), Literatur in der Natur (Burbach), Ansichten – Aussichten (Neunkirchen), Historischer Rundweg (Achenbach)

Weitere zertifizierte **Premium- und Qualitätswege** in Siegen-Wittgenstein: Waldskulpturenweg, Via Celtica, Jung-Stilling-Rundweg

Erlebniswege Sieg – Rundwege entlang des rheinland-pfälzischen Siegtals, in unserer Wanderregion: Hexenweg bei Friesenhagen, Eichhörnchenweg in Niederfischbach, Erzquellweg bei Mudersbach

»Extratouren« im Naturpark Lahn-Dill sowie »Lahn-Facetten« im Lahntal: z. B. Boxbachpfad (ab Wiesenbach, über Hesselbach bei Bad Laasphe), Haubergstour (bei Eschenburg im Dietzhölztal), Lahn-Facette Entenberg

Außerdem gibt es vielerorts sehr ansprechende Ortsrunden, häufig von einem Wanderparkplatz aus via Wandertafel angeboten.

Wanderkarten

- Siegen – Wanderkarte 1:25.000, Hrsg. Gesellschaft für Stadtmarketing Siegen, 1. Auflage 2020
- Siegen – Stadtplan 1:20.000, Städte-Verlag, Fellbach, 24. Auflage
- Wanderkarte Kreuztal 1:25.000, Hrsg. Stadt Kreuztal/Tourismus, 2. Auflage 2015
- Wanderkarte Hilchenbach 1:25.000, Hrsg. Tourismus- & Kneipp-Verein Hilchenbach e. V., 3. Auflage 2020
- Wanderkarte Netphen 1:25.000, Hrsg. Stadt Netphen, 1. Auflage 2012
- Wanderkarte Südliches Siegerland 1:25.000, Hrsg. Gemeinden Burbach, Wilnsdorf und Neunkirchen, 1. Auflage 2019
- Wittgensteiner Land – Rad- und Wanderkarte 1:50.000, Freytag & Bernd und Artaria, 2015

Wandergenuss auf schattigen Wegen (Tour 7).

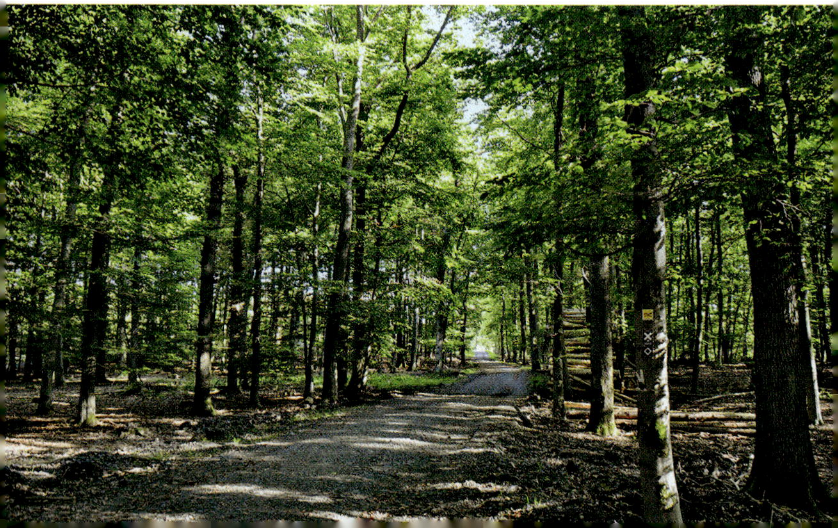

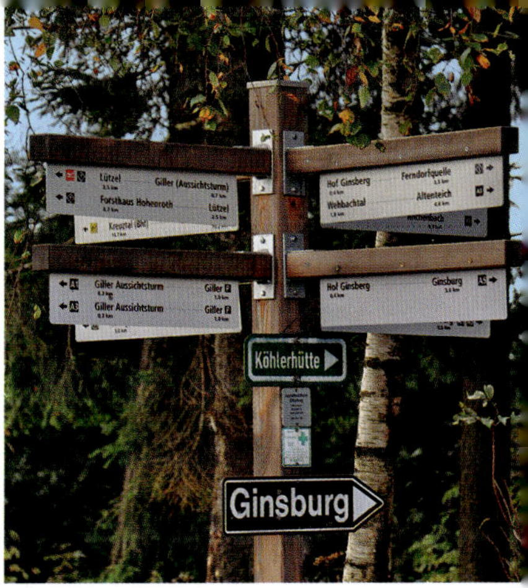

Vor allem im Bereich des Rothaarsteigs gibt es unzählige Routenoptionen.

- Wanderkarte Bad Berleburg 1:25.000, Hrsg. Bad Berleburg Tourismus GmbH, 1. Auflage 2022
- Wanderkarte Wittgenstein – Bad Laasphe 1:25.000, Hrsg. TKS Bad Laasphe GmbH, 2. Auflage 2021
- Nördlicher Westerwald 1:25.000, Hrsg. u. a. Landesamt für Vermessung und Geobasisinformation Rheinland-Pfalz, 4. Auflage 2014
- Westerwald – Siegen, Naturpark Lahn-Dill-Bergland 1:50.000, Kompass 2020

Tourist-Informationen

Siegerland-Wittgenstein (Touristikverband): Spandauer Straße 32, 57072 Siegen, Tel. +49 271 3331020, www.siegen-wittgenstein.info
Siegen: Rathaus, Markt 2, 57072 Siegen, Tel. +49 271 4041317, www.visitsiegen.de
Bad Berleburg: Marktplatz 1a, 57319 Bad Berleburg, Tel. +49 2751 93633, www.blb-tourismus.de
Bad Laasphe: Haus des Gastes, Wilhelmsplatz 3, 57334 Bad Laasphe, Tel. +49 2752 898, www.bad-laasphe.de
Burbach: Eicher Weg 13 bzw. Alte Vogtei in der Ortsmitte, 57299 Burbach, Tel. +49 2736 4538 oder -4522, www.burbach-erleben.de
Erndtebrück: Talstraße 27, 57339 Erndtebrück, Tel. +49 2753 605147, www.erndtebrueck.de
Freudenberg: Kölner Straße 1, 57258 Freudenberg, Tel. +49 2734 43164, www.freudenberg-wirkt.de
Hilchenbach: Markt 12, 57271 Hilchenbach, Tel. +49 2733 288-133, www.hilchenbach.de
Kreuztal: Siegener Straße 3, 57223 Kreuztal, Tel. +49 2732 51 435, www.kreuztal.de
Netphen: Amtsstraße 2+6, 57250 Netphen, Tel. +49 2738 603238, www.netphen.de
Neunkirchen: Bahnhofstraße 3, 57290 Neunkirchen, Tel +49 2735 7670, www.neunkirchen-siegerland.de
Wilnsdorf: Marktplatz 1, 57234 Wilnsdorf, Tel. +49 2739 802-0, www.wilnsdorf.de
Kirchen (Verbandsgemeinde): Lindenstraße 3 (Rathausplatz), 57548 Kirchen, Tel. +49 2741 688850, www.stadt-kirchen.de

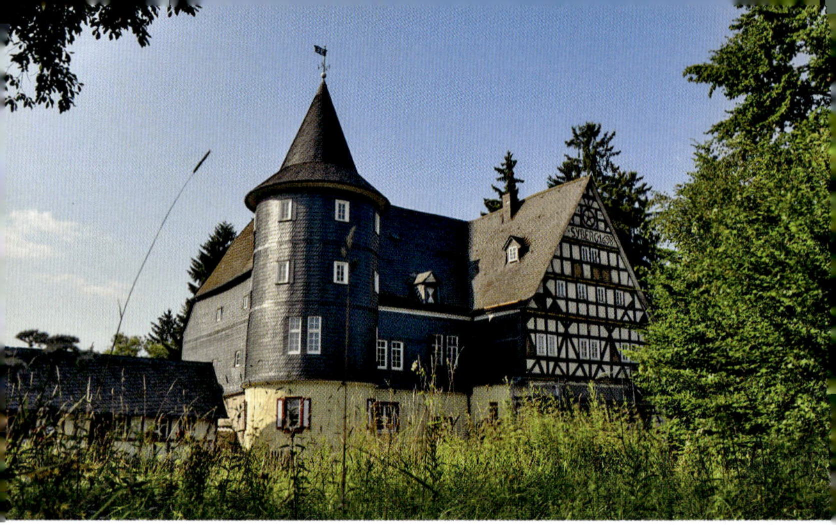

Schloss Junkernhees bei Kreuztal (Tour 14).

WEITERFÜHRENDE LITERATUR

Anregungen für weitere Besichtigungen und Erlebnisse rund um Kultur, Natur und Kulinarik finden sich z. B. in:

- 111 Orte in Siegen-Wittgenstein, die man gesehen haben muss (von Jörn Heller, Verlag emons)
- Glücksorte in und um Siegen (von Susanne Propach und Sabine Ullrich, Verlag Droste)
- Naturschätze Südwestfalens entdecken (Publikation des Verbundprojekts »Naturschätze Südwestfalens« der Arbeitsgemeinschaft Biologischer Umweltschutz im Kreis Soest)

Zur Geschichte des Kreises Siegen-Wittgenstein arbeitet der Historiker Dieter Pfau. Im Rahmen des Projekts »Zeitspuren« (www.zeitspuren-siwi.de) ist ein erster Band erschienen:

- Zeitspuren in Siegerland und Wittgenstein. Früh- und Hochmittelalter 750–1250 (Verlag für Regionalgeschichte, Bielefeld 2009); weitere sollen folgen
- Ornithologisch Interessierten sei folgende NABU-Publikation empfohlen: »Die Vögel des Siegerlandes« (von Jürgen Sartor, Hartmut Müller, Klaus Schreiber u. a.; 2020/21)

Auf unterhaltsame Weise führen mehrere Autoren und Autorinnen durch Siegerland und Wittgenstein, allen voran Ralf Strackbein als Pionier der Siegerländer Kriminalgeschichten. Dessen inzwischen über 30 Tristan-Irle-Romane stellen ganz unterschiedliche thematische Facetten der Region vor.

Der Umwelt zuliebe ...

Auch beim Wandern hinterlassen wir einen ökologischen Fußabdruck, aber im Einklang mit der Natur unterwegs zu sein, ist gar nicht so schwer!

VORBEREITUNG UND ANFAHRT

- Sich vorab informieren, worauf in Bezug auf Natur und Umwelt in der jeweiligen Wanderregion besonders zu achten ist.
- Soweit möglich mit Bahn und Bus anreisen, Wander- und Rufbusse nutzen.
- Ist eine Anfahrt mit dem Auto nötig, Fahrgemeinschaften bilden.
- Bei weiten Anfahrten Mehrtagestouren planen oder von einem Quartier vor Ort aus mehrere Touren absolvieren.
- Flugreisen möglichst reduzieren und durch Beiträge zu Klimaschutzprojekten kompensieren.

KLEIDUNG UND AUSRÜSTUNG

- Beim Kauf von Outdoor-Kleidung auf umweltfreundliche und faire Herstellung achten und Kleidungsstücke möglichst viele Jahre nutzen.
- Ausrüstung kann man eventuell auch gebraucht kaufen oder ausleihen.
- Reparieren statt neu kaufen.

VERPFLEGUNG

- Beim Einkauf Bio-Ware, regionale und saisonale Erzeugnisse bevorzugen.
- Hütten und Gasthäuser auswählen, die regionale Produkte verwenden.
- Auf Einwegflaschen und Plastikverpackungen verzichten, stattdessen wiederverwendbare Trinkflaschen und Brotzeitboxen benutzen.

ÜBERNACHTUNG

- Bei lokalen Anbietern buchen, damit Menschen vor Ort profitieren.
- Auf Hütten und in anderen Unterkünften Strom und Wasser sparen.

UNTERWEGS

- Wege benutzen und Abkürzer vermeiden.
- Sperrungen von Wegen und Schutzgebieten respektieren.
- Keine Blumen pflücken und keine Pflanzen entnehmen.
- Waldbrandgefahr beachten.
- Müll wieder mit nach Hause nehmen und dort entsorgen.
- Toilettengänge in freier Natur möglichst vermeiden.
- Lärm vermeiden.
- Hunde an die Leine nehmen.

ROTHER
BERGVERLAG

SIEGERLAND UND WITTGENSTEIN

Lage und Landschaft

Siegerland und Wittgenstein bilden den äußersten Südosten des deutschen Bundeslands Nordrhein-Westfalen. Sichtbar geprägt sind die Landschaften von Nordost nach Süd vom Rothaargebirge. Dieses Mittelgebirge, das eine natürliche Grenze zwischen Siegerland, Wittgensteiner Land und Sauerland bildet und mit dem Langenberg bei Willingen bis auf 843 Meter hinauf reicht, zählt geologisch zum erdgeschichtlich ins Devon reichenden Rheinischen Schiefergebirge. Dazu gehören auch der Westerwald, an den die Quellmuldenlandschaft des Siegerlands nach Süden hin grenzt, und das Bergische Land, das sich im Westen anschließt. Auf dem Rothaarkamm entspringen in unmittelbarer Nähe zueinander die drei prägenden Flüsse der Wanderregion: Sieg, Lahn und Eder. Während Sieg und Lahn zum Rhein fließen, wendet sich die Eder der Weser zu. Mit Lahn und Eder, deren Täler eine Weile fast parallel zueinander laufen, öffnet sich das Wittgensteiner Land ohne nennenswerte naturräumliche Barrieren nach Osten hin zum Hessischen Hinterland.
Ein wichtiger Zufluss der Sieg ist der gleichfalls am Rothaarkamm entspringende Ferndorfbach. Er prägt die Landschaft des nördlichen Siegerlands und mündet in Weidenau in die aus dem Netpher Land kommende Sieg. Rund um Siegen weitet sich das Tal zu einem Kessel, von dem wiederum etliche Seitentäler abzweigen. Die Sieg verlässt das Stadtgebiet bei Niederschelden und durchbricht nahe der Landesgrenze zu Rheinland-Pfalz den Riegel von Hellerbergland und Giebelwald. Bei Betzdorf nimmt der Fluss das Wasser der Heller auf, die von Burbach aus durch den Freien Grund und über Herdorf zum Siegtal fließt. Auch diese »flüssige« Verbindung beschreibt das Siegerland als einen Natur- und Wirtschaftsraum, der die politischen Grenzen des Kreises Siegen-Wittgenstein überschreitet.
Die höchste Erhebung in der Wanderregion ist der Gorges, 789 m, an der Wallershöhe bei Wunderthausen im Wittgensteiner Land. Entlang des Rothaarkamms finden sich weitere stattliche Höhen – etwa mit dem Albrechtsberg, 771 m, bei Girkhausen, mit dem Kompass, 694 m, bei Heiligenborn, dem Riemen, 678 m, bei Hilchenbach oder der Alten Burg, 633 m, bei Netphen. Letztere ist einer der markanten Punkte, die beim Unterwegssein bei der Orientierung helfen. Andere Landmarken sind der Kindelsberg über Kreuztal, Windräder und die Ginsburg bei Hilchenbach sowie der Fernsehturm auf der Eisernhardt bei Eisern.
Insgesamt sind das Siegerland und insbesondere das Wittgensteiner Land eher ländlich strukturiert. Und so finden sich schon in unmittelbarer Nähe zum Zentrum der ziemlich grünen Großstadt Siegen idyllische Plätze mit Wiesen, Äckern und Weiden und abgeschiedene Dörfer. Trotz der Verheerungen durch Stürme (und hier vor allem durch den Orkan Kyrill im Jahr 2007) und des Borkenkäferbefalls ist ein bis zu 70 Prozent hoher Anteil an

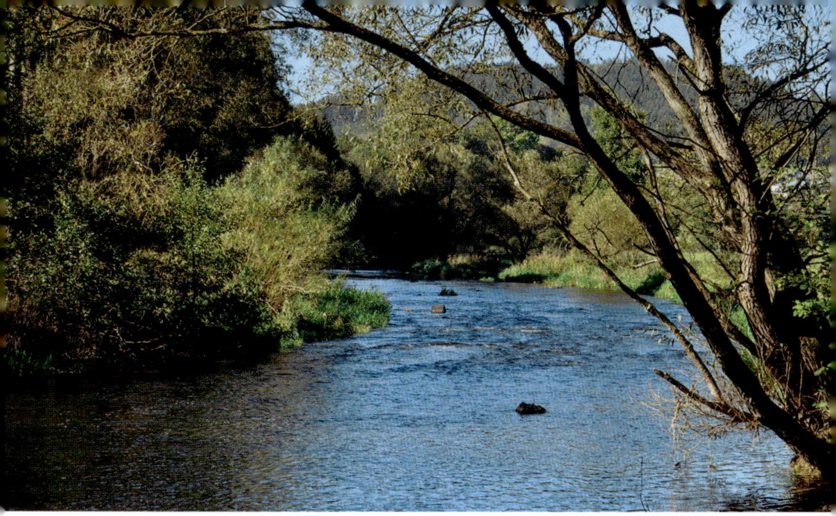

Die Eder bei Arfeld (Tour 48).

bewaldeten Flächen zu verzeichnen. Ein umsichtige Wiederaufforstung könnte gegenwärtig die historische Chance zu einem echten Wandel bieten: weg von den Fichtenmonokulturen, hin zu einem größeren, nachhaltigeren Artenreichtum.

Landschaftsprägend ist vielerorts der Eichen-Birken-Niederwald, ein »Kind« der einst intensiv betriebenen Haubergswirtschaft (→ Seite 28). Dazu wird, wer wachen Auges durch die Gegend streift, vielerorts Relikte des einstigen Erz- und Schieferbergbaus entdecken: Schlacken- und Abraumhalden, Pingen (Trichtergruben) und Steinbrüche, Grubengelände und Stolleneingänge. Dazu gesellen sich im südlichen Siegerland und damit in Westerwald-Nähe Basaltblockhalden und eine Kaolintongrube.

Derzeit gibt es im Kreis Siegen-Wittgenstein ein Dutzend Landschaftsschutzgebiete mit einer Gesamtfläche von fast 100.000 Hektar. Auf 10 Prozent der Kreisfläche verteilen sich mehr als 120 Naturschutzgebiete, dazu zählen u.a. (Wacholder-)Heiden, Feucht- und Magergrünland, naturnahe Bachtäler, Bruch-, Au- und Schluchtwälder sowie Moorbereiche. Die Wanderregion gehört zum überwiegenden Teil zum Naturpark Sauerland Rothaargebirge. Zwar sind Siegerland und Wittgenstein reich an Bächen und Flüssen, doch eine Seenlandschaft ist die Region wegen der meist engen Tallagen nicht. Allein die beiden Trinkwassertalsperren Obernautalsperre und Breitenbachtalsperre weisen eine größere Wasserfläche auf.

Im Westen durchzieht die breite Schneise der Autobahn A45 den Kreis Siegen-Wittgenstein. Sie bildet die Nord-Süd-Verbindung zwischen dem Ruhrgebiet und Aschaffenburg (und damit nach Süddeutschland) und ist in den 1960er Jahren erbaut worden. Der Zahn der Zeit nagt vor allem an den zahlreichen Brücken, die augenblicklich sukzessive erneuert werden. Auch die 106 Meter hohe und 1050 Meter lange Siegtalbrücke, die das Siegtal bei Eiserfeld überquert, steht vor Rück- und Neubau.

Flora und Fauna

Im **Wald** (Fichte, Rot- und Hainbuche, Eiche, Erle u. a.) und am Waldrand erzählen unzählige Jägersitze vom Wildreichtum der Region: Rot- und Rehwild, Wildschwein, Fuchs und Hase sind hier heimisch, zumal im Wittgensteiner Land lassen sich mit ein bisschen Glück Mufflons und im Zusammenhang eines Artenschutzprogramms ausgewilderte Wisente entdecken. Überall ist der Wächter des Waldes, der Eichelhäher (mundartlich: Magolves), zu hören, vertreten ist auch dessen Verwandter, der Tannenhäher. Im Frühjahr mischt sich das Trommelsolo des Spechts in den Soundtrack des Wanderns. Angesichts des Verlusts an Nadelwaldflächen sind die Waldameisen in der Region gefährdet. Ein Profiteur der großflächigen Abholzungen ist der Rote Fingerhut, schön anzusehen, aber hochgiftig! In den bodensauren Wäldern gedeiht eine Vielzahl an Speisepilzen – enorm zahlreich wachsen Pfifferlinge, dazu finden sich Steinpilze und Maronen. Sammler freuen sich im Wald auch an Heidel-, Him- und Brombeeren. Über den Wipfeln lassen Greifvögel wie Mäusebussard, Rotmilan, Wander- und Turmfalke ihre Rufe hören. In den Wäldern am Rothaarkamm kommen zudem Eulenvögel wie Raufuß- oder Sperlingskauz vor. Der Wegesrand ist verbreitet von Besenginster gesäumt und zeigt sich im Frühjahr als Spalier in Goldgelb.

Im Frühjahr säumt der sonnengelb blühende Ginster manchen Weg.

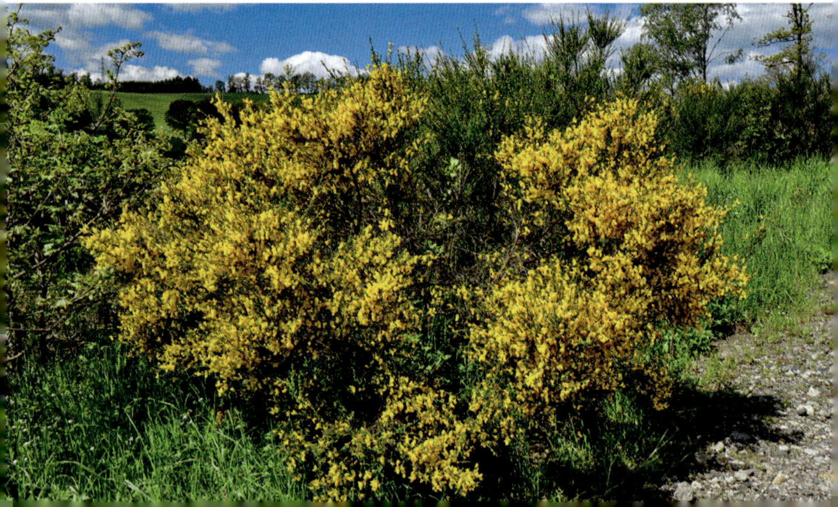

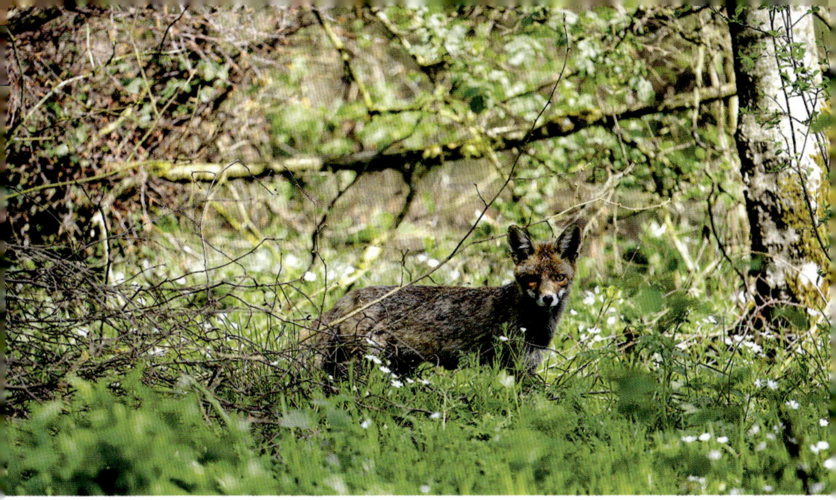

In der Region heimisch: der Rotfuchs.

Die **Heide** ist Lebensraum für Vögel wie Heidelerche, Neuntöter oder Raubwürger sowie für eine Vielzahl an Insekten: Schmetterlingen (wie Schwalbenschwanz, Kaisermantel oder Dukatenfalter), Bienen, Libellen. In dieser Region finden sich mancherorts Wacholderheiden (z. B. bei Bad Berleburg oder in der Gambach bei Burbach), wo sich gelb blühend auch die Arnika entdecken lässt. Die Heidegebiete benötigen als Kulturlandschaft besondere Pflege – etwa durch das Beweiden mit Schafen und Ziegen.

Prächtige Blüten bilden sich auf den **Wiesen** in Siegerland und Wittgenstein aus, besonders spektakulär auf den Glatt- und Goldhaferwiesen (z. B. den Gernsdorfer Weidekämpen) mit Trollblume und Waldstorchschnabel, Wiesenknöterich und Teufelskralle oder Orchideen wie dem Breitblättrigen Knabenkraut oder der Waldhyazinthe. In diesem Blumenparadies finden das selten gewordene Braunkehlchen und auch der Wiesenpieper ein ideales Habitat.

Der Wasserreichtum von Siegerland und Wittgenstein spiegelt sich in Tälern und kleineren **Mooren** – Bäche, Flüsse, Teiche (Seerosen!) sind Lebensraum für Bachneunauge, Bachforelle oder Groppe, feuchte Areale sind das Zuhause auch für Frosch und Molch, und natürlich ist der Graureiher nicht weit. Auch Wasseramsel, Eisvogel, Schwarzstorch oder Gebirgsstelze locken die Jagdgründe am Wasser an.

Die **Bergbaubrachen** der Region bestechen mit einem ganz eigenen Artenreichtum. So lässt sich im Gebiet des einstigen Schieferbergwerks Hörre bei Bad Berleburg fast ein Dutzend unterschiedlicher Fledermausarten nachweisen, und auch der Uhu lässt sich hören. Die sonnige Lage behagt der seltenen, ungiftigen Schlingnatter. Auf den metallgeschwängerten Böden der früheren Erzgrubengelände finden sich spezialisierte Pflanzen wie die Gewöhnliche Grasnelke oder die Breiblättrige Stendelwurz (gesehen auf der Grube Neue Hoffnung bei Wilgersdorf). Dazu treibt der Boden hier ganz andere Blüten: mineralische Glanzstücke.

Geschichte

An den Kelten geht beim Blick in die Geschichte des Siegerlands kein Weg vorbei. Sie siedelten um 500 v. Chr. von Süden kommend in der Region – angelockt vom reichen Eisenerz-Vorkommen. Die Experten in Sachen Verhüttung und Weiterverarbeitung fanden den Rohstoff nahe der Erdoberfläche und konnten ihn leicht, etwa über Trichtergruben (Pingen), abbauen. Dazu gab es, jedenfalls zunächst, genügend Buchenholz, um die Schmelzöfen mit Holzkohle zu befeuern. Ausgrabungen belegen die rege Bergbau- und Verhüttungstätigkeit, zum Beispiel an der Ausgrabungsstätte Gerhardsseifen bei Niederschelderhütte, wo ein vollständiges Verhüttungsensemble aus der Mittel- bis Spät-La-Tène-Zeit freigelegt wurde. Die Kelten haben Spuren auch mit der Ringwallanlage der Alten Burg bei Netphen hinterlassen. Für das Wittgensteiner Land ist eine ursächlich keltische Tradition nicht belegt. Ein Bevölkerungszuzug aus dem nördlichen Hessen soll hier noch früher erfolgt sein. Dass die Kelten sicherlich Einfluss auf die Lebensweise der Nachbarn in Wittgenstein hatten, darf vermutet werden.

Nach der Keltenzeit ging die Bevölkerungsentwicklung in der Region stark zurück. Erst ab der Herrschaft Karls des Großen gibt es schriftliche Quellen für eine Wiederbesiedelung: das Wittgensteinsche Arfeld ist im Jahr 800 urkundlich aufgeführt, im Siegerland ist es Klafeld, das um 1080 mit der frühesten schriftlichen Erwähnung aufwarten kann. Die Christianisierung des Landstrichs erfolgt mit der fränkischen Landnahme von Hessen über das Lahntal und das Wittgensteiner Land bis ins Siegerland. Motoren dieser Kolonisierung waren die Bistümer Mainz und Trier.

Zeugnisse von Bergbau und Eisenverarbeitung finden sich erst wieder im frühen Mittelalter – zum Teil an den einst keltischen Verhüttungsplätzen. Als eine der bedeutendsten mittelalterlich-frühneuzeitlichen Bergbausiedlungen Europas gilt die Bergbauwüstung Altenberg, gelegen an der Passstraße zwischen Littfeld und Müsen, zwischen Kindelsberg und Ziegenberg. Hier wurde im 13. Jahrhundert unter Tage Silber abgebaut, ein Ertrag, der die Bergmänner vom Altenberg wohlhabend machte. Erkunden lässt sich der Altenberg über einen Rundweg, der Kellergrundrisse zeigt und mehrere Schächte, Pingenzüge und Berghalden. Archäologische Funde sind u. a. im Müsener Stahlbergmuseum und im Museum Wilnsdorf zu sehen. Einen guten Überblick über das Gelände ermöglicht ein stählerner Aussichtsturm.

Stand das Wittgensteiner Land seit dem frühen 12. Jahrhundert unter der Herrschaft der Grafen zu Sayn-Wittgenstein-Berleburg und Sayn-Wittgen-

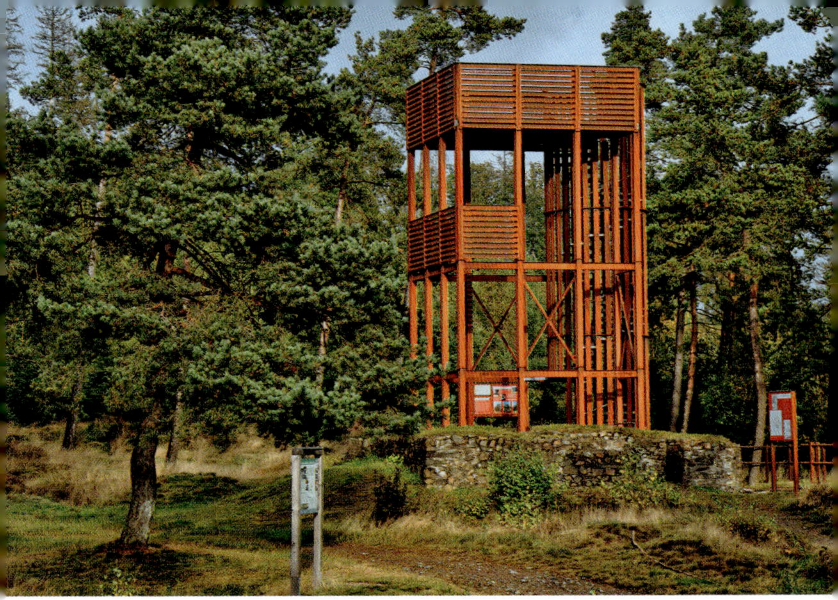

Am Altenberg bei Müsen wurde im 13. Jahrhundert Silber abgebaut – unter Tage (Tour 15).

stein-Hohenstein, bauten im Siegerland die Nassauer Grafen ihren Einfluss aus, wobei das Jahr 1255 als ein Schlüsseljahr gilt. Die Grafschaft wurde geteilt; dabei gingen Siegen (bis 1421 zugleich unter dem Einfluss des Kölner Erzbischofs) und die Städte Dillenburg, Haiger und Herborn an den Grafen Otto I. von Nassau; dessen Bruder Walram erhielt die Besitzungen südlich der Lahn. Bedeutende Persönlichkeiten der europäischen Geschichte haben ihre Wurzeln in der ottonischen Linie der Nassauer; eine von ihnen ist der 1533 in Dillenburg geborene Wilhelm I. Prinz von Oranien und Graf von Nassau (»der Schweiger«), der als Befreier der unter spanischer Herrschaft stehenden Niederlande gilt. 1568 sammelte er ein großes Heer auf der Ginsberger Heide bei Hilchenbach.

Verheiratet war Wilhelm von Oranien in zweiter Ehe mit der reichen Sachsen-Prinzessin Anna. Die Ehe zerbrach – nicht nur, aber auch wegen Annas Affäre mit dem gleichfalls verheirateten Antwerpener Juristen Jan Rubens. Auf eine Kerkerhaft in Dillenburg folgten für Rubens weitere fünf Jahre im Hausarrest an der Siegener Burgstraße. Hier kam am 28. Juni 1577 Peter Paul Rubens zur Welt, der spätere Barockmaler. Nur etwa ein Jahr lebte der berühmteste Sohn der Stadt in Siegen – er wuchs in Köln und später in Antwerpen auf. Neun seiner Gemälde sowie eine umfangreiche Sammlung an Graphiken sind die Schmuckstücke des Siegerlandmuseums im Oberen Schloss, dem Stammsitz des Hauses Nassau.

Reformatorische Gedanken fruchteten nur wenige Jahre nach Martin Luthers Thesenanschlag im Jahr 1517 in Wittenberg auch im Siegerland. Wilhelm der Reiche (1487–1559) hielt es mit der neuen lutherischen Lehre. Unter seinem Sohn Johann VI. dem Älteren (1536–1606) übernahmen »Herr und Gescherr« das reformierte Bekenntnis, das auch auf dem Heidelberger Katechismus fußte. Johann VII. der Mittlere (1561–1623) hielt an diesem Glaubensverständnis fest. Als dessen Sohn Johann VIII. der Jüngere (1583–1638) zum Katholizismus übertrat, teilte »der Mittlere« sein Reich in drei selbstständige Grafschaften auf – die der Söhne Wilhelm und Johann Moritz (der spätere Fürst!) blieben protestantisch, die des »Jüngeren« folgte dem katholischen Bekenntnis, damit wurde (vor allem) das Netpherland zum »Johannland«. Doch der Streit um Konfession und Macht schwelte weiter. 1651 ordnete, auch nach dem Eingreifen schwedischer Truppen, ein Vergleich zwischen den evangelischen und katholischen Grafschaftsfamilien die kirchlichen Verhältnisse des Siegerlandes.
Sitz der katholischen Linie des Hauses blieb das Obere Schloss, die protestantische Linie hatte ihren Sitz im Nassauischen Hof, am unteren Hang des Siegbergs, wo nach einem verheerenden Stadtbrand (1695) der Neubau der Residenz und damit des Unteres Schlosses notwendig wurde. Die Siegerländer Ära der Nassauer endete 1815: Das Siegerland wurde preußisch. Das Wittgensteiner Land kam ein Jahr später zu Preußen, nach zehnjähriger Zugehörigkeit zum Großherzogtum Hessen-Darmstadt. Die Kreise Siegen und Wittgenstein wurden Teil des Regierungsbezirkes Arnsberg und der Provinz Westfalen.
Wirtschaftsgeschichtlich prägten Erzbergbau und Metallverarbeitung das Siegerland vom Mittelalter an erneut. Dabei verlangte die stete Nachfrage nach Holzkohle nach einer tragfähigen Lösung. Würden die Wälder weiterhin wahllos abgeholzt, könnten Öfen und Schmieden nicht mehr befeuert werden. Aus dieser Problemlage bildete sich eine genossenschaftlich organisierte Form der Waldnutzung heraus: Der Hauberg war geboren. Er blieb bis ins 19. Jahrhundert (als mit der Eisenbahn auch die Steinkohle ins Siegerland kam) vor allem ein Kohlewald, dessen Bearbeitung schon ab 1562 gesetzlich geregelt war. Trotzdem konnten die Hauberge allein den Bedarf an Holz nicht decken, weshalb das Wittgensteiner Land mit den Fürstenhäusern in Berleburg und Laasphe als Zulieferer unverzichtbar wurde.
Entwickelte sich das Siegerland mehr und mehr zu einer boomenden Montanregion, blieb es in Wittgenstein nur punktuell bei einem erfolgreichen Betreiben von Hütten und Hämmern: Bestehen blieben letztlich allein die Friedrichshütte im Laaspher Stadtteil Kunst und die Amalienhütte in Niederlaasphe. Die Geschichte des Erzbergbaus im Siegerland endete im April 1962 mit der Stilllegung der Grube Pfannenberg. Als letzte Roheisen produzierende Eisenhütte wurde 1972 die Eiserfelder Hütte geschlossen. Ein Strukturwandel war nötig – und gelang. Heute beherbergt der Kreis Siegen-Wittgenstein etliche »hidden champions«, Weltmarktführer vor al-

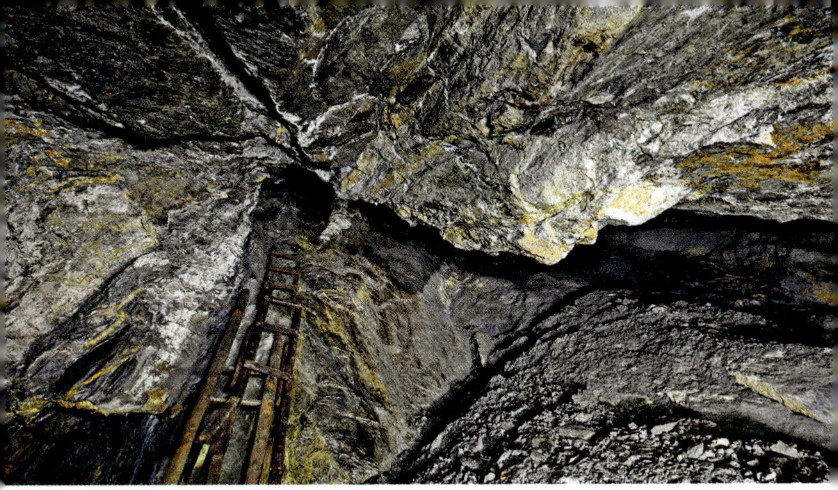

Die Grube Marie bei Wilnsdorf zeugt vom Erzreichtum des Siegerlandes.

lem, aber nicht nur im Bereich von Maschinenbau und Metallverarbeitung. In Südwestfalen schlägt laut Landschaftsverband Westfalen-Lippe das »industrielle Herz« von Nordrhein-Westfalen. Die Kreisstadt Siegen ist zur modernen, weltoffenen Universitätsstadt geworden, mit Sogwirkung, was das Umland angeht. So bündelt sich hier nicht nur die politische und wirtschaftliche Verwaltung, sondern auch das kulturell-gesellschaftliche Angebot.

Letztlich spiegelt(e) sich, was sich in der Welt politisch, gesellschaftlich oder kulturgeschichtlich tat/tut, immer auch in der Lebenswirklichkeit der Menschen in Siegerland und Wittgenstein. Vieles davon hat Spuren hinterlassen, deren Fährten wir mit diesem Wanderführer mitunter folgen. Dabei werden uns hier und da auch »die Stillen im Lande« begegnen: Menschen wie der Arzt und Autor Heinrich Jung-Stilling (1740–1817), der als einer der pietistisch geprägten Wegbereiter einer Erweckungsbewegung gilt. Sie machte das christliche Bekenntnis zu einer persönlichen Entscheidungsangelegenheit und führte unter anderem zur Gründung des Siegerländer Gemeinschaftsverbands (1852/53).

Noch bis in die 1950er Jahre betätigte sich die Bevölkerungsmehrheit in Siegerland und Wittgenstein im Nebenerwerb landwirtschaftlich. Eine Vielzahl an Museen und Heimatstuben widmet sich der regionalen Geschichte. Mal in einer Zusammenschau an Fundstücken aus der jeweiligen Ortshistorie, mal thematisch konzentriert, mal als fundierter Überblick auch über größere Zusammenhänge, mal in der Anschauung eines konkreten Orts – wie dem Schaubergwerk, der Wassermühle oder der alten Holzwerkstatt.

Regionale Besonderheiten

Die **Haubergswirtschaft** im Siegerland und in den angrenzenden Regionen gehört seit 2018 zum Immateriellen Kulturerbe in Deutschland. Damit zählt diese auf Nachhaltigkeit angelegte genossenschaftliche Niederwaldnutzung zu den kulturellen Traditionen im Land, die lebendig gehalten und auch weitergegeben werden – etwa in Form des Historischen Haubergs in Fellinghausen, aber auch innerhalb der bis heute vielerorts bestehenden Haubergsgenossenschaften, die für die Bewirtschaftung der ihnen anvertrauten Waldflächen zuständig sind. Die Anteilseigner setzen nach dem Fällen der Stämme auf den Wiederausschlag und damit auf das erneute Wachstum von Birke oder Eiche. Früher erfolgte auf der freigeschlagenen Fläche eine landwirtschaftliche Zwischennutzung: mit Getreideanbau, mit Weideflächen. Verwertet wurden Stamm (beim Meilerbau zur Holzkohlegewinnung), die abgeschälte Eichenrinde (die Lohe ermöglichst das Gerben von Leder) und die mit dem Knipp vom Stamm gelösten Äste (zu Schanzen gebunden für das Anfeuern des Backes oder zur Herstellung von Besen). Da das Gesamtareal eines Haubergs in eine gewisse Zahl an gleich großen Flächen aufgeteilt und pro Jahr jeweils nur ein Teil abgeholzt wird, sind die Ressourcen auf Jahre gesichert.

Fachwerkhäuser finden sich vielfach in Siegerland und Wittgenstein. Ein Paradebeispiel ist die fotogene Altstadt von Freudenberg: Der Alte Flecken besticht mit den dicht an dicht gebauten schwarz-weißen Häusern; entstanden ist das Ensemble nach dem verheerenden Stadtbrand am 9. August 1666. Eines der ältesten Fachwerkhäuser im Siegerland ist das alte Pfarrhaus in Oberholzklau, es wurde im Jahr 1608 erbaut.

Typisch für den Siegerländer Fachwerkbau sind jene Häuser, die zwischen 1865 und 1914 dort entstanden, wo die Industrialisierung nach Arbeitskräften und damit auch nach bezahlbarem, schnell zur Verfügung stehendem und die Ressourcen schonendem Wohnraum rief. So entstand eine Serie an Häusern mit einfachem, riegellosem Fachwerk, die genau so nur in einem Umkreis von etwa 30 Kilometern rund um die Stadt Siegen zu finden sind. Das Künstlerehepaar Bernd und Hilla Becher hat diese Häuser in den Jahren 1959 bis 1978 fotografisch dokumentiert; die Werkgruppe »Fachwerkhäuser des Siegener Industriegebiets« ist Teil der Sammlung des Museums für Gegenwartskunst Siegen. Heute sind diese Häuser auf den ersten Blick nicht gleich zu erkennen, da die Fassaden verschiefert und auch anderweitig umgestaltet worden sind. Mit einem interaktiven Rundgang durch Eiserfeld, wo »Becher-Häuser« in großer Zahl auftreten, ermöglicht das Museum die Begegnung mit diesen baulichen Zeugnissen der Siegerländer Industriegeschichte.

In Wittgenstein zeigt sich bei den vor 1790 entstandenen ländlichen Bauten eine deutliche Verwandtschaft zu vergleichbaren Fachwerkensembles des benachbarten Hessen. Spätere Bauten sind, auch aufgrund der Holzknappheit, schlichter.

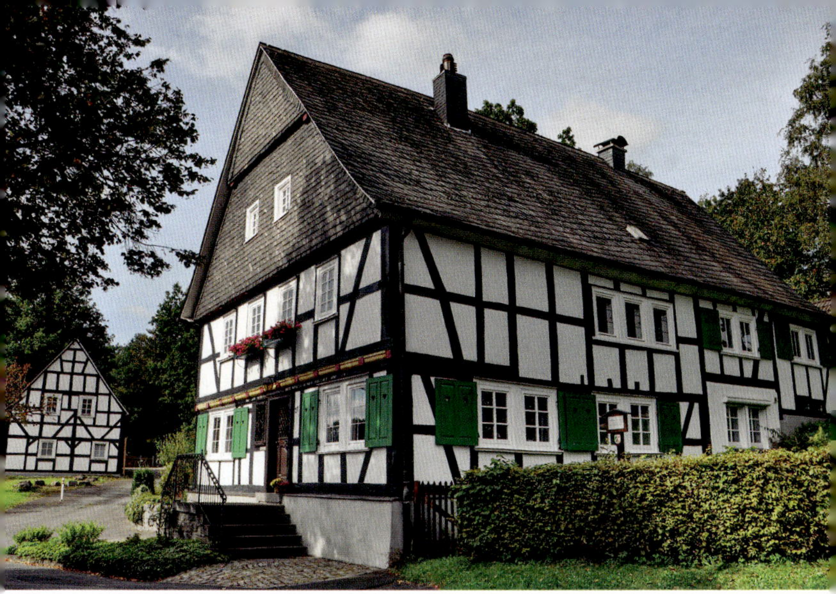

Das alte Pfarrhaus in Oberholzklau (Tour 12).

Als typisch für das Siegerland gelten die **Kapellenschulen**, vergleichsweise kleine Sakralbauten, die auch für schulische Zwecke genutzt wurden. Darin zeigt sich die enge Verbindung von Kirche und Staat, aber auch ein frühes Eröffnen von Bildungschancen selbst in dörflichen Strukturen. Die Einrichtung von Kapellenschulen ermöglichte Johann VI. Graf von Nassau-Dillenburg (auch Gründer der Hohen Schule in Herborn) im Jahr 1567. Die Handschrift des bedeutenden Wittgensteiner Zimmermanns Mannus Riedesel trägt die Kapellenschule von Sassendorf bei Bad Berleburg aus dem Jahr 1703. Die erste Lateinschule in Siegen stammt aus dem Jahr 1539, sie ist die Wiege des Gymnasiums Am Löhrtor.

Die **Rieselwiesen** sind ein Siegerländer Phänomen, das aus der Not geboren wurde. Da Wälder wegen Holzknappheit nicht wahllos gerodet werden durften, fehlte es an Weideland und an Heuwiesen, und die Talgründe waren sumpfig. Die Idee, von der bereits 1534 berichtet wird: ein ausgeklügeltes Bewässerungssystem, das die Wiesen mit Gräben durchzieht und über Wehre langsam und zielgenau mit Wasser und auch mit Nährstoffen versorgt. Mit der Zeit professionalisierte sich diese Form des Wiesenbaus; 1853 wurde in Siegen eine Wiesenbauschule gegründet, Vorläuferin der heutigen Universität. Am Ortsausgang von Rinsdorf sind nahe dem Autobahnbrückenneubau Relikte einer Rieselwiese zu finden, die nach alter Tradition zu dokumentarischen Zwecken angelegt worden ist.

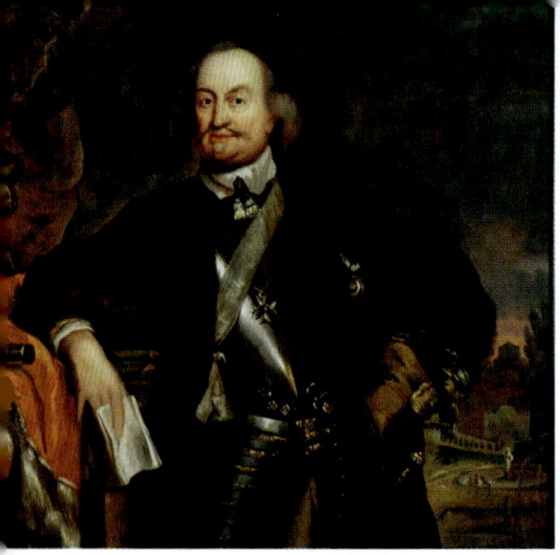

Johann Moritz Fürst von Nassau-Siegen in einem Porträt von Jan de Baen.

Die **Küche** in Siegerland und Wittgenstein ist eher einfach und deftig-rustikal. Sie setzt auf das, was in Haus und Hof, Wald und Flur vorhanden ist – und dabei vielfach auf Kartoffeln. So ist der Siegerländer »Riewekooche« (Reibekuchen) ein Kartoffelbrot, das auf der Basis von geriebenen rohen Kartoffeln unter Zugabe von Mehl, Hefe, etwas Salz und Wasser oder heißer Milch gebacken wird. Gleichfalls auf Kartoffeln (diesmal sind die »Duffeln« gekocht) basiert der Teig des Bäckels, ebenfalls ein schmackhaftes Brot. Auf den Speisekarten der Gasthäuser findet sich das Siegerländer Krüstchen: ein Schnitzel auf Toast, gekrönt mit einem Spiegelei. Häufig kommt, zumal im Wittgensteiner Land, auch Wild auf den Tisch. In einer eigenen Form stockt im Wasserbad der Eierkäse, eine

BERÜHMTE PERSÖNLICHKEITEN

Peter Paul Rubens, Barockkünstler, Siegen (1577–1640)
Johann Moritz Fürst von Nassau-Siegen, 1. Niederländischer Feldmarschall, Meister der Bau- und Gartenkunst, Dillenburg (1604–1679)
Johann Heinrich Jung-Stilling, Augenarzt, Schriftsteller, Grund (1740–1817)
Adolph Diesterweg, Pädagoge, Siegen (1790–1866)
Wilhelm Münker, Mitbegründer des Deutschen Jugendherbergswerks, Hilchenbach (1874–1970)
August Sander, Fotograf, Herdorf (1876–1964)
Friedrich Flick, Großunternehmer, Kreuztal (1883–1972)
Busch-Brüder: Adolf Busch, Geiger und Komponist, Siegen (1891–1952); Fritz Busch, Dirigent, Siegen (1890–1951); Hermann Busch, Cellist, Siegen (1897–1975); Willi Busch, Schauspieler, Siegen (1893–1951)
Walter Krämer, »Arzt von Buchenwald«, Siegen (1892–1941)
Otto Piene, Mitbegründer der Künstlergruppe ZERO, Bad Laasphe (1928–2014)
Bernd Becher, Fotograf, Siegen (1931–2007)
Joachim Frank, Biophysiker, Nobelpreisträger, Weidenau (*1940)
Elke Büdenbender, Juristin, »First Lady«, Netphen-Salchendorf (*1962)
Navid Kermani, Schriftsteller und Islamwissenschaftler, Siegen (*1967)
Mehmet Daimagüler, Rechtsanwalt (u. a. NSU-Prozess), Niederschelden (*1968)

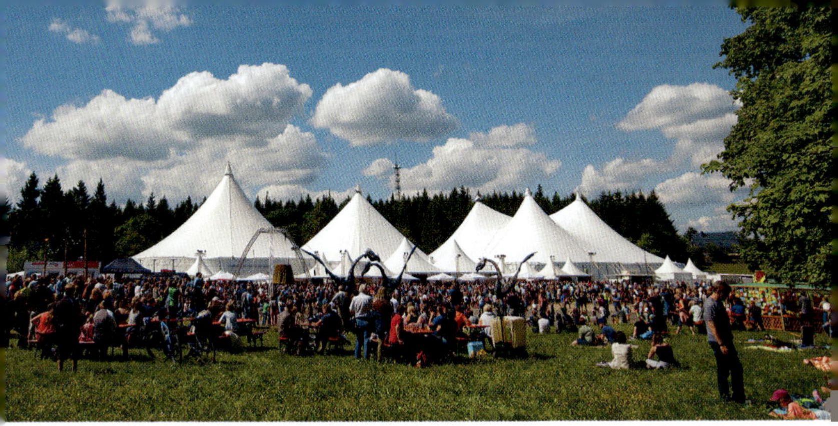

Das Theaterfestival KulturPur auf der Ginsberger Heide.

Masse aus Eiern und Milch, gewürzt mit etwas Zucker und Salz, besonders lecker auf »dickem Kuchen«, einem süßen Hefebrot. Dazu schmeckt eine Tasse Kaffee. Wer das Glück hat, einen Backes am Backtag zu erleben, sollte ein Schanzenbrot ordern, belegt mit Wurst oder Käse oder einfach nur mit Schmalz oder Butter bestrichen. Und weil gut Backen und gut Brauen (nicht nur beim Rumpelstilzchen!) eng zueinander gehören, sind Siegerland und Wittgenstein auch in Sachen Braukunst bestens aufgestellt. Die ältesten Brauereien der Region sind das Brauhaus Johann Friedrich Irle (1693) in Kaan-Marienborn, die Brauerei Bosch (1705) in Bad Laasphe und die heute auf dem Weltmarkt so prominente Krombacher Brauerei (1803) in Krombach.

Ist manche Tradition in Siegerland und Wittgenstein verwandt, gibt es sprachlich jedoch deutliche Unterschiede aufgrund einer jeweils anderen historischen Prägung. So gehört das **Siegerländer Platt** zur moselfränkischen Dialektgruppe (zu der auch Teile der Nachbarkreises Altenkirchen und Westerwald gehören). Das **Wittgensteiner Platt** zählt indes zu den oberhessischen Dialekten und damit zur Sprachfamilie des Rheinfränkischen. Die Grenze zwischen Siegerland und Wittgenstein verläuft entlang der Dat-das- bzw. Wat-was-Linie.

Bis in die Gegenwart zeichnet sich die Region durch ein reges Vereinsleben aus: Turn- und Sportvereine, Musikvereine und Chöre, Heimatvereine, Kunst- und Kulturvereine, Schützenvereine oder christlich-sozial engagierte Gruppierungen unterstreichen das Bestreben nach einem solidarischen und vielerorts diversen Miteinander, das sich auch in einer Vielzahl an **Festen** und sonstigen Veranstaltungen zeigt, wie das sportliche Gillerbergfest und das internationale Musik- und Theaterfestival KulturPur auf der Ginsberger Heide, die Kreistierschau auf dem Stünzel bei Bad Berleburg, Backes- und Kartoffelbratfeste oder stimmungsvolle Weihnachtsmärkte.

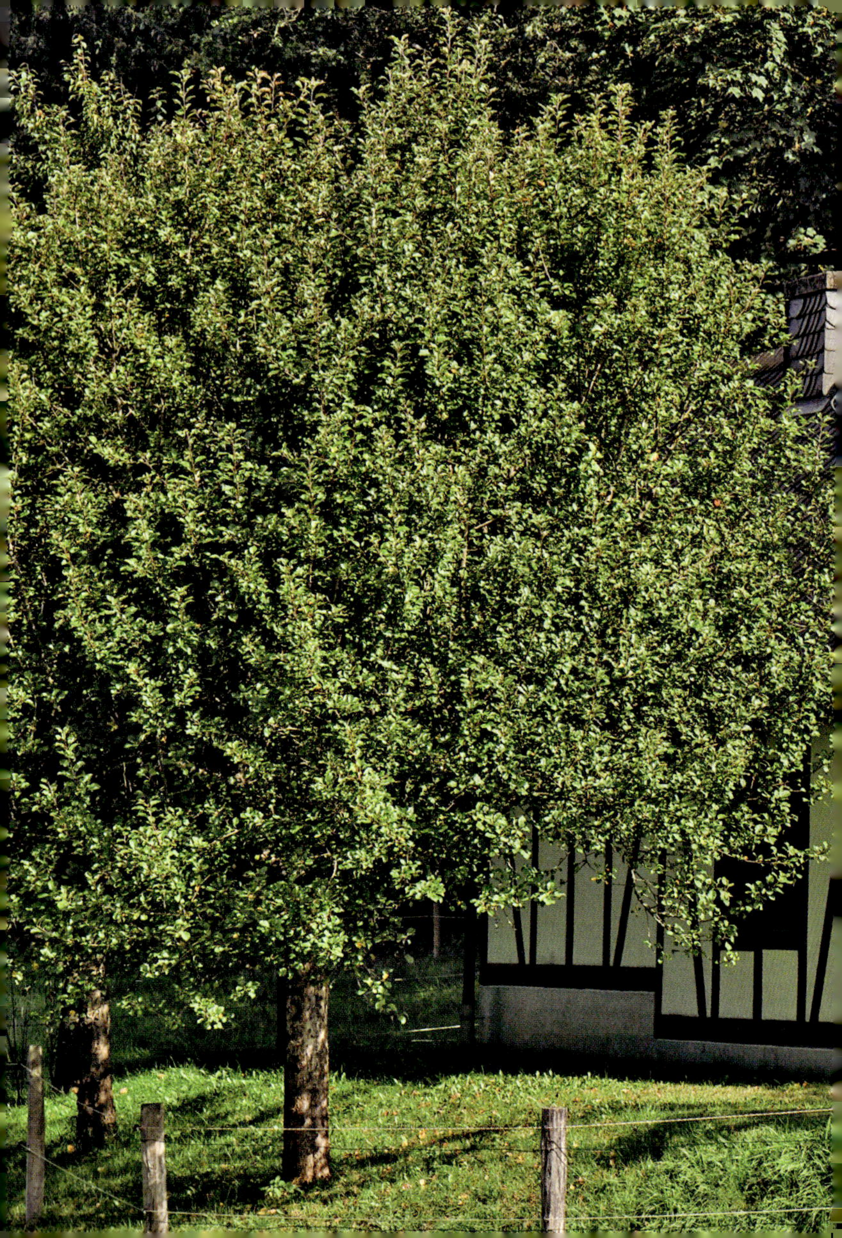

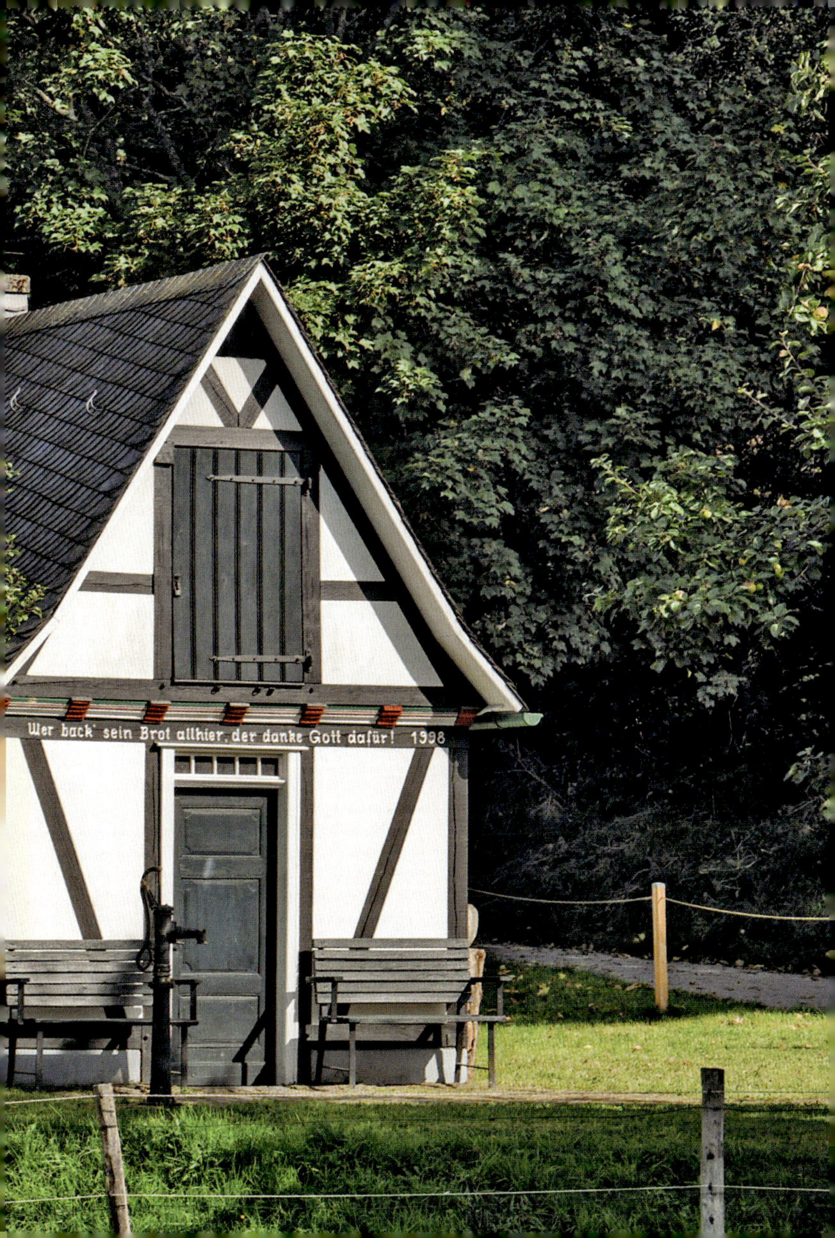
Wer back' sein Brot allhier, der danke Gott dafür!

↗ 60 m | ↘ 60 m | 3.5 km

1 Stadtwanderung durch Siegen

1.30 h

Von der Unterstadt in die Oberstadt und wieder zurück

An Henner und Frieder kommt man in Siegen kaum vorbei. Der Bergmann und der Hüttenmann stehen symbolhaft für die Stadt und auch für die vom Erzbergbau geprägte, aber längst strukturgewandelte Region. Gleich zweimal streift unsere Wanderung durch die City auf der Oberstadtbrücke die überlebensgroßen bronzenen Standbilder, die der aus Siegen stammende Künstler Professor Friedrich Reusch 1889 entworfen hat. Und queren wir am Kölner Tor die Straße, begegnen uns die Ur-Siegerländer »Typen« erneut: als Ampelmännchen, die uns den Weg von der Unterstadt in die Oberstadt weisen. Höhenmeter machen wir im Oberzentrum des Kreises Siegen-Wittgenstein auch. Der Siegberg, 307 m, will erklommen sein, aber Stück für Stück. Denn wir nähern uns »Top of Siegen«, dem Oberen Schloss, mit Bedacht. Deshalb kann die Zeitangabe für diese Stadtwanderung nicht mehr als eine Orientierungsmarke sein. Je nach Interessenlage braucht es für die Besichtigung »à la carte« auch einen ganzen Tag.

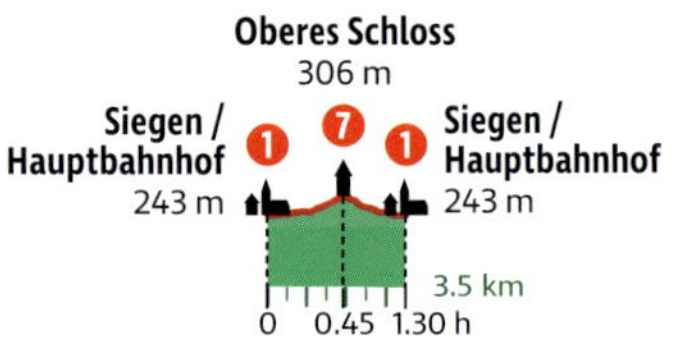

Ausgangspunkt: Siegen, 243 m, Hauptbahnhof.
Anforderungen: Anregender Stadtrundgang, bei dem der Weg hinauf zum Oberen Schloss durchaus etwas Kondition verlangt.
Einkehr: In der Siegener Innenstadt gibt es unzählige Einkehrmöglichkeiten; unsere Empfehlung: Brasserie »Ristorante e Piazza« beim Museum für Gegenwartskunst.
Tipps: Thematische Stadtführungen oder auch Stadtrundfahrten bietet die Siegener Tourist-Information an, www.visitsiegen.de. In jedem Fall empfehlenswert ist eine Fahrt mit dem »Hübbelbummler«: Der historische Bus fährt von März bis Oktober mittwochs und samstags vom Jakob-Scheiner-Platz / Apollo-Theater zum Oberen Schloss und wieder zurück; Museum für Gegenwartskunst: Die Sammlung Lambrecht-Schadeberg umfasst die Werke sämtlicher Rubenspreisträger, u. a. Francis Bacon, Antoni Tàpies, Sigmar Polke oder Maria Lassnig, Tel. +49 271 4057710, www.mgksiegen.de.

Nach Köln, nach Frankfurt oder über Hagen ins Ruhrgebiet geht es mit der Bahn hinaus aus der Stadt – oder eben von dort mitten hinein. Und so starten wir unseren Stadtrundgang in **Siegen** am **Hauptbahnhof** ❶, einem von Geschäftigkeit umgebenen Ort. Hier findet sich auch der Zentrale Omnibus-Bahnhof (ZOB). Dort weist uns der stählerne Kugelbrunnen die Richtung zur Bahnhofstraße, einer mit Spielstationen und Ruhebänken aufgehübschten Fußgängerzone. An deren Ende biegen wir vor dem Übergang über die Sieg nach links zur Brüder-Busch-Straße hin ab. Wir wählen

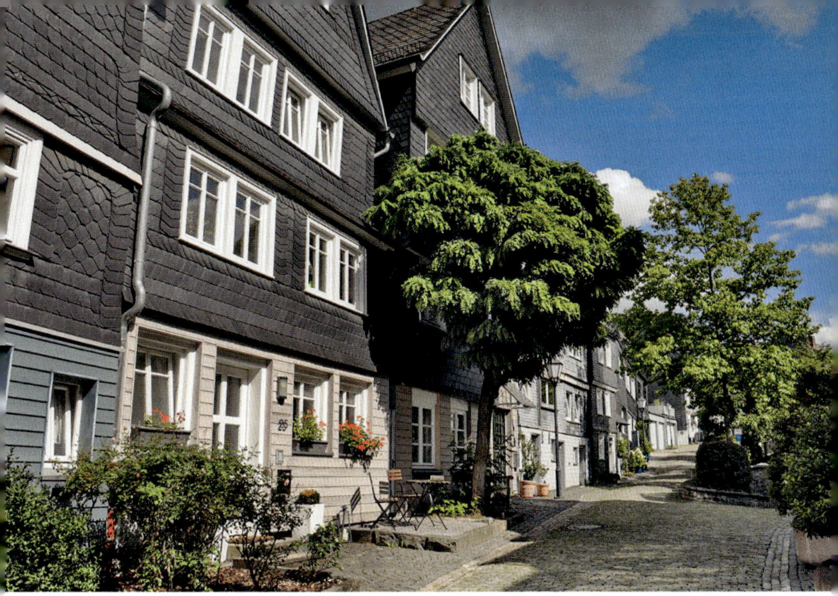

Ein Bummel durch die Gassen der Siegener Altstadt lohnt sich.

die **Oberstadtbrücke ❷**, um auf die andere Seite des Flusses zu gelangen, dessen »neue Ufer« Mitte der 2010er Jahre wieder freigelegt worden sind. Nach Jahren des Zubetoniertseins lässt sich der Fluss, welcher der Stadt ihren Namen gab, sehen und ist ein Blickfang. Von der Unter- zur Oberstadt wechseln wir die Straßenseite am nahen Kölner Tor. Wir gehen nur ein kurzes Stück nach rechts und wandern über ein Treppchen und den gepflasterten Weg (samt scharfer Rechtskehre) hinauf zur evangelischen **Martinikirche ❸**, der ältesten Kirche der Stadt. Erstmals urkundlich erwähnt worden ist sie im Jahr 1311, doch archäologische Funde verweisen auf einen fränkisch-karolingischen Vorgängerbau aus der Mitte des 8. Jahrhunderts.

Wir umwandern die Kirche entgegen dem Uhrzeigersinn, wenden uns nach rechts und zweigen von der Grabenstraße gleich wieder nach links ab. Ein torähnlicher Durchgang bringt uns auf den weitläufigen Platz des **Unteren Schlosses ❹**. Zwischen 1695 und 1720 erbaut diente die dreiflügelige Anlage mit dem Dicken Turm als Residenz der evangelischen Landesherren. Gleich links von uns macht eine schwere Eisengusstür neugierig: Sie führt zur Fürstengruft, der Grabstätte von Fürst Johann Moritz von Nassau-Siegen, seiner Eltern, Geschwister und weiterer Familienangehöriger. Das frisch restaurierte Mausoleum ist zu besichtigen: von April bis September sonntags zwischen 11 und 17 Uhr sowie auf Anfrage. Seit 2016 wird das

Untere Schloss von der Universität Siegen genutzt, ebenso wie Teile des benachbarten Kaufhauses. Unmittelbar an den südöstlichen Flügel des Schlosses schließt sich das Museum für Gegenwartskunst an – mit einem Neubau des Architekten Josef Paul Kleihues und mit Ausstellungs- und Verwaltungsräumen im Alten Telegrafenamt der Stadt.
Unser Weg führt zur Alten Poststraße. Doch zunächst gehen wir über die Kohlbettstraße zum Platz der im November 1938 von SA und SS in Brand gesetzten einstigen **Synagoge** 5. In dem zwei Jahre nach der Zerstörung errichteten Hochbunker am Obergraben ist seit 1996 das Aktive Museum Südwestfalen zu Hause, ein Ort des Mahnens und Erinnerns. Auf bekanntem Weg wandern wir zurück zur Alten Poststraße mit der bronzenen Hirtenszene von Wolfgang Kreutter. Am Ende dieser kleinen Fußgängerzone erreichen wir die Löhrstraße. Wir gehen hinüber zur barocken **Marienkirche** 6 am Pfarrer-Ochse-Platz (der widerständige Geistliche Wilhelm Ochse war in der NS-Zeit in Haft) und durch die Untere Metzgerstraße in die kleine, mitunter entzückende Siegener Altstadt. An deren östlichem Rand bringt uns die Mauerstraße den Siegberg weiter hinauf: über die Hundgasse, dann nach rechts aus der ummauerten Altstadt hinaus und gleich links bergan zum Schlossgarten. Am Rande des Parks werden Kinder viel Vergnügen am großen Abenteuerspielplatz haben. Wir schlendern durch den gepflegten Park hinüber zum **Oberen Schloss** 7. Schon vor 1224 als mittelalterliche Höhenburg erbaut, war es Stammsitz des Hauses Nassau und bis ins 18. Jahrhundert Residenz der katholischen Fürstenlinie. Bereits 1905 wurde im Schloss das Siegerlandmuseum installiert; wer einen

Das Obere Schloss thront ganz oben auf dem Siegberg.

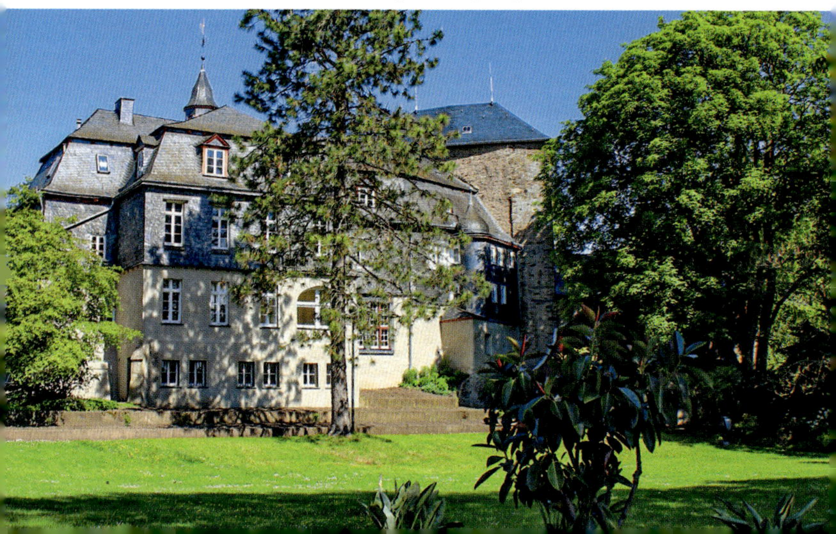

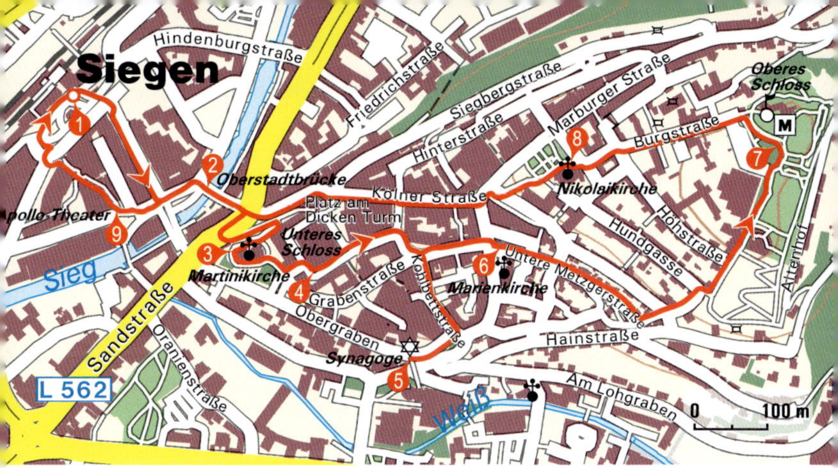

echten Rubens sehen möchte, ist hier richtig. Bloß nicht verpassen sollten wir eine Runde entlang der Außenanlagen des wehrhaften Schlosses: So ergeben sich mancherorts beeindruckende Aussichten, vor allem nach Norden hin, ins Hüttental.

Durch das Torhaus verlassen wir das Schlossgelände und wandern über die Burgstraße geradewegs auf die im 13. Jahrhundert gebaute **Nikolaikirche** 8 zu. Das goldene Krönchen der Kirche ist das Wahrzeichen der Stadt Siegen – und ein Geschenk des Fürsten Johann Moritz. Als dieser 1652 in den Fürstenstand erhoben wurde, dankte er mit der monumentalen Goldkrone. An der zur Alfred-Fissmer-Anlage gelegenen Seite der Nikolaikirche hat die Erinnerung an den evangelischen Pfarrer Theodor Noa (1891–1938) ihren Platz. Im Dritten Reich stellte er sich auf die Seite der Bekennenden Kirche; unter unklaren Verhältnissen kam er in Berlin ums Leben.

Über eine Freitreppe gelangen wir auf den Markt. Diesseits des Platzes steht das historische Rathaus, jenseits sehen wir das Krönchen-Center, das Kultur- und Bildungshaus der Stadt, u. a. mit Bibliothek, Archiv und Volkshochschule. Hier kaufte »man« früher ein – bis zur Machtübernahme der Nazis und den »Arisierungen« bei Tietz, dann im »Kaufhof«, zuletzt bei »Kerber«.

Am Zebrastreifen überqueren wir die Löhrstraße und bummeln über die Kölner Straße talwärts. Beim Eiscafé Cancian können wir Siegen anhand eines bronzenen Tastmodells erfühlen, ein Angebot für sehende und nichtsehende Menschen. Am Kölner Tor wechseln wir wieder hinüber zur Unterstadt und passieren an der **Oberstadtbrücke** 2 erneut Henner und Frieder. Wir gehen nach links zum Jakob-Scheiner-Platz mit dem 2007 eröffneten **Apollo-Theater** 9 und finden durch die Passage des Sieg-Carrés zum **Hauptbahnhof** 1 zurück.

↗ 90 m | ↘ 90 m | 5.1 km

2 Spazierrunde durch den Siegener Tiergarten

1.30 h

Stadtnahes Naturerlebnis in einem fürstlichen Jagdrevier

Dieser Wald darf Wald sein: Auf hundert Jahre soll der Siegener Tiergarten nicht mehr forstwirtschaftlich genutzt werden. Somit können die schon jetzt über 200 Jahre alten Rotbuchen und Stieleichen noch mehr und auch in Würde altern. Damit setzt die Stadt ein Zeichen für den Erhalt dieses großen, geschlossenen Laubholzbestands, der weiteren Baumarten einen Lebensraum bietet: Europäischer Lärche, Bergahorn, Birke, Eberesche, Hainbuche, Douglasie ... Das wiederum bildet auch einen Schutzraum für gefährdete Vogel- und Fledermausarten. Der Historische Tiergarten wurde im 17. Jahrhundert von Fürst Johann Moritz von Nassau-Siegen als Naturgelände zu höfischen Vergnügungen (und damit auch zur Jagd) eingerichtet. Heute ist er ein Erlebniswald, ein Ort zum Auftanken für Jung und Alt. Es lohnt sich, hier und da die beschriebene Route zu verlassen, um kreuz und quer auf eigene Faust durch den Historischen Tiergarten zu streifen. Wild kann auch gesichtet werden – das freilich im Gehege.

Ausgangspunkt: Wellersberg, 316 m, Siegen; Wanderparkplatz nahe der DRK-Kinderklinik; Buslinie C116 ab Siegen, Haltestelle »DRK-Kinderklinik«.
Anforderungen: Familientauglicher Ausflug; abgesehen von dem Wegabschnit auf der einstigen, betonierten Panzerstraße wandern wir zumeist auf guten Forstwegen.
Einkehr: Keine.

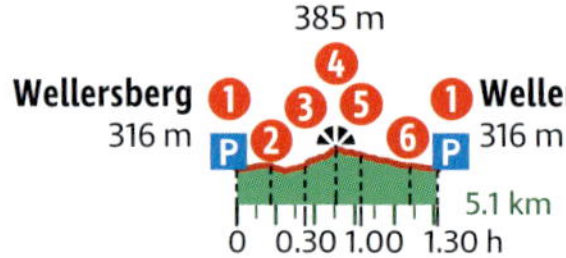

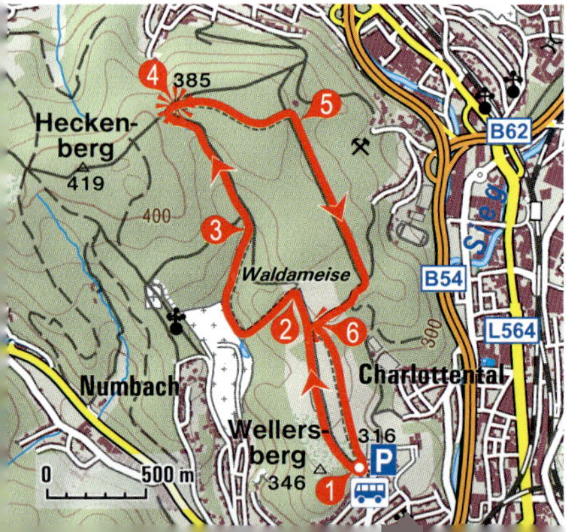

Unsere kleine Expedition in den Siegener »Ur-Wald« startet nahe der DRK-Kinderklinik am Siegener **Wellersberg** ❶. Sie führt uns zunächst über ein Relikt aus der Nachkriegszeit, die Panzerstraße. 1952 gebaut, diente sie als Verbindungsstraße: vom Wellersberg, wo die Panzereinheiten der belgischen Garnison stationiert waren, zum Truppenübungsplatz auf der Höhe über Trupbach. Spätestens seit dem Abzug der Truppen dient die Betonpiste Spaziergängern als Flaniermeile und Radfahrern als Tourenoption. Hier und da sind weitere Spuren der einst militärischen Nutzung des Wellersbergs zu sehen – zum Beispiel die Reste einer

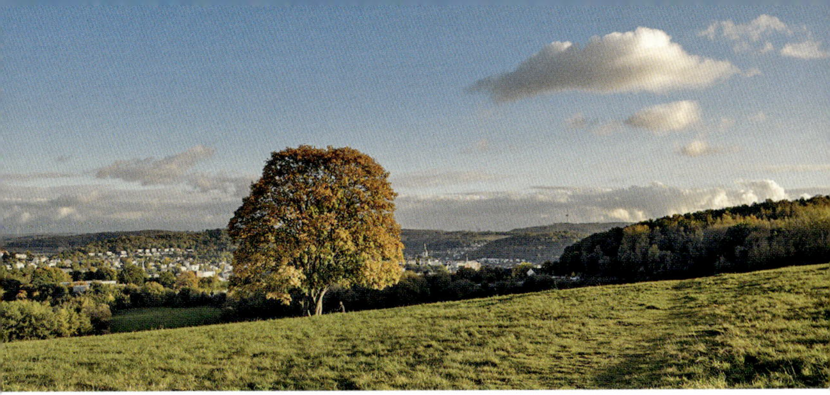

Von der Panzerwiese am Wellersberg eröffnen sich Fotoblicke auf Siegen.

Rüttelstrecke zur Reinigung der Panzerketten. Am Waldrand bei der überdimensionierten **Waldameise** ❷ verlassen wir die Panzerstraße und folgen ab jetzt, links zum Tal hin biegend, dem Rundwanderweg A3. Dieser führt uns über einen schönen Waldpfad zum Hermelsbach und damit nah an den Hermelsbacher Friedhof. Seit 1912 besteht diese weitläufige Ruhestätte – über tausend Kriegsopfer beider Weltkriege sind hier bestattet, dazu auf dem jüdischen Teil des Friedhofs rund 50 Menschen jüdischen Glaubens. Auch der Siegener Walter Krämer, als »Arzt von Buchenwald« bekannt und als »Gerechter unter den Völkern des Staates Israel« in der Gedenkstätte Yad Vashem gewürdigt, ist in der Hermelsbach begraben.
Unser Weg führt durch das romantisch anmutende Tälchen und dabei wieder hinauf zur **Panzerstraße** ❸. Wir halten uns halb links, bleiben bis zur Höhe auf diesem Weg, der unter dem schützenden Laubdach der hohen Buchen selbst an heißen Sommertagen angenehm zu gehen ist. Dort, wo die Panzerstraße nach links Richtung Trupbacher Heide abzweigt, biegen wir scharf nach rechts ab, um hoch über dem Hüttental im Tiergarten zu verweilen. Beim Unterqueren der Hochspannungsleitung lohnt sich ein **Blick** ❹ nach rechts, denn in der Ferne ist die Nikolaikirche mit ihrem goldglänzenden Krönchen zu sehen. Bald kommen wir merklich langsamer voran, denn die Erlebnisstationen laden zum Mitmachen, Anschauen oder Nachlesen ein. Ab der nächsten Kreuzung passieren wir ein **Damwildgehege** ❺ mit barrierefreier Beobachtungsplattform und Futterautomat. Am Ende des Kutschenwegs gibt erneut eine vom fürstlichen Parkplaner eingerichtete Sichtachse einen besonderen Blick frei: dieses Mal zum Oberen Schloss und damit zur einstigen Residenz derer vom Hause Nassau-Siegen. Für uns geht es rechts über den Güterweg zurück ins Gebiet von Panzerstraße und **Panzerwiese** ❻. Am schönsten ist es, über das weite Wiesengelände zurück zum Ausgangspunkt am **Wellersberg** ❶ zu gehen. Alternativ wäre der Weg über den Betonplattenweg möglich.

↗ 130 m | ↘ 130 m | 8.1 km

3 Auf der Trupbacher Heide

2.30 h

Ein Naturschutzgebiet mit militärischer Vorgeschichte

Die Farbe Lila bestimmt die Trupbacher Heide nur in einem sehr begrenzten Zeitfenster: zwischen Spätsommer und Frühherbst. Seinen bukolischen Charme aber entfacht das naturgeschützte Gebiet auf der Höhe zwischen Alchen und Trupbach rund ums Jahr. Auf recht kompakter Fläche liegen unterschiedliche Lebensräume nah beieinander: Besen- und Ginsterheiden, Magerwiesen und Magerweiden sowie Borstgrasrasen. Das Areal bietet Zugvögeln Raum zur Rast und der Heidelerche ein ideales Zuhause. Bestechend ist die Vielfalt an Schmetterlingen. Spuren einer vollkommen anderen Funktion des Geländes sind nur noch an dem betonierten Zuweg vom Wanderparkplatz auf der Höhe bei Birlenbach zu sehen: Bis 1993 war die Trupbacher Heide ein Truppenübungsplatz, eingerichtet 1936 unter nationalsozialistischer Herrschaft. Das Areal wurde nach 1951 von den in Siegen stationierten belgischen Streitkräften übernommen und nach deren Abzug eine Zeitlang von der Bundeswehr genutzt. Dass die Heide so ist, wie sie ist, hat auch mit dieser intensiven, den Boden mit Panzerketten aufwühlenden und verdichtenden Nutzung zu tun. Heute kommt nur selten schweres Gerät auf der Trupbacher Heide zum Einsatz: Dann arbeitet der Panzer im Auftrag des Naturschutzes!

Ausgangspunkt: Wanderparkplatz Trupbacher Heide, 329 m, zwischen Trupbach und Birlenbach; Buslinie C117 ab Siegen, Haltestelle »Trupbach Wende«, von dort ca. 5 Min. zu Fuß.
Anforderungen: Überwiegend gut begehbare Wald- und Wiesenwege in einem Eldorado für Naturbeobachtungen; nur eine kurze Wegstrecke führt über den Beton der einstigen Panzerstraße.
Einker: Keine.

Ausgangspunkt unserer Exkursion ist der **Wanderparkplatz Trupbacher Heide** ❶ an der Kreisstraße K8 zwischen Trupbach und Birlenbach. Jenseits der Straßenkuppe wählen wir den u. a. mit A2 markierten Weg, der durch aussichtsreiches Wiesengelände und am Waldrand entlang führt. Nach rund 600 m mündet dieser Weg in die einstige Panzerstraße. Eine Weile noch gehen wir auf Betonplatten, dann wird unser Weg schottrig. Landschaftlich deutet sich das Erlebnis an der nächsten Weggabelung an: Der Blick öffnet sich, eine Infotafel erzählt vom Artenreichtum, und das Schild mit

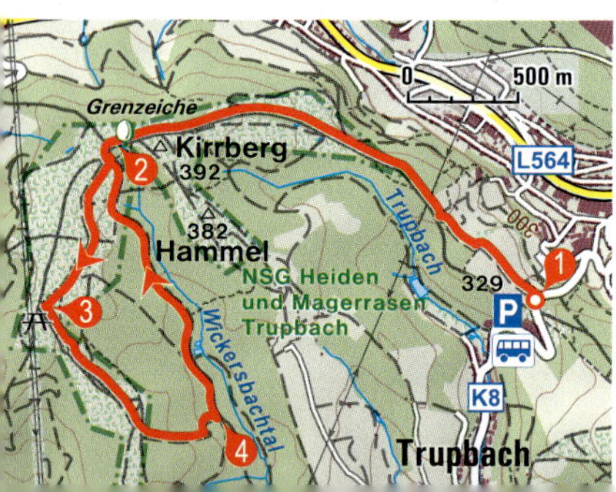

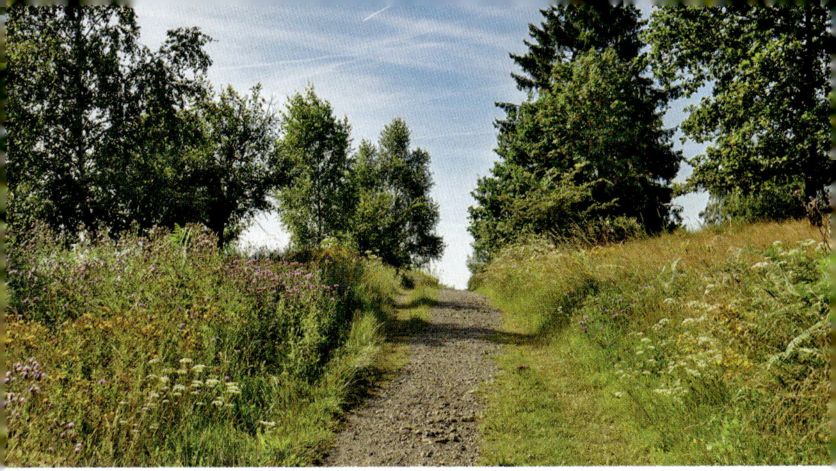

Auf der Trupbacher Heide ist der Weg das Ziel.

dem Seeadler kündet davon, dass wir uns ab sofort in einem Naturschutzgebiet bewegen. Etwas Kondition ist gefordert auf dem Weiterweg zum Kirrberg, 392 m, hinauf, doch spätestens dort wird dieser Ausflug zur puren Genusstour. An der uralten, hohlen **Grenzeiche** 2 wenden wir uns nach links und halten uns dann auch weiterhin links. Wir folgen jetzt bis zur nächsten Wegkreuzung mit **Ruhebank** 3 dem F11-Rundwanderweg um Alchen. Nun geht es leicht bergab, mit Kurs aufs Alchetal. Vielleicht weiden gerade heute die Schafe und Ziegen der Schäferei Küthe aus Meiswinkel an dieser Stelle, vielleicht sind sie auch weitergezogen. In jedem Falle arbeiten sie mit gutem Appetit am Erhalt der schützenswerten Kulturlandschaft mit.

Relativ steil geht es mit den Wegen A2 und A3 hinab ins bewaldete Tal des Wickersbachs. Im **Wickersbachtal** 4 angekommen, schlagen wir links einen Pfad ein, der uns lange nah am Wasser entlang (Augen auf: hier gibt es Frösche!) und dann, unmarkiert, wieder hinauf zum Heidegelände bringt. Auf der Höhe wird an der **Grenzeiche** 2 der Hinweg zum Rückweg; nun geht es bergab, und es öffnen sich schöne Blicke ins Hüttental und auch ins Holzklauer Tal. Unsere Tour endet, wo sie begonnen hat: am **Wanderparkplatz Trupbacher Heide** 1.

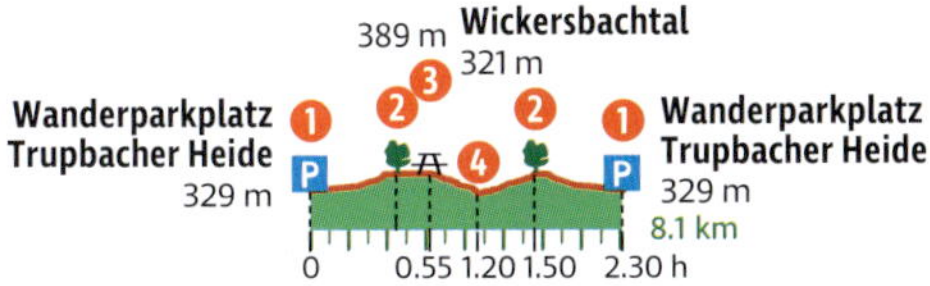

TOP

↗ 280 m | ↘ 280 m | 11.9 km

4 Historischer Rundweg Achenbach

3.30 h

Stadtnaher Naturtrip mit kleinen Abenteuern

Wie sehr ein Wald in City-Nähe genutzt werden kann und auch genutzt wird, zeigt sich entlang des Historischen Rundwegs Achenbach. Er streift gleich zwei Flowtrails, auf denen Mountainbiker von der Höhe talwärts cruisen, bietet Auslauf für Mensch und Hund und Pferd und dient zum Teil auch zur Holzgewinnung. Würde man an jeder der informativen Tafeln (zu gleich fünf Quellen, zur Grenz-, Sieges- und Suttereiche, zu Brunnen, Plätzen und Gebäuden ...) verweilen, bräuchte es die doppelte Zeit. Aber dieser Weg lässt sich ja wieder und wieder gehen. Historisch ist die als »Qualitätsweg Wanderbares Deutschland – Kulturerlebnis« zertifizierte Runde, weil sie an vielen Punkten Geschichtsträchtiges herzeigt. Sie erzählt vom Eisenerz und der Haubergswirtschaft, von alten Wegen und auch von den fast 50 Jahren, in denen Siegen belgische Garnisonsstadt war. Dabei stellt sie ganz nebenbei einen Stadtteil vor, geprägt von Menschen, die Tradition bewahren, ohne sich darin zu verlieren, und die mutig genug sind, im Miteinander ganz Neues zu wagen. Besonders bemerkenswert: Dort, wo sich einst das Militär im Schießen übte, ist das »Erfahrungsfeld Schönundgut« entstanden – ein Erholungs-, Lern- und Erlebnisort.

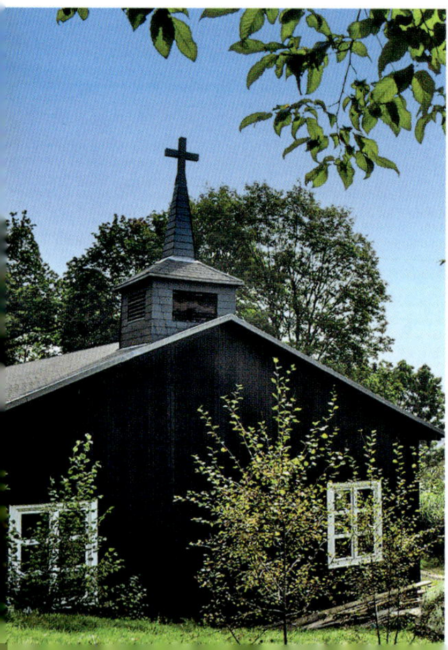

Ausgangspunkt: Achenbach, 308 m, Erinnerungsstätte am Kreisel Achenbacher Straße; Buslinien C112 und C113 ab Siegen, Haltestelle »Heidenberg«; Parken auf Anfrage am Edekamarkt oder an der Wallhausenstraße.
Anforderungen: Breite Waldwege und schmale Pfade; Trittsicherheit empfohlen.
Einkehr: Soziales Café Net(t)werk in Achenbach, Achenbacher Straße 115, werktags bis 16 Uhr, Sa. bis 14 Uhr, So. Ruhetag, Tel. +49 271 23419362.
Tipp: Herrlich altmodisch ist die Postfiliale von Achenbach. Wer am Vormittag unterwegs ist, sollte kurz eintreten, um sich für einen Moment in die frühen 1980er Jahre versetzen zu lassen. Vielleicht auch, um am Schalter eine Briefmarke für die Postkarte aus Siegen zu kaufen.

Die Friedenskirche ist ein Zeichen versöhnlichen Miteinanders.

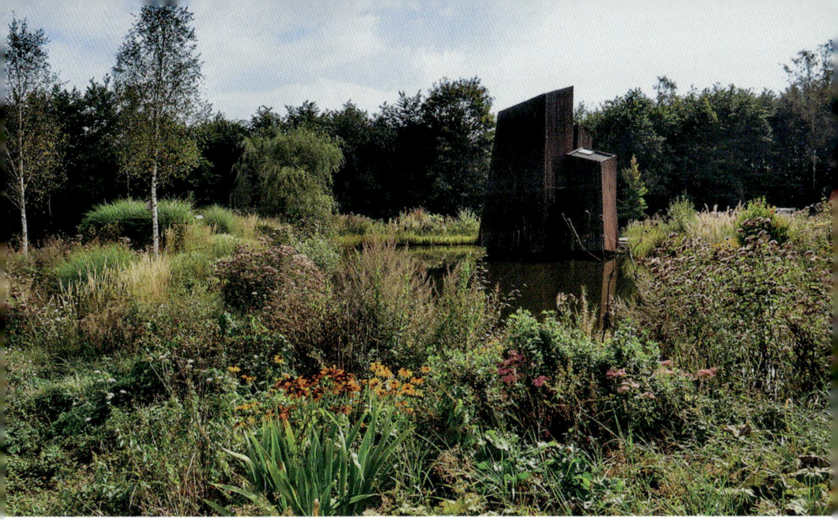

Schön und gut: das »Erfahrungsfeld« auf dem Fischbacherberg.

Bevor wir uns an der Erinnerungsstätte für die Belgische Garnison in **Achenbach** ❶ auf den Weg machen, sollten wir an der Infotafel zugreifen, denn der Flyer zum Rundweg ist ein freundlich-informativer Begleiter. Unsere Markierung ist durchweg ein stilisiertes W in Weiß auf Schwarz. Wir folgen der Achenbacher Straße leicht bergab, um rund 300 m später halbrechts abzubiegen. Wir passieren die denkmalgeschützte Friedenskirche. Sie ist ein Zeichen des versöhnlichen Miteinanders: Nach dem Zweiten Weltkrieg stiftete die Zionsgemeinde aus Evansville im US-Staat Indiana die Holzkirche für Siegen. Zunächst hatte diese ihren Platz an der Eintracht, musste hier aber dem Bau der Siegerlandhalle weichen und erhielt in Achenbach eine neue Bleibe. Heute ist sie Zufluchtsort für Menschen in schwierigen Lebensumständen.

Wir folgen nun dem Lauf des Engsbachs bergan und lernen etwas über die Montangeschichte der Region: Archäologen fanden im Engsbachtal zahlreiche Spuren keltischer Eisenschmelzkunst. Ein Nachbau eines **Rennofens** ❷ steht symbolisch für das Original, das im Siegerlandmuseum anzuschauen ist. Dankbar für die gut markierte Wegführung streifen

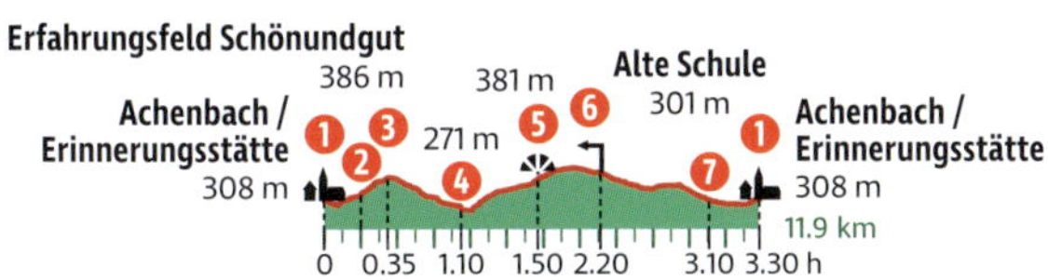

wir auf der Höhe das **Erfahrungsfeld Schönundgut** 3; ein Pfad führt zum Eingang des Geländes. Zurück auf der Hauptroute queren wir den Klaus-Hoppmann-Weg und wandern nach rechts hinüber zur Anlage der Gartenfreunde Am Fischbacherberg. Über naturnahe Wege lassen wir uns hinab in die **Numbach** 4 führen, biegen aber vor dem Erreichen der ersten Häuser nach links ab. Wir kommen am Wanderparkplatz Numbach vorbei und wandern von hier nach Westen. Auf der anderen Seite des Alchetals ist die Auferstehungskirche von Trupbach mit ihrer markanten Form und hellen Farbgebung gut auszumachen. Die nächste halbe Stunde gehört dem Aufstieg zum Starken Buberg, dem mit 431 Metern höchsten Punkt dieser Tour. Unbedingt sollten wir die Einladung zur **»Schönen Aussicht«** 5 annehmen – wir schauen von der freien Fläche etwas abseits des Weges über Seelbach und das Alchetal bis zur Wilhelmshöhe. Eine Weile noch wandern wir parallel zu gleich fünf Weitwanderwegen: dem Jakobsweg, dem Elisabethpfad, dem Europäischen Fernwanderweg 1 (Flensburg – Genua), dem Schlösser- und dem Lenne-Sieg-Weg. Ab einer **spitzen Kehre** 6 bleiben wir dann allein dem Achenbacher Rundweg auf der Spur. Durch Feld, Wald und Wiesen queren wir das Tal des Großenbachs und finden uns bald an einer Aussichtsplattform ein, die durch Baum und Busch die Alte Schule von Achenbach ins Visier nimmt. Nur wenig später stehen wir eben dort: vor der **Alten Schule** 7, zur Linken flankiert vom einstigen Lehrer- und heutigen Heimathaus. Durch die Achenbacher Furt geht es zurück nach **Achenbach** 1 zum Ausgangspunkt unserer Wanderreise durch Raum und Zeit.

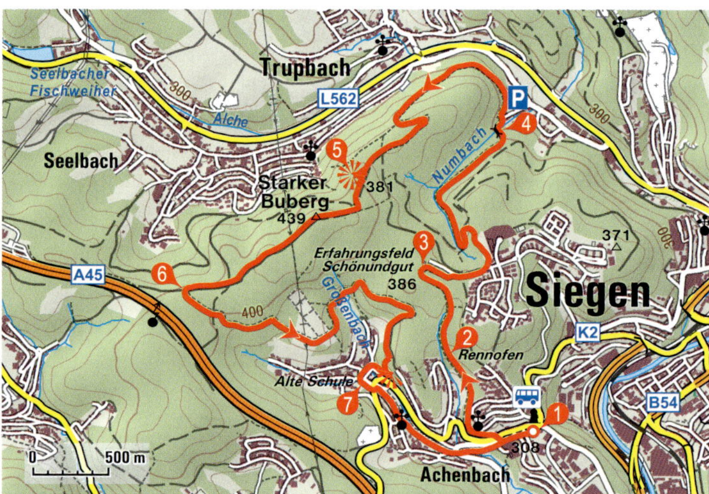

↗ 340 m | ↘ 340 m | 13.1 km

3.45 h

Von Eiserfeld zum Pfannenberg

5

Aussichtsreiche Tour mit Fernblicken vom Turm

Hoch hinauf und tief hinab geht es in Eiserfeld. Hier schlägt die 106 Meter hohe Siegtalbrücke der Autobahn A45 einen weiten Bogen übers Tal; hier findet sich mit dem Pfannenberg, 499 Meter, die höchste Erhebung auf Siegener Stadtgebiet. Unter der Erde durchziehen lange Stollen das Gebirge. Die Grube Eisenzecher Zug galt – bis zu ihrer Schließung am 29. Februar 1960 – mit einer Schachttiefe von bis zu rund 1350 Metern als tiefste Eisenerzgrube Europas. Erschlossen wurde sie über den »Königlichen Reinhold Forster Erbstolln«. Einen rubinroten Eisenglimmer aus der Grube Eisenzecher Zug überbrachten der Pfarrer Heinrich Adolf Achenbach und der Bergmeister Johann Daniel Engels, beides Siegener, im Jahr 1806 keinem Geringeren als Johann Wolfgang von Goethe. Sie schlugen vor, das Gestein »Goethenit« zu nennen. Eine Anregung, die aufgegriffen wurde: Das Mineral bekam die Bezeichnung »Goethit«. Unser Weg führt aussichtsreich auf die Höhen des Nördlichen Hellerberglands und damit auf einen gebirgigen Riegel, der die Sieg im Siegener Süden zu einer ersten großen Schleife zwingt.

Ausgangspunkt: Eiserfeld, 235 m, Marktplatz; Buslinien 100, 101, R22 ab Siegen, Haltestelle »Ortsmitte«.
Anforderungen: Ausdauer erfordernde Tour auf guten Forstwegen, nur am Anfang und Ende auf Asphalt.
Einkehr: Waldhaus Schränke, Mo. u. Di. Ruhetag; diverse Möglichkeiten in der Eiserfelder Ortsmitte.
Tipps: Das Besucherbergwerk »Reinhold-Forster-Erbstolln« kann besichtigt werden, Information und ggf. Anmeldung unter Tel. +49 271 354899, www.gewerkschaft-eisenzecher-zug.de; an Sommertagen lohnt sich kurz vor Ende der Tour ein Stopp im Naturfreibad im Helsbachtal.

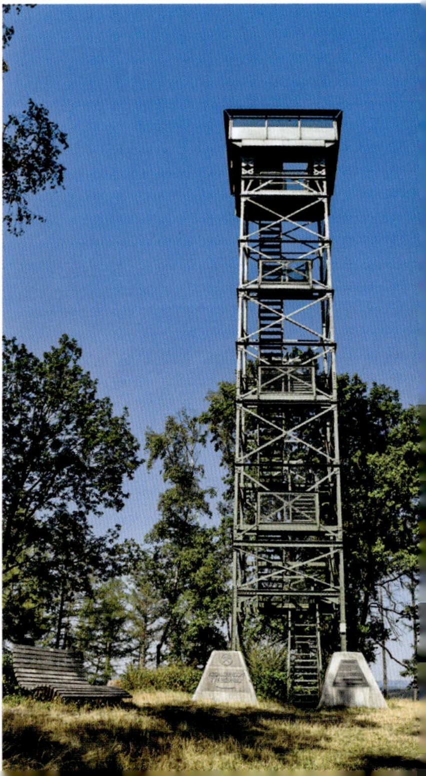

Der Aussichtsturm auf dem Pfannenberg.

Den Brunnen auf dem Marktplatz in **Eiserfeld** ❶ im Rücken starten wir mit Kurs auf die katholische Kirche St. Marien. Wir folgen dem Möhne-Westerwald-Weg mit dem Zeichen X24 zunächst bis zu einer markanten Wegekreuzung mit Kreuz. Hier überschreiten wir die Grenze nach Rheinland-Pfalz und wandern zunächst bis zur **Mudersbacher Höhe** ❷. Wir bleiben auf diesem Weg, der schöne Ausblicke ins Siegtal erlaubt, bis zu einem markanten **Wegweiser** ❸ aus Holz.

Den Weg mit der Markierung X24 verlassen wir hoch über Brachbach in einer spitzen Kehre Richtung Nordosten. Unser nächstes Ziel ist die **Kreuzeiche** ❹. Ein Sturm hat im Jahr 2019 den 1884 gepflanzten Baum entwurzelt; er wurde neu eingepflanzt und gilt weiterhin als beliebter Treffpunkt. Wir bleiben auf der Höhe, halten uns geradeaus, dann halblinks auf dem Sieghöhenweg (XS), nach knapp 400 m halten wir uns rechts. Nun sind wir wieder auf nordrhein-westfälischem Gebiet unterwegs.

Nach einem guten Kilometer erreichen wir den **Rastplatz Römel** ❺, bleiben weiterhin auf dem Hauptweg und gelangen schließlich zum rechts vom Hauptweg liegenden **Aussichtsturm Pfannenberg** ❻. Dieser war einst ein Förderturm: Von 1898 bis 1932 stand er auf dem Gelände der Grube Pfannenberger Einigkeit in Neunkirchen-Salchendorf. 1934 wurde er auf dem Gipfelplateau des Pfannenbergkopfs als Aussichtsturm eingeweiht. Er ermöglicht von seiner fast 20 Meter hohen Plattform eine Rundumsicht, die bis zu den Höhen des Rothaargebirges und des Westerwaldes und bei guter Fernsicht sogar bis zum Siebengebirge (Drachenfels!) reicht. Wir folgen nun der Markierung XS abwärts, kommen dabei am Gelände des

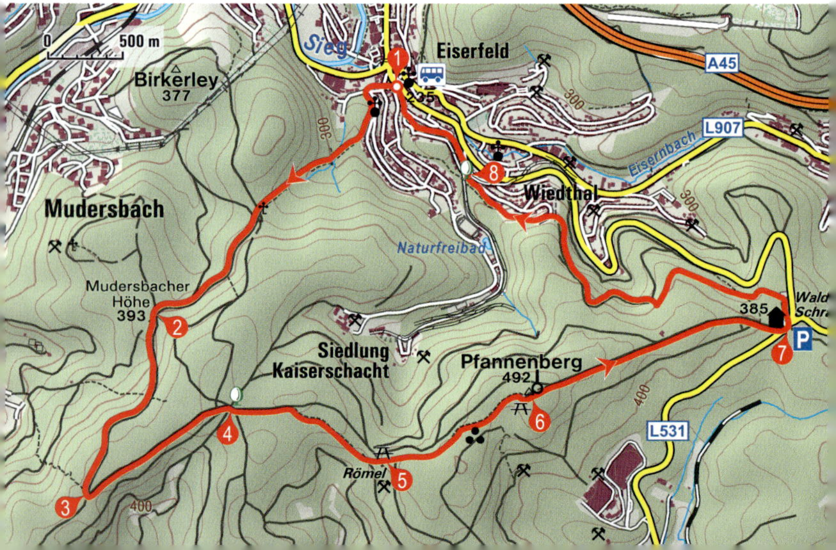

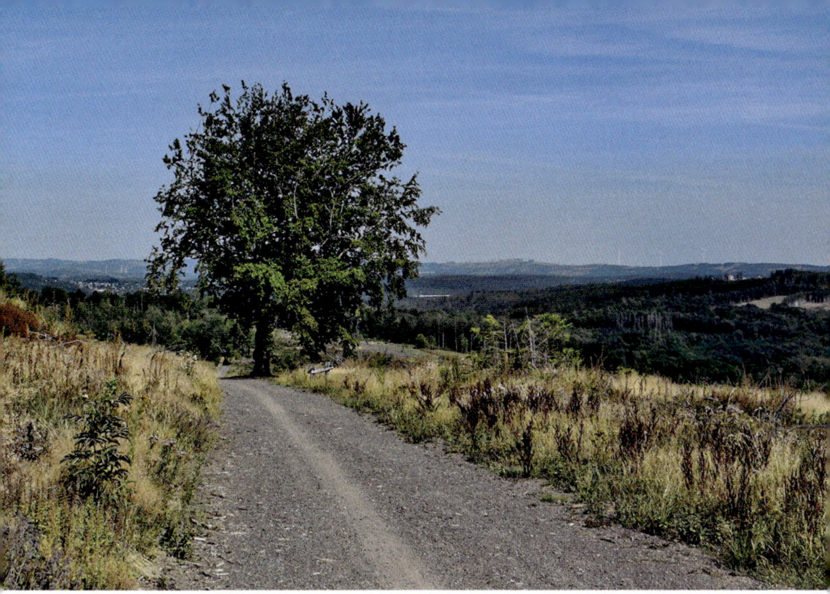

Aussichtsreich führt der Weg vom Pfannenberg hinab zur Schränke.

einstigen Adolfschachts vorbei und gelangen zum Parkplatz am **Waldhaus Schränke** 7. Hier halten wir uns links, gehen hinter dem Gasthaus her, um gleich nach einer Schranke nach links abzubiegen. Wenig später kommen wir erneut links auf einen breiten Weg, der den Hang entlang führt und uns hoch über dem Eiserntal zurück nach Eiserfeld bringt. Oberhalb des Neubaugebiets Wiedthal wandern wir hinab zum Hundsberg mit der als Naturdenkmal geschützten **alten Eiche** 8 auf einem Felsen.
Wir schlagen die Hundsbergstraße ein, folgen ihr auch über die später nach rechts führende abschüssige Straßenführung und biegen kurz vor einer engen Rechtskurve nach links in einen steilen Treppenpfad ab. Es geht hinab ins Helsbachtal und zurück zum Marktplatz in **Eiserfeld** 1.

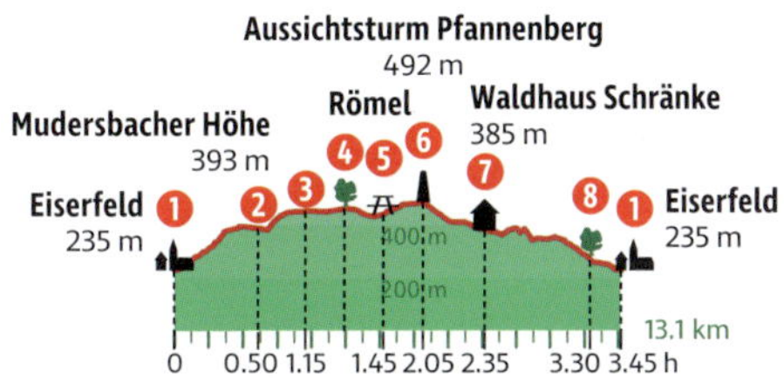

↗ 250 m | ↘ 250 m | 9.3 km

6 Eisernhardt und Hengsbach

3.00 h

Höhenflüge mit Bodenhaftung

Er ist eine der Landmarken des Siegerlands überhaupt, denn am Fernmeldeturm auf der Eisernhardt kann man sich aus fast allen Richtungen gut orientieren. 134 Meter hoch ragt er seit 1976 im Süden von Siegen in den Himmel empor, ist ein Signalempfänger mit Signalwirkung. Der »Eiserne Turm« steht unweit des Gipfels der Eisernhardt, 482 m. Der Name des zweithöchsten Bergs der Stadt ist Programm, denn die bewaldeten Hänge (»Hardt«) bergen jede Menge Metall. Zeugnis davon gibt eine Vielzahl an Bergbaurelikten: Pingen genannte Trichtergruben, Stollenmünder oder Halden, die das Herz von Mineraliensammlern höher schlagen lassen. Thematisch passend hat der Verein für Siegerländer Bergbau einen Weg mit 26 Stationen eingerichtet. Unsere Wanderung schlägt einen noch weiteren Bogen. Denn die Eisernhardt steht auch für das Fluggelände nahe der Autobahn. Vor allem an Wochenenden tummelt sich hier die Flieger-Community, finden sich Schaulustige ein – das »Fliegerheim« ist ein »place to be« für Jung und Alt. Wer die Region aus der Vogelperspektive erleben möchte, ist beim Luftsportverein Siegerland an der richtigen Adresse.

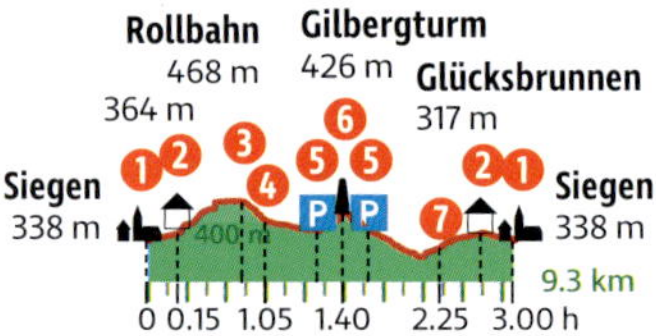

Ausgangspunkt: Siegen, 338 m, Wichernstraße; Wanderparkplatz bzw. Parkplätze am Diakonie Klinikum Jung-Stilling; Buslinie C102 ab Siegen, Haltestelle »Wichernstraße«.

Anforderungen: Gute Forstwege, nur ab und zu auf schmalen Pfaden.

Einkehr: Keine; am Fliegerheim des Luftsportvereins Siegerland zu den Flugbetriebszeiten, i. d. R. an den Wochenenden, Getränke, Eis und Snacks, Tel. +49 271 310766.

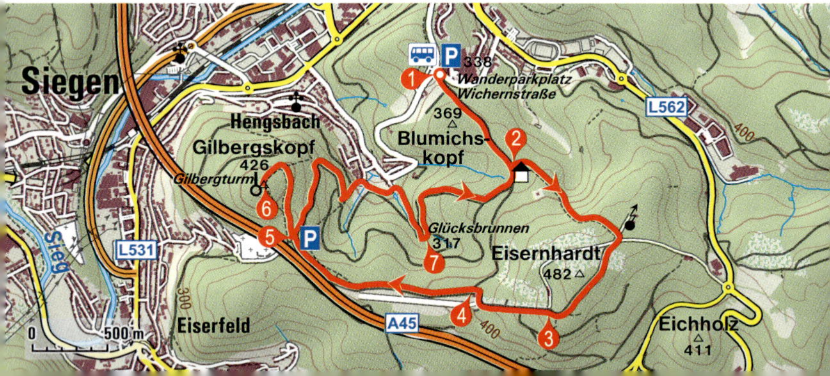

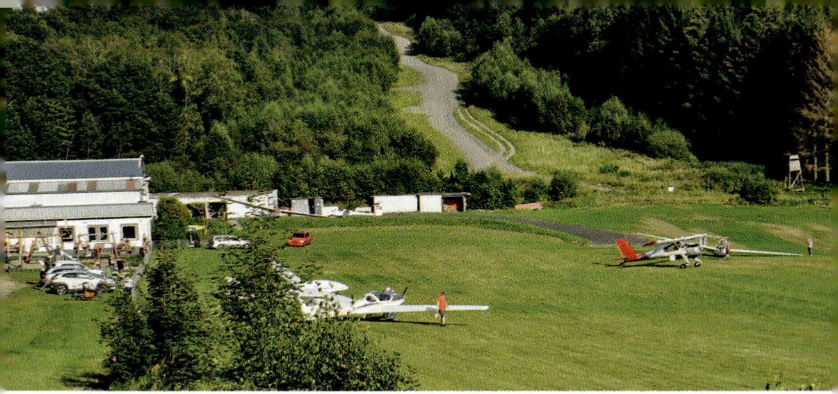

Ein Ausflugsziel für die ganze Familie: das Fliegerheim.

Unser Weg auf die Eisernhardt beginnt in **Siegen** ❶ am Wanderparkplatz Wichernstraße; dabei folgen wir hinter der Schranke und oberhalb der Parkplätze des Diakonie-Klinikums Jung-Stilling zunächst der schwarz-weiß-schwarz markierten Route, die vom Hauptbahnhof aus über den Rosterberg nach Obersdorf-Rödgen führt, und halten uns an der Kreuzung mit der **Schutzhütte** ❷ links. Nach etwa 1 km könnten wir den geradeaus führenden Hauptweg verlassen und uns links halten, um über einen halbrechts abbiegenden Pfad steil hinauf zur vom Funkturm gekrönten Höhe zu steigen. Wir gehen nun eine Weile entlang des Bergbauthemenwegs (Markierung: Schlägel und Eisen) bis zur abschüssigen einstigen **Rollbahn** ❸ des Flugplatzes. Seit 1934 starten Segelflugzeuge von der Eisernhardt aus. Damals »mit Anlauf« und mit von starken Menschen gehaltenen Gummiseilen. Wir wandern steil hinab zum Flugfeld und hinüber zum **Fliegerheim** ❹. Von dort geht es über einen breiten Schotter- und späteren Teerweg zum **Hengsbacher Gleichen** ❺. Wir empfehlen vom Wanderparkplatz aus den Abstecher zum **Aussichtsturm auf dem Gilberg** ❻. Dazu gehen wir geradeaus weiter bergan bis zur Liegebank mit Siegen-Panorama und dann links zum rechteckigen Türmchen anno 1888 hinauf.
Nach unserer Rundschau kehren wir auf bekanntem Weg zurück zum **Hengsbacher Gleichen** ❺. Von hier folgen wir dem Weg A5 hinunter ins Gebiet des bereits 1288 urkundlich erwähnten Hofs Obere Hengsbach. Wir verlassen den markierten Weg, um weiter talwärts zu wandern. Unterhalb des Kinderspielplatzes schlagen wir rechts einen Wiesenpfad ein, der uns wieder auf den Weg A5 und zu einem fast vergessenen Friedhof führt. Wir wenden uns an einem Fischteich nach rechts und gehen bis zum **Glücksbrunnen** ❼ bergan. Wo Bergleute im 19. Jahrhundert tonnenweise Erz abbauten, wenden wir uns nach links. An der schon bekannten **Schutzhütte** ❷ schließt sich der Kreis: Wir gehen zurück zum Wanderparkplatz Wichernstraße in **Siegen** ❶.

↗ 120 m | ↘ 120 m | 5.7 km

7 Das Siegener Hitschelsbachtal

1.45 h

Ländliche Idylle mitten in einem »Eisenwald«

Wer auf den Höhen rund um Siegen wandert, wird immer wieder neu überrascht von Sicht-Bezügen auf den Siegberg mit den beiden Schlössern und der goldgekrönten Nikolaikirche. Und so kann man sich auch auf dieser Runde mitunter kaum sattsehen an den Siegen-Blicken, gepaart mit Aussichten ins Hüttental und bis zu den Höhen des nördlichen Siegerlandes. Diese kleine Runde erkundet mit dem Hitschelsbachtal ein unvermutet ländliches Idyll in Stadtnähe. Mal wieder sind wir in einem »Eisenwald« unterwegs – der Name des Naturfreundehauses zeigt das an. Bergbau-Interessierten sei deshalb ein Abstecher zur Grube Ameise im benachbarten Leimbachtal empfohlen. Sie war noch bis 1956 in Betrieb; auch wenn Fördergerüst und Betriebsgebäude abgebrochen wurden, sind einige Relikte zu entdecken.

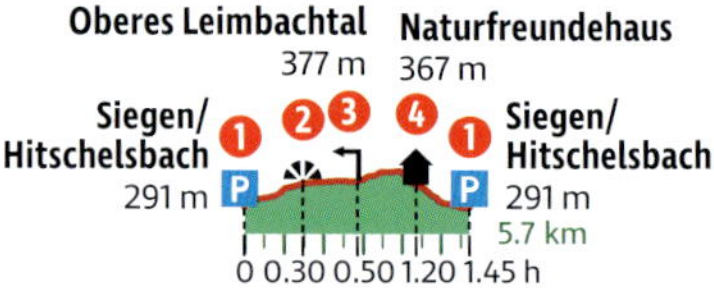

Ausgangspunkt: Siegen, Parkplatz Hitschelsbach, 291 m, am Ende der Friedrich-Wilhelm-Straße; Buslinie C104 ab Siegen, Haltestelle »Friedrich-Wilhelm-Straße«, von dort ca. 10 Min. zu Fuß.
Anforderungen: Schöne Runde für den Feierabend oder einen Sonntagnachmittag zumeist auf gut begehbaren Wald- und Wirtschaftswegen.
Einkehr: Naturfreundehaus Eisenwaldhütte im Hitschelsbachtal, Januar bis Ende Oktober geöffnet, bewirtschaftet sonn- und feiertags 9.30 bis 17 Uhr, Übernachtung für Selbstversorger möglich, Tel. +49 271 331939.
Variante: Abstecher zur Grube Ameise von 3, 500 m einfach.

Vom Hamberg aus bietet sich eine wunderbare Aussicht auf Siegen und Umgebung.

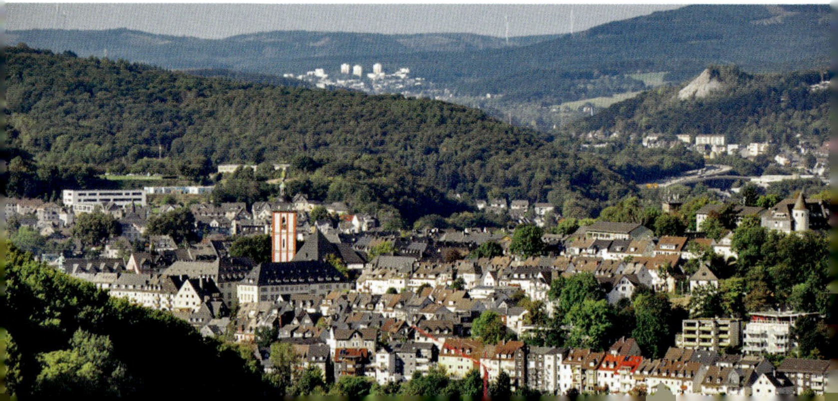

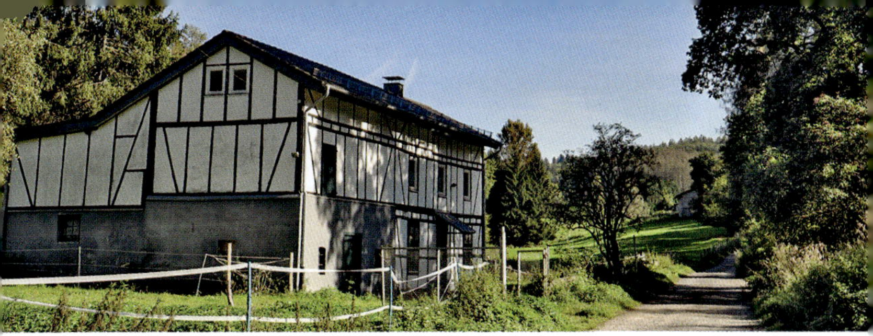

Ein idyllischer Ort im Hinterland dichter Wohnbebauung: das Siegener Hitschelsbachtal.

Wir beginnen unsere Runde in Siegen in der **Hitschelsbach** ❶ und damit in unmittelbarer Nähe eines alten, von großzügigen Ländereien umgebenen Bauerngehöfts. Umgehend wenden wir uns nach rechts und steigen zunächst steil am Hang des Hambergs, 377 m, hinauf. Wir wenden uns erneut, dann auf breiterem Weg, nach rechts. Bald öffnet sich über die Fludersbach hinweg ein schöner Blick zum Lindenberg. Am Zuweg zur Winchenbach-Siedlung ändern wir in einer spitzen Kehre brüsk die Richtung. Wir folgen nun der mit X19 gekennzeichneten Route, die später in den gelb markierten Rothaarsteig-Zubringer in Richtung Rödgen, Wilnsdorf und Kalteiche mündet. Je höher wir steigen, desto mehr Siegen zeigt sich von dieser **Aussichtshöhe** ❷ in bester Lage: Rosterberg, Fischbacherberg, Heidenberg, Wellersberg, Häusling, Siegberg, Giersberg, Haardter Berg und die Schlackensandhalde »Monte Schlacko«. Aber auch Walderlebnis ist garantiert: Hinüber zum Schieferberg geht es durch einen wunderbaren Buchenwald. Dort, wo der parallel geführte Weg »Raute 3« halbrechts ins **obere Leimbachtal** ❸ nach Obersdorf abzweigt, wenden wir uns nach links. Wir folgen nun den Wegweisern zum Naturfreundehaus Eisenwaldhütte. Auf der Höhe blitzt erneut die Nikolaikirche über viel Grün hervor, dann geht es nach einem scharfen Linksabzweig ohne große Umschweife bergab und zurück ins Hitschelsbachtal. An einem Sonn- oder Feiertag können wir das Wandervergnügen mit einer Erfrischung am **Naturfreundehaus** ❹ krönen.

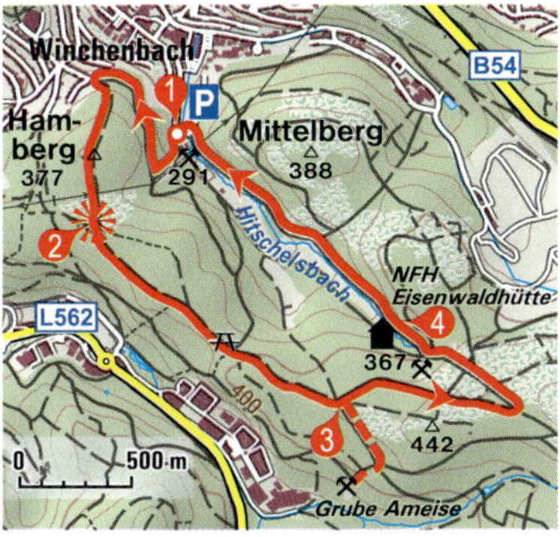

Entlang von Weiden und Wiesen und auch einiger Wochenendhäuschen wandern wir zum Ausgangspunkt in der **Hitschelsbach** ❶ zurück.

↗ 140 m | ↘ 140 m | 4.9 km

8 Von Bürbach zum Rabenhain

1.30 h

Famose Aussichten auf den Höhen über Volnsberg

Ein Hoch auf das Siegerland stand am 28. Juni 1896 am Ende der Zeremonie zur Einweihung des Aussichtsturms auf dem Rabenhain. Auf der Kuppe des 460 Meter hohen Bergs über den Siegener Stadtteilen Bürbach, Volnsberg und Breitenbach ermöglicht das stählerne Gerüst von seiner Plattform aus bis heute einen schönen Blick auf die nähere und fernere Umgebung. So grüßen von Norden die Windräder bei Hilchenbach, und etwas östlich der Anlage blitzt auch die Ginsburg aus dem Wald. Nach Westen ist die Wilhelmshöhe eine Orientierungsmarke. Dorthin schauen wir über die Dautenbach mit der im »Béton-brut«-Stil errichteten Christuskirche und das industriell geprägte Hüttental. Der Siegener Süden zeigt sich nach dem Abstieg – etwa mit der Siegtalbrücke. Und auch Richtung Osten geht die Fernsicht auf dieser feinen Spazierrunde bis zu den Höhen des Rothaarkamms. Es gibt etliche Möglichkeiten, zum Rabenhain zu gelangen. Wir wählen den Zustieg vom einstigen Leinenweberdorf Bürbach aus. Klarer Vorteil: Hier geht es ruhiger zu als auf der viel genutzten Route vom Weidenauer Wanderparkplatz Dautenbach; außerdem sind die Passagen bei Volnsberg vom Genussfaktor her bei Sonnenschein unschlagbar.

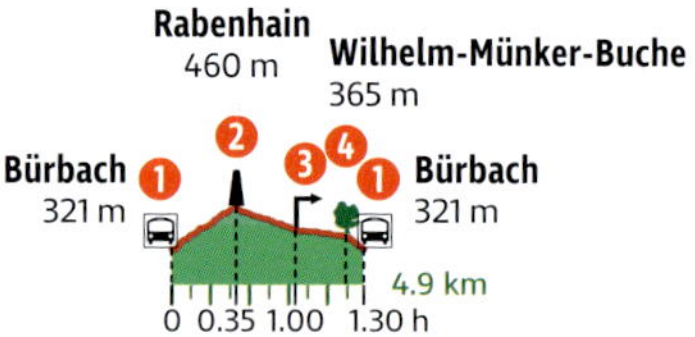

Ausgangspunkt: Bürbach, 321 m, Brunnen an der oberen Hainbornstraße; Parkmöglichkeiten nahe der Buswende; Buslinie C106 ab Siegen, Haltestelle »Hainbornstraße«.
Anforderungen: Breite Wald- und Wirtschaftswege, bei Volnsberg auch Teer.
Einkehr: Keine.

An unserem Ausgangspunkt in **Bürbach** 1 am Brunnen an der oberen Hainbornstraße nimmt uns eine Metallskulptur mit in die Geschichte des schon 1311 erstmals urkundlich erwähnten Siegener Stadtteils. Das Wappen verweist mit drei Bäumen auf die waldreiche Umgebung und mit Weberschiffchen, Hirtenhorn und Hammer auf die Traditionen des Leinenwebens, der Viehhude und des Erzbergbaus. Eingerahmt hat das Siegener Künstlerpaar Marlies Jansen und Jochen Fend diese Symbole mit zwei Schwingen aus Edelstahl: »Behütetes Bürbach«.
Wir folgen der Beschilderung A1 und verlassen die kleine Anlage über die Hainbornstraße nach Nordosten. Am Waldrand sollten wir dem Wegweiser »Zu den Zwergen« unbedingt nach links folgen. Der Schreiner Jürgen Farklas hat aus Baumstümpfen sowohl die Bürbacher Zwerge als auch das Schneewittchen geschaffen. Zurück auf dem Hauptweg wandern wir berg-

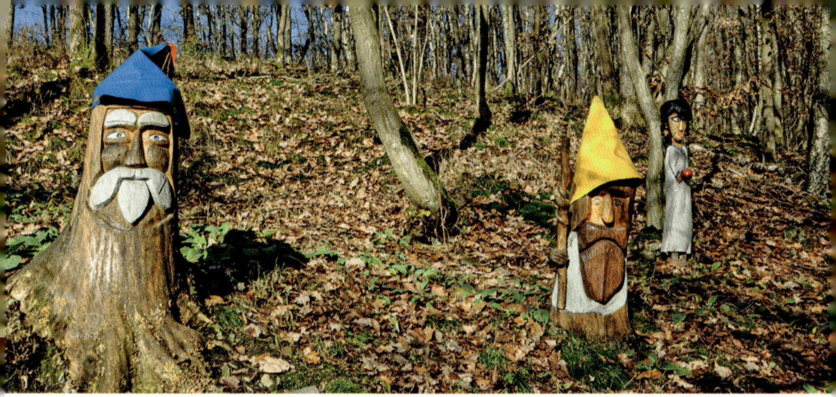

Freundliche Gefährten am Wegesrand: die Bürbacher Zwerge.

an bis zu einem mit einer Sonne bemalten Wasserhäuschen. Hier biegen wir nach links ab und gehen gleich am nächsten Abzweig nach rechts hinauf. Je höher wir kommen, desto freier wird der Blick. Beim Erreichen eines weiten Wiesengeländes zweigt unser Weg noch einmal halblinks ab, führt hinauf zum Waldrand und ein Stück an diesem entlang mit Sicht auf Siegen – unter anderem mit Schloss, Krönchen, Kreishaus und Hüttentalstraße. Vor der ersten Ruhebank auf dieser Höhe zweigt ein Pfad nach links ab. Er bringt uns auf den Gipfel des **Rabenhains** ② und damit zum Fuß des vom Sauerländischen Gebirgsverein errichteten und gewarteten Aussichtsturms. Die Stufen hinauf, den Weitblick genossen, die Stufen hinab, dann geht es von unserem Zuweg im rechten Winkel weiter, nun der Bezeichnung A3 folgend. Wir wandern vorbei am alten Volnsberger Bolzplatz und biegen wenig später nach rechts ab. Wunderschön geht der Weg am Saum des Waldes entlang, an dessen Ende nach links und nach einer kurzen Abwärtspassage wieder nach links, dann auf Asphalt in Richtung eines Hofes. Hier wenden wir uns nach rechts und kommen über die Straße Sonnenhof an den Ortsrand von Volnsberg. Kurz vor dem **Kriegerdenkmal** ③ macht unsere Route einen deutlichen Knick nach rechts. Wir sind erneut auf dem A1, der uns durch Wald und Feld wieder nach Bürbach führen wird. Dabei kommen wir am einstigen Hof Rinder mit seinen Streuobstwiesen vorbei und oberhalb von Kaan-Marienborn zu einer Eselsweide. An der **Wilhelm-Münker-Buche** ④ reißen wir uns los von sonnigen Höhen, wenden uns nach rechts und gehen hinab zur Hohgartenstraße. Diese führt uns zurück zum Platz an der Hainbornstraße in **Bürbach** ①.

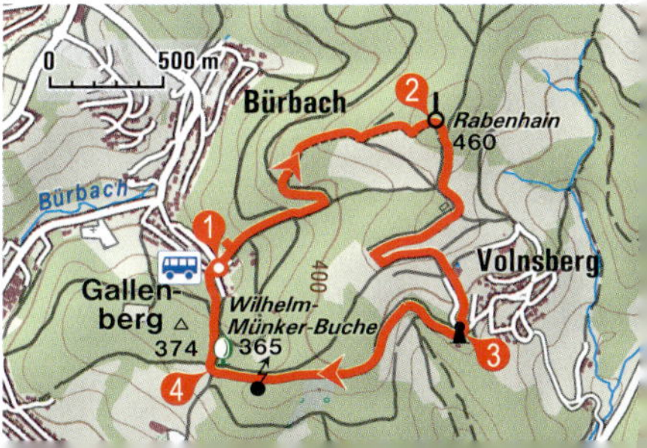

↗ 90 m | ↘ 90 m | 5.5 km

9 Im Langenbachtal bei Geisweid

1.30 h

Heilsame Ruhe nicht weit vom Puls der Schwerindustrie

Nur zweihundert Meter bis Patmos?! Das kleine Schild am alten Baum mag verwundern. Nein, es hat uns kein höheres Wesen in die Ägäis gebeamt, sondern wir stehen mit beiden Füßen auf festem Grund – und der trug am Rande des Siegener Stadtteils Geisweid lange den Namen Patmos. In Anlehnung an die geistreichen Erfahrungen, die der Seher Johannes auf der Mittelmeerinsel machte, benannte Jakob Vetter (1872–1918) den 1904 eingeweihten Sitz der von ihm gegründeten Deutschen Zeltmission »dzm« nach diesem Ort der Offenbarung. Es entstanden mehrere Häuser, die vor allem der Erholung der Wanderprediger dienen sollten, und auch eine kleine Kapelle. Die »dzm« organisiert ihre Arbeit immer noch vom Patmosweg aus. Doch die historischen Gebäude werden inzwischen von einer Hotelkette oder auch privat genutzt. Wir laufen »in Patmos« am Ende unserer Runde durch das Langenbachtal ein. Zuvor lassen wir uns vom Zauber dieses landschaftsästhetisch besonders wertvollen Gebiets einfangen. Großes und kleines Langenbachtal zeichnen sich durch ausgedehnte Mager- und Feuchtwiesen aus: Lebensraum für Schmetterlinge, seltene Pflanzen und Reptilien.

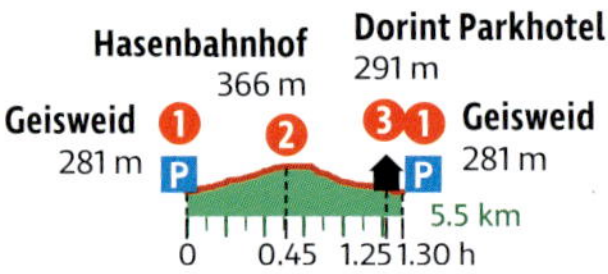

Ausgangspunkt: Geisweid, 281 m, Wanderparkplatz an der Sohlbacher Straße; Buslinie C133 ab Geisweid, Haltestelle »Langenbachtal«.
Anforderungen: Gut begehbare, stadtnahe Runde.
Einkehr: Am Ende der Tour im Dorint Parkhotel Siegen, So. 12–16 Uhr Snacks und Kuchen, Fr./Sa. ab 15 Uhr, sonst ab 18 Uhr, Tel. +49 271 7700960, hotel-siegen.dorint.com; weitere Möglichkeiten im Geisweider Zentrum, z. B. mit dem Hotel Café Römer, Rijnsburger Straße 4, Tel. +49 271 81045, www.hotel-cafe-roemer.de.
Tipp: Ein Besuch der Wenschtsiedlung: Nach dem Ende des Zweiten Weltkriegs wuchs mit der großen Zahl an Heimatvertriebenen und dem einsetzenden Boom der Stahlindustrie auch im Siegerland der Bedarf an bezahlbarem Wohnraum. Die Vision von Dr. Erich Dudziak, dem Arbeitsdirektor der früheren Stahlwerke Südwestfalen, Arbeiterwohnungen und -häuser im Grünen zu errichten, trug: Im Geisweider Wenscht entstand eine architektonisch bemerkenswerte »Gartenstadt«, an deren Gestaltung auch Künstlerinnen und Künstler der Region beteiligt waren. Heute leben im Wenscht rund 4000 Menschen. Ein Spaziergang z. B. im Bereich des Schwanenteichs lohnt sich.

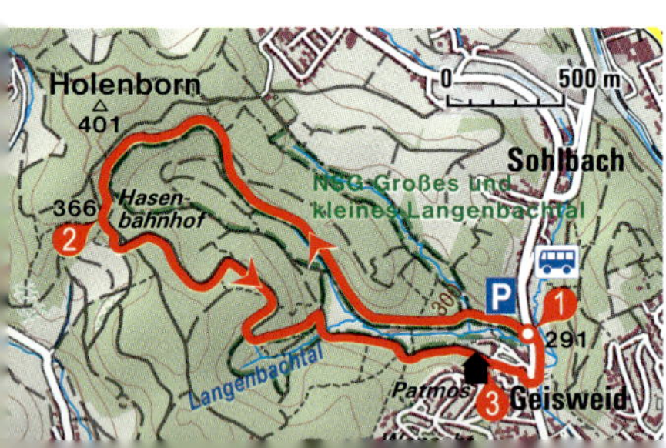

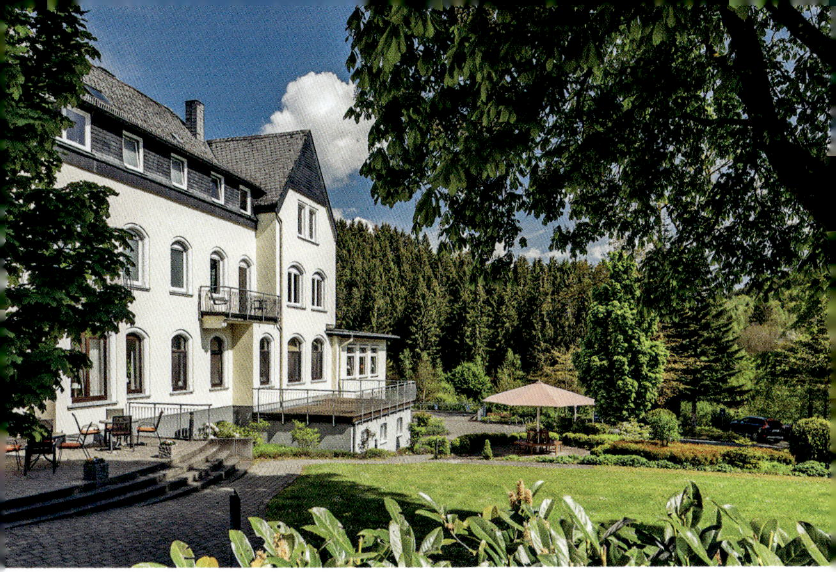

Einst Gästehaus der Deutschen Zeltmission, heute ein Hotel: das Dorint Parkhotel Siegen.

Wir beginnen unsere Runde in **Geisweid** ❶ am Wanderparkplatz an der nach Sohlbach führenden Straße. Der Weg durch das Langenbachtal ist breit, so kann der Blick über die Wiesen des Talgrunds schweifen. Wir folgen der Bezeichnung A2, die uns mäßig ansteigend bergan bringt. Am sogenannten **Hasenbahnhof** ❷ treffen wir auf die von Langenholdinghausen aus geführte Rundwanderung L3. Wir folgen nun der Markierung A1 nach links und biegen wenig später auf der Höhe erneut nach links ab. In einem schönen Bogen führt uns der Weg wieder Richtung Geisweid. Vor uns sehen wir die Häuser am Rande der Wenschtsiedlung, die Türme der Universitätsgebäude auf dem Haardter Berg und auch den »Monte Schlacko«, die kegelförmige Schlackenhalde hoch über dem Hüttental. Bequem geht es hinab ins Langenbachtal und dort auf der südlichen Talseite zum **Dorint Parkhotel** ❸. Durch ein schmiedeeisernes Tor gelangen wir auf das Gelände mit dem stattlichen Hotel. Der Patmosweg mündet in die Sohlbacher Straße. Hier wenden wir uns nach links; nur knapp 200 Meter, und wir sind zurück am Wanderparklatz in **Geisweid** ❶.

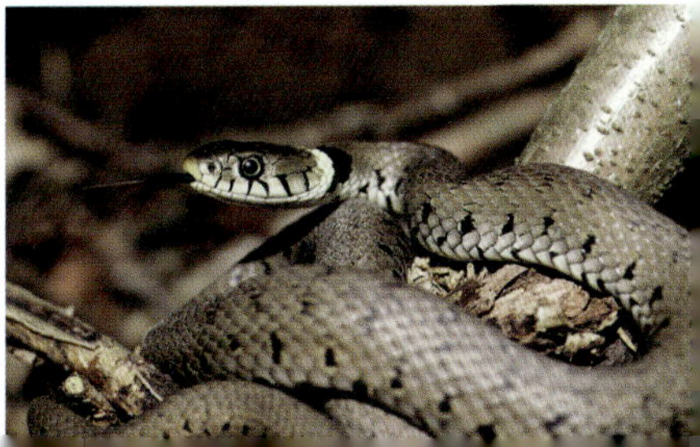

Die Ringelnatter findet im Langenbachtal einen idealen Lebensraum.

↗ 120 m | ↘ 120 m | 8.2 km

10 Einmal rund um Meiswinkel

2.00 h

Lebensqualität nahe der grünen Großstadt Siegen

Sie bietet eine kleine Flucht aus dem Alltag: die Dorfrunde bei Meiswinkel. Wohltuend unaufgeregt kommt sie daher, sie taugt als Sonntagsspaziergang oder zum Entspannen nach Feierabend. Ein Weg, nicht zu kurz und nicht zu lang, der zeigt, wie schnell sich der Charakter der Großstadt Siegen im dörflichen Mikrokosmos zu ändern vermag. Wer Lebensqualität sucht, kann sie hier finden. In Meiswinkel ist die Schäferei Küthe zu Hause und nutzt die Möglichkeit der Direktvermarktung. Die große Herde weidet auf der Trupbacher Heide. Besonders schön: Es bieten sich immer wieder neue Ansichten vom Dorf und Weitsichten!

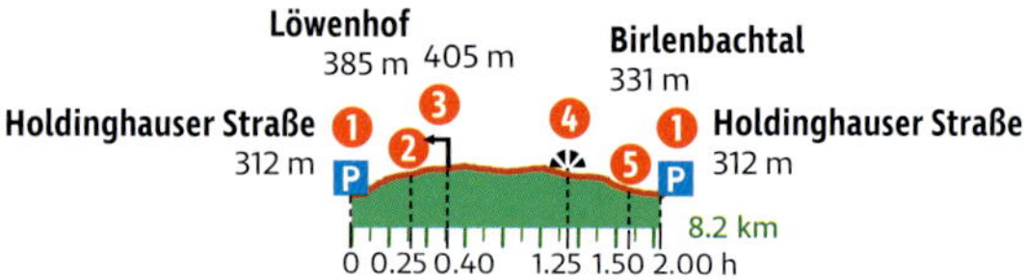

Ausgangspunkt: Holdinghauser Straße, 312 m, an der Kreisstraße K8, Abzweig Löwenhof, zwischen Langenholdinghausen und Meiswinkel; Parken ist auch am kleinen Wanderparkplatz in der Nähe möglich; Buslinie R51 ab Siegen, Haltestelle »Löwenhof«; alternativer Zugang ab Wanderparkplatz »Bismarckeiche«, gut 20 Min. mehr einplanen.

Anforderungen: Zumeist breite Forst- und Waldwege ohne nennenswerte Steigungen.

Einkehr: Keine.

Tipp: Kulturhistorisch interessant ist das nahe gelegene Oberholzklau. Der Freudenberger Stadtteil wurde schon 1079 erstmals urkundlich erwähnt. Er war einst Grenzort, hier verlief die Landesgrenze zwischen Nassau-Oranien und Kur-Köln. Der über 100 km lange Grenzverlauf wurde durch einen Wall mit Gräben und Gebück gesichert. Am Kölschen Heck gab es auch Grenzübergänge, sogenannte Schläge. So ist der Holzklauer Schlag zwischen Oberholzklau und Hünsborn noch heute als Grenzübergang zu besichtigen. Um 1250 wurde die Oberholzklauer Kirche errichtet, das alte Pfarrhaus stammt von 1608, das alte Backhaus am Pfarrweiher datiert ebenfalls auf das 17. Jahrhundert.

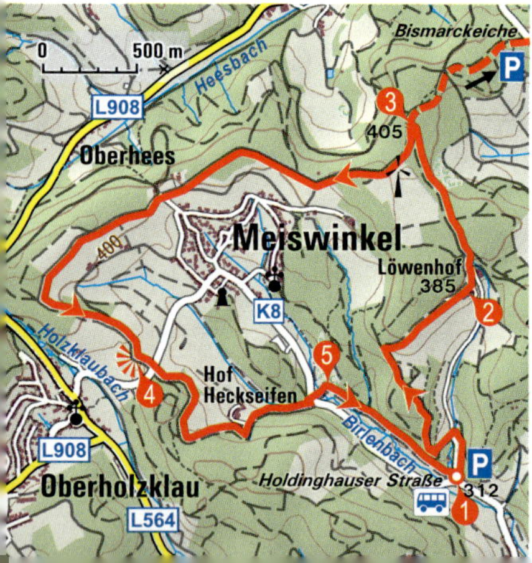

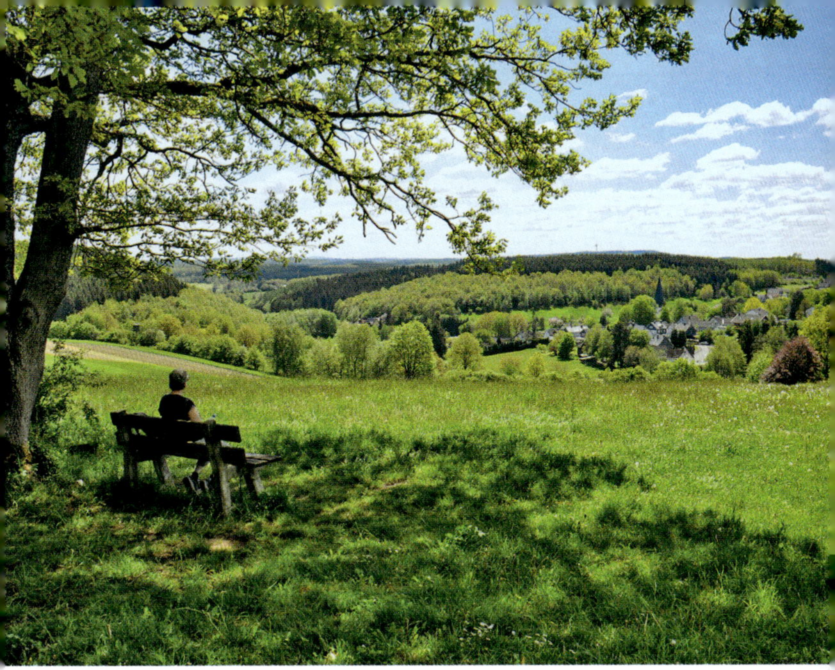

Ruhebank mit prächtiger Sicht auf Oberholzklau.

Wir beginnen die durchweg mit dem Zeichen A4 markierte Runde vor Meiswinkel an der **Holdinghauser Straße** (1) am Abzweig zum **Löwenhof** (2), den wir nicht über den geteerten Weg, sondern in einem weiten Bogen durch Wald und Wiesen erreichen. Hinter den Stallungen des Pferdehofs orientieren wir uns halblinks und damit nach Norden. Am **Abzweig zur Bismarckeiche** (3) wenden wir uns scharf nach links und nehmen, am Windrad vorbei, Kurs auf den Sportplatz auf der Höhe. Immer wieder neu und überraschend sind die Ausblicke, die sich bieten. Jetzt auch nach Süden und damit bis zur Kalteiche, wo von fern die Windkraft im Dutzend dem »Kollegen« bei Meiswinkel zu winken scheint. In der Nähe freuen wir uns am Grün des Weidelands, an der kurzen, schattigen Waldpassage und schließlich an einer **Postkartensicht auf Oberholzklau** (4). Wie schön, dass gerade hier eine Bank unterm Baum zur Pause bittet. Wir queren kurz darauf die Kreisstraße K8 und lassen uns vorbei am Hof Heckseifen gemächlich zurück ins Tal führen. Hier geht es auf die andere Straßenseite und dann durchs **Birlenbachtal** (5) zum Ausgangspunkt an der **Holdinghauser Straße** (1). Aber warum nicht zuvor Fuß und Herz am Wasser erfrischen?! Die Gelegenheit ist da. Also dann, Augenblick, verweile – du bist so schön.

TOP

11 Von Bühl zum Ischeroth

↗ 140 m | ↘ 140 m | 7.3 km

2.00 h

Idyllische Dorfrunde mit Bergwelt-Panoramen

Das Gipfelbuch am Ischeroth, 466 m, war lange Zeit beides: Poesiealbum für Naturbegeisterte und linierte Plattform für Empörung. »Hier ist es wunderschön und ruhig«, ist dort zu lesen. Daneben finden sich gleich mehrere Statements, die darauf drängen, »dieses Paradies« nicht zu zerstören. Es wäre »ein Verbrechen«, aus einem »super romantischen Ort« ein Industriegebiet zu machen. Und so bündelte sich an dem Luginsland ein Konflikt, der die Spannung von Tun und Lassen in einer Welt des »Höher-schneller-Weiter« sichtbar macht. Das ist passé: Die Planungen für ein Gewerbegebiet sind seit Ende 2021 vom Tisch. Nun darf der Ischeroth bleiben, was er ist: einer der famosesten Plätze, um das Siegerland, eingefasst von den Höhenzügen des Rothaarkamms und des Westerwalds, in seiner ganzen Pracht betrachten zu können. Es führen viele Wege zum Ischeroth, doch der vielleicht lohnendste ist der F14 von Bühl aus, eine vom örtlichen Heimatverein klug eingerichtete Tour.

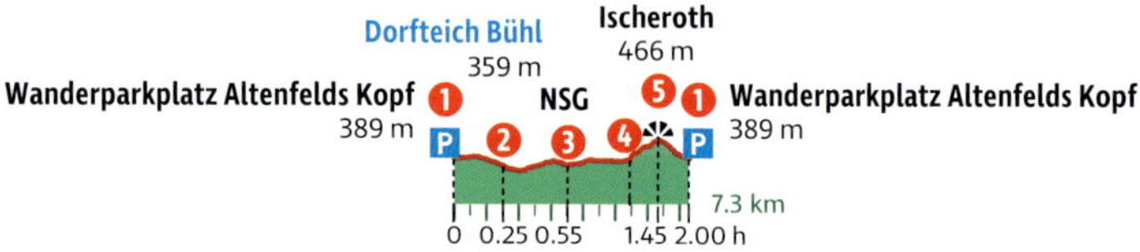

Ausgangspunkt: Wanderparkplatz Altenfelds Kopf, 389 m, an der Kreuztaler Straße in Bühl; Buslinien L150 ab Freudenberg, R37 ab Siegen bzw. Freudenberg, Haltestelle »Bühl Hof Löw«.
Anforderungen: Breite Forst- und Wirtschaftswege.
Einkehr: Keine.

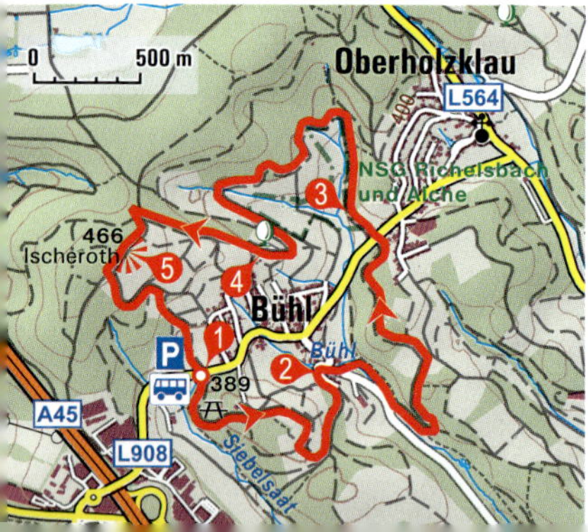

Vom **Wanderparkplatz Altenfelds Kopf** ❶ beim Freudenberger Stadtteil Bühl ist es nur ein kurzer Waldabschnitt, und schon öffnet sich an der Schutzhütte mit Grillplatz ein erster Blick auf den Ort, der von Wiesen und Weiden umgeben ist. Schlösse man gedanklich die Augen, ließen sich die freien Grasflächen rund um die nahe und nicht nur sprichwörtlich lange Bank glatt irgendwo in den Alpen finden. Der

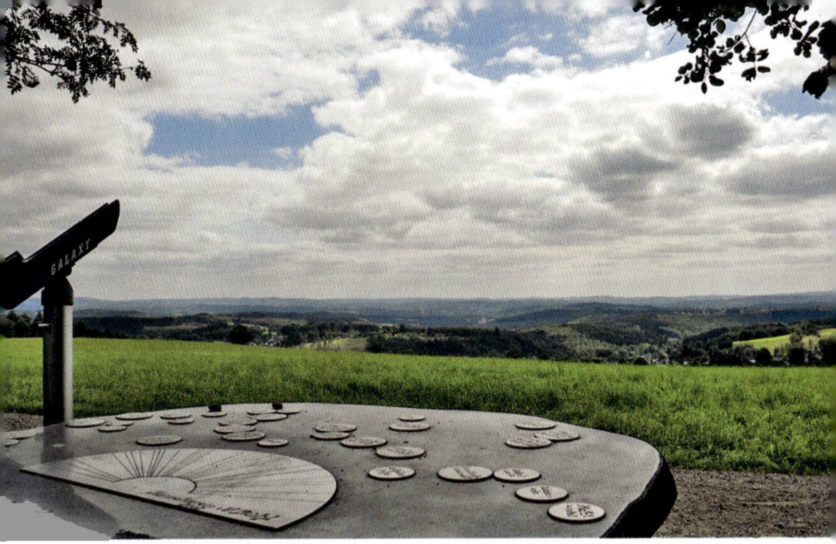

Vom Ischeroth geht der Blick weit ins Siegerland und bis zu den Höhen des Westerwalds.

Weg F14 zweigt wenig später rechtwinklig nach links ab und führt nach einer nochmaligen Linkswendung unmittelbar zum **Dorfteich** ❷. Wir überqueren die Bühler Straße und dort, wo vor 700 Jahren der Hof Dröningen stand, die junge Alche, deren Lauf wir eine Weile folgen. An der Wandertafel Alter Dreschschuppen halten wir uns halblinks, gehen mit der Kehre scharf nach links und wandern bald mit erneut schönen Bühl-Ansichten auf die Landstraße L908 zu. Am Rand von Oberholzklau geht es jenseits der Straße ins **Naturschutzgebiet »Richelsbach und Alche«** ❸. Eine Infotafel erzählt vom Artenreichtum dieses ökologisch und landschaftsästhetisch besonders wertvollen Areals mit Hochstaudenfluren, Sumpfdotterblumenwiesen und Waldsimsensümpfen. Eben hier begann 1353 die Geschichte von Bühl – mit einem ersten Gehöft, dem Hof Engelbrecht.

Nicht weit von hier versteckt sich ein idyllischer Teich mitten im Wald. Im dunkelklaren Wasser spiegeln sich Baumkronen, Hütte, Boot und Entenhäuschen. Unser Weg führt nun zum **Friedhof** ❹ von Bühl, wo wir den F14 für einen Moment verlassen, um an der Liegebank vorbei schnurstracks bergan zu wandern. Am **Ischeroth** ❺ angekommen, ist auf dem massiven Steintisch zu lesen, was das Auge alles entdecken kann; schön, dass ein Fernrohr diese Details aufspüren hilft. Ruhebänke finden sich hier und auch ein paar Schritte weiter, ebendort wo unser Abstieg nach links ins Tal beginnt. Nach etwa 500 m verlassen wir den Wirtschaftsweg nach rechts und gehen an einer Weide entlang, uns nun wieder halblinks haltend, zur Landstraße hinab. Wir sind zurück am **Wanderparkplatz Altenfelds Kopf** ❶.

↗ 130 m | ↘ 130 m | 6.4 km

12 Der KulturFlecken-Weg in Freudenberg

2.00 h

Gedankenreise mit Paradeblick aufs Fachwerk

Hochsitze erzählen vom Jagen, sie künden vom Wildreichtum eines Waldes. Doch die beiden Hochsitze auf dem KulturFlecken-Weg bei Freudenberg verbindet eine ganz andere Geschichte. Sie scheinen einander Halt zu geben, wirken vertraut und versonnen zugleich. »Über dem Wind« heißt diese Skulptur von Silke Krah und Frank Münker. Sie bildet eine von 16 Kunststationen auf einer Spazierrunde, die immer wieder neu begangen werden kann. Denn je nach Stimmungslage mag ein anderer Impuls beim Betrachten geweckt und beim Weitergehen bewegt werden. Seit August 2020 entführt das Projekt des Vereins KulturFlecken Silberstern zur Gedankenreise auf zwei Beinen. Es geht aus dem Städtchen in den schönen Buchenwald und wieder zurück zum neu gestalteten Kurpark – in bester Lage und mit bestem Blick auf den Alten Flecken mit seinen Fachwerkhäusern.

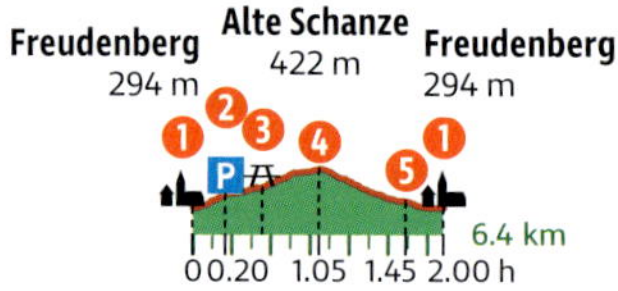

Ausgangspunkt: Freudenberg, 294 m, Parkplatz P4 »Hinterm Schloss«, Burgstraße; Busbahnhof »Mórer Platz«.
Anforderungen: Gute Forstwege, zum Teil auch Pflaster oder Asphalt.
Einkehr: Hohenhain, 200 m abseits der Route: Alte Schanze, Hohenhainer Straße 13, Di. Ruhetag, Tel. +49 2734 8844, www.alte-schanze.de; Freudenberg: Sowohnich, leckere Törtchen im stilvollen Ambiente, Kölner Straße 6, Tel. +49 2734 4360680; Café Kaktus im Kurpark, Mi.–Sa. 14–19 Uhr, So. 14–18 Uhr, Tel. +49 151 23183794.
Tipps: Freudenberg: Technikmuseum; in den Sommermonaten gibt es auf der Freilichtbühne Theateraufführungen für Kinder und Erwachsene; zum KulturFlecken-Weg gibt es je einen Kunstführer für Kinder und Erwachsene; am Busbahnhof startet auch der rund 12 km lange Fachwerkweg.

Der KulturFlecken-Weg ist durchgehend mit einem silbrig-weißen Stern auf Rot markiert. Er beginnt in **Freudenberg** ❶ am Parkplatz Hinterm Schloss. Zunächst hält uns der »Mann im Baum« auf – selbstvergessen schaut er sich die Welt da draußen an. Wir könnten ihm Gesellschaft leisten ... gehen aber dann doch weiter bergan. Die Friedenshortstraße bringt uns auf die Höhe, wo seit 1957 das Mutterhaus der Diakonissen des Friedenshorts steht. Diese Arbeit wurde initiiert von der oberschlesischen Sozialpionierin Eva von Tiele-Winckler (1866–1930). Am nahen **Wanderparkplatz** ❷ führt der KulturFlecken-Weg in den verwunschenen Seelbachs- und Euels-

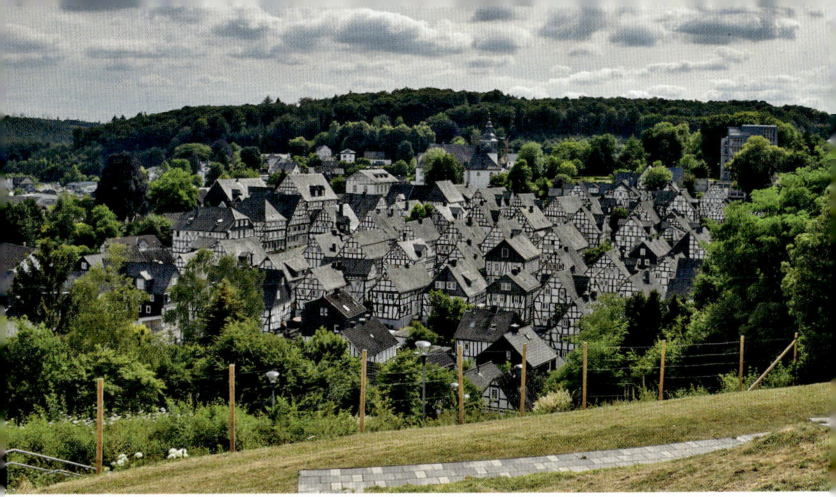

Der Alte Flecken in Freudenberg ist ein herrlich geschlossenes Fachwerkensemble.

bruchswald. Buchen und Eichen geben den Blick frei auf den Fischteich hinter farbigen Fischlein aus Stahl und später auch auf das Dorf Mausbach. Die Straße, die zum kleinen Stadtteil jenseits der Plittersche führt, queren wir nach knapp 2 km – vielleicht nach einer Verschnaufpause bei den **»Häuschen im Grünen«** ❸ des Dichters Crauss.

In einem weiten Bogen geht es hinauf zur **Alten Schanze** ❹. Am höchsten Punkt der Wanderung lässt sich auf beiden Seiten der Straße nach Hohenhain eine Erdwallanlage erkunden, die im ausgehenden Mittelalter die von Siegen nach Köln führende »Brüderstraße« kontrollieren half. Unweit dieser Landhecke erzählen die künstlerisch nachempfundenen Überreste eines Fuhrwerks vom historischen Kriegskassenraub: Am 9. September 1796 wurde ein Wagen der napoleonischen Armee auf dieser Strecke überfallen.

Wir folgen dem geschichtsträchtigen Weg, treten oberhalb des Gambachtals aus dem Wald und erreichen an der Ecke Gambachsweg den nördlichen Zugang zum Freudenberger **Kurpark** ❺ mit einem Erfahrungsfeld für alle Sinne. So schön wie von hier zeigt sich das Fachwerkstädtchen Freudenberg an keiner anderen Stelle. Ein Treppenweg bringt uns hinab in den Alten Flecken. Unseren Parkplatz Hinterm Schloss in **Freudenberg** ❶ erreichen wir jenseits der Krottorfer Straße über das Sträßlein »Hinter der Kirche«.

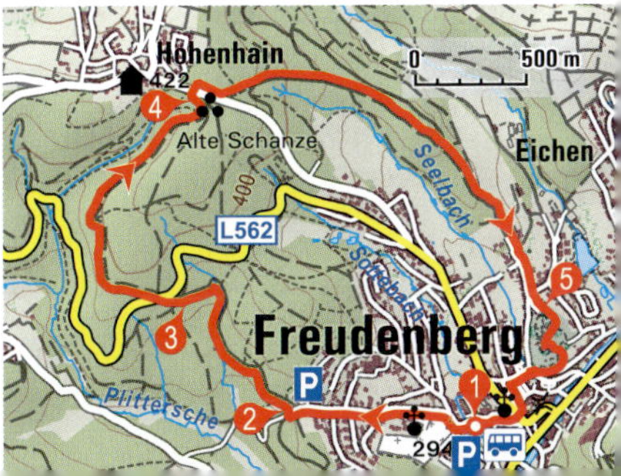

↗ 270 m | ↘ 270 m | 12.1 km

13 Der Buschhüttener Eisenhammerweg

3.30 h

Zwischen pulsierender Geschäftigkeit und stillen Augenblicken

Der Buschhüttener Eisenhammerweg spart nicht aus, was andere Runden vielleicht bewusst umschiffen würden: das »wahre Leben«. Mit Industrieflächen und -brachen, mit der Unter- und Überquerung von Schnellstraße und Bahntrasse. Er bildet ab, wie ökonomischer Wandel auch Siedlungs- und Landschaftsformen bestimmt, und zeichnet damit die wirtschaftliche Entwicklung des Siegerlands exemplarisch nach. Und: Er wartet mit Naturschönheiten auf, mit formidablen Aussichten, wird im Nu zur unverhofften Landpartie. Eingerichtet hat diesen Weg die örtliche SGV-Abteilung im Jahr 2019. An 19 Stationen ist Wissenswertes zur Geschichte des nördlichen Hüttentals zu erfahren und damit auch zum Buschhüttener Eisenhammer: Dieser wurde ab 1452 am Ferndorfbach von drei Brüdern namens Busch betrieben. Das Gewerk der Gebrüder Busch ist Namensgeber von Buschhütten und der heutigen Firma Achenbach Buschhütten. Diese gilt als Weltmarktführer in der Fertigung von Walzwerken für extrem dünne Walzungen.

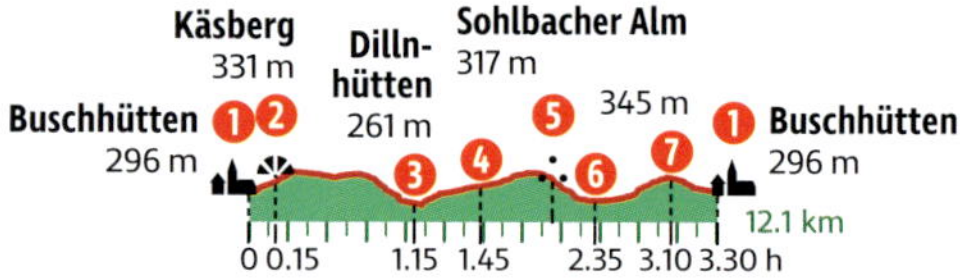

Ausgangspunkt: Buschhütten, 296 m, Freibad; Parkplätze an Friedhof oder Freibad im Mattenbachtal; Buslinie R10 (ab Siegen oder Kreuztal), Haltestelle »Mattenbachstraße«, ein Zubringerweg von rund 800 m ist ab dem Edekamarkt mit gelbem »B« ausgewiesen.
Anforderungen: Abwechslungsreiche Wegführung auf unterschiedlichem Untergrund: mal Waldweg, mal Straße, mal Pfad.
Einkehr: Buschhütten: Restaurant Olymp, Di.–So. ab 17.30 Uhr, So. auch 11.30–14 Uhr, Langenauer Straße 3, Tel. +49 2732 6487, www.olymp-kreuztal.de; weitere Möglichkeiten in Kreuztal, z. B. das inklusive Restaurant BarFünf10 am Bahnhof.

Auf dieser Runde orientieren wir uns durchweg an der Wegmarkierung mit dem »B«. Vom Freibad in **Buschhütten** ❶ gehen wir ein Stück die Mattenbachstraße entlang nach Süden, verlassen diese aber sehr bald nach links über einen Treppenpfad und steigen am SGV-Wanderheim vorbei bergan. Wir kommen nah an der alten Lehnhofeiche vorbei. Sie erinnert an den Bergmann Robert Lehnhof, der genau hier nach Eisenerz schürfte. Am **Käsberg** ❷ werden wir mit einem prächtigen Ausblick beschenkt. Zu dieser Perspektive auf Siegen gehört auch das von Stahlwerken und Schlackenhalden beherrschte Hüttental. Eine Weile führt unser Weg entlang aus-

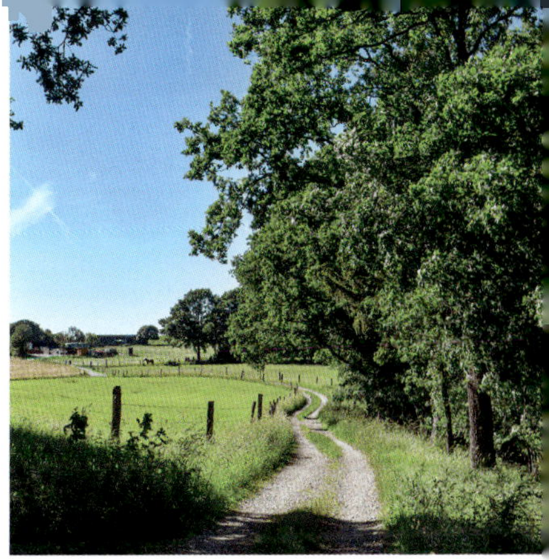

Wir wandern entlang der Sohlbacher Alm.

gedehnter Felder, dann geht es im Wald noch ein gutes Stück hinauf und schließlich nach einem scharfen Rechtsknick gemächlich hinüber zum Kreuztaler Stadtteil Bottenbach. Dort passieren wir nach dem Überqueren der nach Obersetzen führenden Kreisstraße K8 eine kleine Hochhaussiedlung. Durch ein Waldstück gelangen wir in die alte Kölsbach. Die Setzer Straße führt uns entlang der Siedlungshäuser hinunter ins Tal. Wir unterqueren die Bahn durch einen Fußgängertunnel und kommen nach **Dillnhütten** 3. Jenseits von Ferndorfbach und Geisweider Straße führt ein schmaler Pfad hinter den Häusern nach rechts zurück ins Grüne. Nun begleitet uns eine Weile der Ausblick auf Buschhütten und auf die andere Talseite. Nach dem Überqueren der Sohlbacher Straße wechselt erneut die Szenerie: Wir wandern zunächst durch Wald, dann durch Bauernhofgelände und damit entlang der wunderschönen

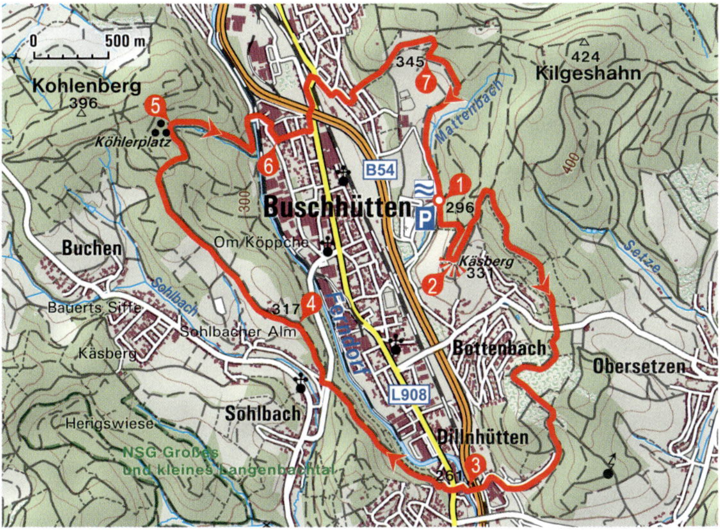

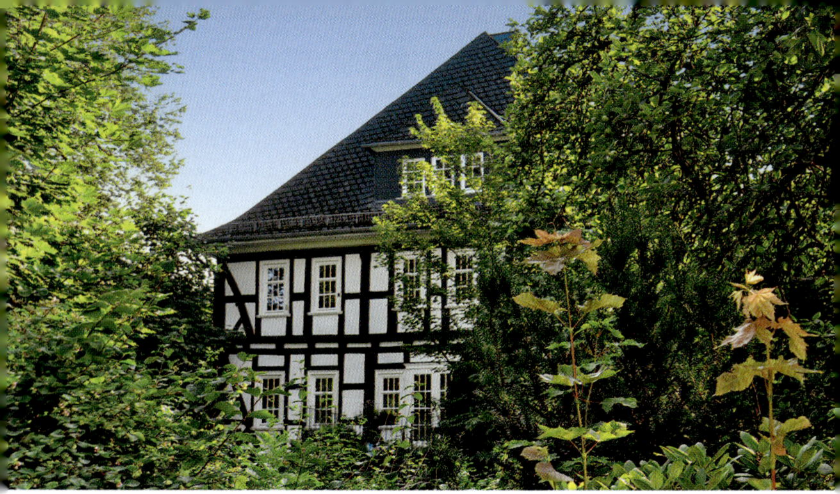

Ein Haus mit langer Geschichte: das Hofgut Langenau.

Sohlbacher Alm 4. Nach knapp 2 km biegen wir an einem Wegedreieck rechts ab. Am Hang des Kohlenbergs kommen wir auch an einem mittelalterlichen **Köhlerplatz** 5 vorbei und schließlich ins Tal der Ferndorf. Im Tal geht es nach links bis zur Brücke, die die Ferndorf überquert. Über die Mühlbergstraße kommen wir zur Langenauer Straße und sehen bald rechts das **Hofgut Langenau** 6. Im späten 18. Jahrhundert mennonitischer Versammlungsort, heute mit seinem massiven Unterbau, den Fachwerkwänden und seinem alten Backes ein Baudenkmal der Stadt Kreuztal.
Um zurück ins Mattenbachtal zu gelangen, braucht es die große Querung des Ferndorftals. Zunächst geht es nach links durch Wohnbebauung zur Siegener Straße. Wir wechseln an dieser Hauptverkehrsader auf die andere Seite, halten uns links und nehmen die große Brücke über die Gleise auch des Rangierbahnhofs. Hinter der Brücke biegen wir nach rechts in die Friedrich-Ebert-Straße ein. Von dort geht es links in den Forstweg, dann rechts in die Waldenburger Straße und an deren Ende über einen Verbindungsweg links hinauf in die Liesewaldstraße. Wir gehen erneut links und nun gleich rechts in den Birkenweg. Wir kommen in den Wald und auf freies Feld. An dessen Ende wenden wir uns scharf nach rechts, am nahen **Weiderand** 7 dann nach links – wir sind im Mattenbachtal, dem wir wenig später nach rechts folgen. Dass hier, wo ein alter Hohlweg von der Fernstraße zwischen Arnsberg und Siegen erzählt, die »Route 57«, eine Umgehungsstraße gebaut werden soll, empört beim Begehen dieses wunderschönen Geländes. Für den Moment hilft Verdrängen und Genießen – und Hoffen vielleicht auch. Zurück am Freibad in **Buschhütten** 1 mag sich im Sommer ein erfrischendes Bad anschließen.

↗ 110 m | ↘ 110 m | 7.9 km

2.00 h

Der Quellenweg bei Osthelden

Vom Berghäuser Bachtal auf aussichtsreiche Höhen

Es plätschert. Wer auf dem Quellenweg bei Osthelden unterwegs ist, wird vom Wasser begleitet. Der im Jahr 2021 eröffnete Weg passiert sage und schreibe 21 Quellen. Sie entspringen allesamt im Umfeld des »Kölschen Hecks«, das nicht nur Sprach-, Brauchtums- und Konfessionsgrenze ist, sondern auch eine Wasserscheide. Aus Bächlein werden Bäche, die talwärts mitunter zu Fischteichen gestaut werden, von denen am Anfang und am Ende der Wanderung der Robertsweiher und der Berghäuser Weiher die größten und bedingt auch zugänglichsten sind. Autowaschen, Bootfahren, (Hunde-)Baden und Schlittschuhlaufen sind vom Pächter laut Beschilderung strengstens untersagt, doch der Ente, der Gans, der Libelle hinterherschauen, das darf und sollte man schon. Vom Hof Berghaus, den wir unterwegs erblicken, lässt sich eine gedankliche Brücke zum Schloss Junkernhees schlagen. Denn eine Zeitlang war das Gehöft, 1526 erstmals urkundlich verzeichnet, Lehngut des Freiherrn von Syberg, der wiederum aus der Familie derer von Junkernhees war. Mit den Herrschaften wechselte auch der Besitz des Anwesens: 1789 zu Wilhelm von Oranien-Nassau, 1815 zu Preußen. Seit 1830 werden Haus und Hof privat bewirtschaftet.

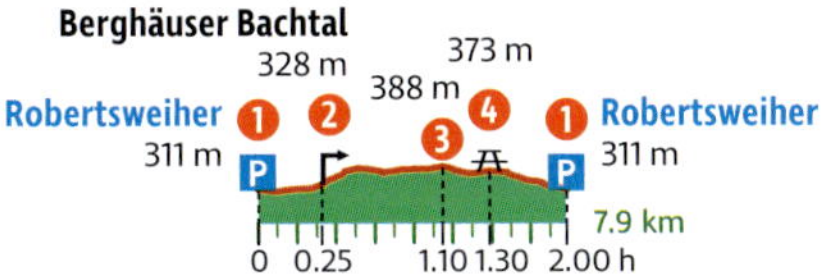

Ausgangspunkt: Parkplatz am Robertsweiher, 311 m, bei Junkernhees; Buslinie R50 ab Kreuztal, Haltestelle »Alter Weg«.
Anforderungen: Breite Wald- und Wirtschaftswege, am Anfang / Ende Asphalt.
Einkehr: Keine.
Tipp: Empfehlenswert ist ein Stopp am Schloss Junkernhees, das eines der ältesten und bedeutendsten weltlichen Baudenkmäler im Siegerland ist: Teile des Schlosses gehen auf das Jahr 1523 zurück. Damals baute Ritter Adam, Herr von und zu der Hees, das Gebäude als Wasserburg aus; Führungen sind auf Anfrage möglich, www.schloss-junkernhees.de.

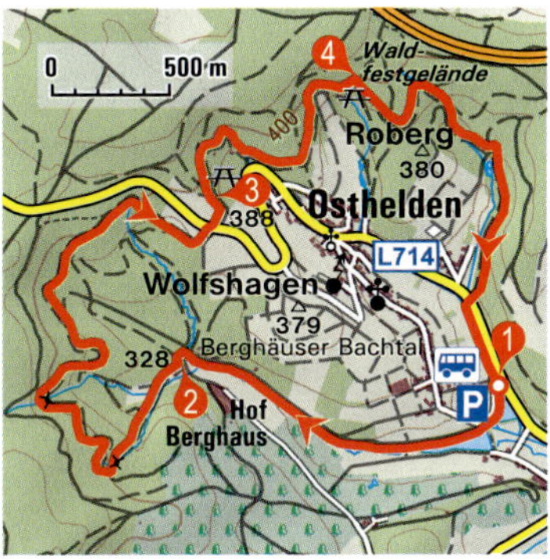

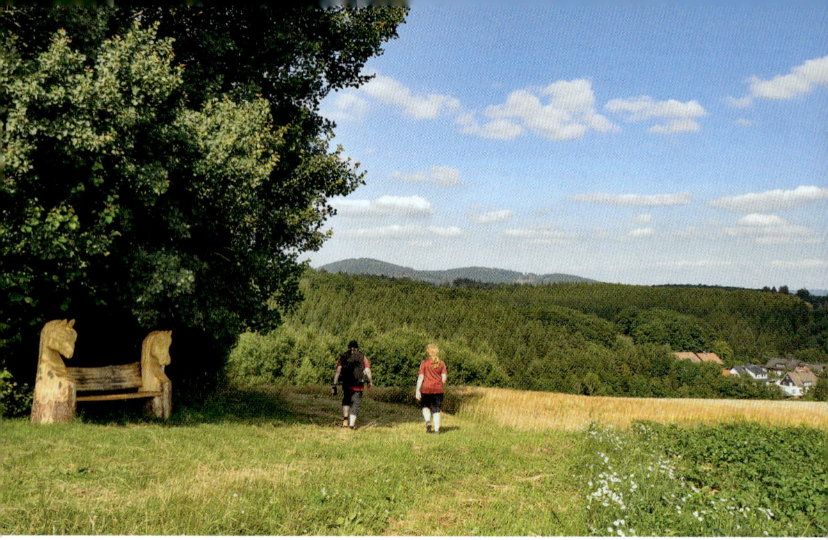

An der Pferdebank oberhalb von Osthelden.

Die Rundwanderung ist durchweg mit einem stilisierten weißen Q markiert. Sie beginnt nahe Junkernhees am Parkplatz beim **Robertsweiher** 1 und führt dann am Berghäuser Weiher vorbei zunächst auf Teer ins Berghäuser Tal. Wie ein Bilderrahmen geben die Äste betagter Eichen die Sicht frei auf den linksseitig liegenden Hof Berghaus. Am Schluss des **Berghäuser Bachtals** 2 geht es rechterhand waldwärts. Zunächst wandern wir stetig bergan, um später dann, nach Norden gewendet, ein paar Kilometer lang mehr oder weniger höhengleich zu wandern. Der schöne Baumbestand bietet Schatten, das immer nahe Wasser auch an heißen Tagen Kühlung. Kurz vor dem Überqueren der nach Wenden führenden Landstraße L714 gibt uns der Wald frei. Wir haben über Feld und Wiese hinweg eine herrliche Aussicht ins Kreuztal-Hilchenbacher Bergland. Jenseits der Straße empfiehlt sich eine Pause auf der **Bank mit Pferdeköpfen** 3. Die Schnitzkunst von Dieter Rosenow und Kevin Klappert begegnet uns immer wieder auf dem Weg: der stolze Adler, drei Frischlinge im Unterholz oder ein lustig-großer Osterhase.

Talwärts geht es entlang des Ostheldener Bachs. Die Umgebung wird lichter. Die Häuser des Kreuztaler Stadtteils Osthelden sind mitunter greifbar nah, verwunschen grüßt in der Frenschenbach das **Waldfestgelände** 4 mit Hütte, Tischen und Sitzgelegenheiten. Bald danach ist der Robach ein treuer Begleiter. Unser Weg mündet auf die Landstraße. Auf dem Seitenstreifen geht es nach links recht nüchtern, aber dafür zügig zurück zum Ausgangspunkt am **Robertsweiher** 1.

↗ 190 m | ↘ 190 m | 12.0 km

3.30 h

Littfeld und Burgholdinghausen

15

Erkundungstour in Sachen Bergbau, Eisenbahn und Natur

Der Blick auf die Wegetafel an der Littfelder Kapellenschule zeigt es bereits an: Rund um diesen geschichtsträchtigen Kreuztaler Stadtteil an der Grenze zum Sauerland entfaltet sich ein Wegenetz mit fast unendlichen Möglichkeiten. Wir wählen eine Runde, die über den romantisch anmutenden Weiler Burgholdinghausen zum Rahrbacher Tunnel führt und damit auch ein Stück Mobilitäts- und Industriegeschichte erzählt. Mit der Fertigstellung der Ruhr-Sieg-Strecke nach 1861 nahm die schon seit dem Mittelalter rege Bergbautätigkeit in Littfeld noch mehr Fahrt auf – bis zum Ende des Ersten Weltkriegs war der Ort mit seinen Gruben Altenberg, Heinrichsegen und Viktoria ein Dorf der Bergleute. Anteil an dieser Tradition hatte der Patenonkel des Arztes und Literaten Johann Heinrich Jung-Stilling, der fürstliche Bergmeister Johann Heinrich Jung (1711–1786). Der kenntnisreiche Markscheider arbeitete eine Zeit lang als Lehrer in der Littfelder Kapellenschule. Heute dient dieses Gebäude als Bürgertreff mit Heimatstube.

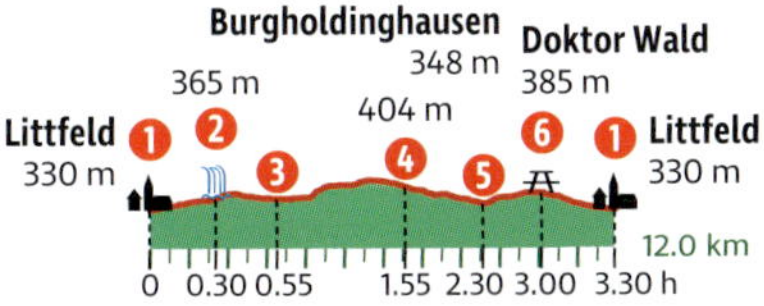

Ausgangspunkt: Littfeld, 330 m, Kapellenschule; Buslinie R10 ab Siegen bzw. Kreuztal, Haltestelle »Littfeld Ort«; alternativ: Bahnlinie RB91, Haltestelle »Kreuztal-Littfeld«: Dann wäre hier ein Einstieg in die Tour günstiger, »Wasserfall« und Grubengelände könnten zum Ende mit einem Abstecher erkundet werden.

Anforderungen: Breite Forst- und Feldwege, nur ab und an wird der Weg zum gut begehbaren Pfad.

Einkehr: Keine.

Tipp: Nach der Tour lohnt sich ein Abstecher mit dem Auto zum Kindelsberg, 618 m, mit Aussichtsturm und Gaststätte.

Blick auf Littfeld und den Kindelsberg.

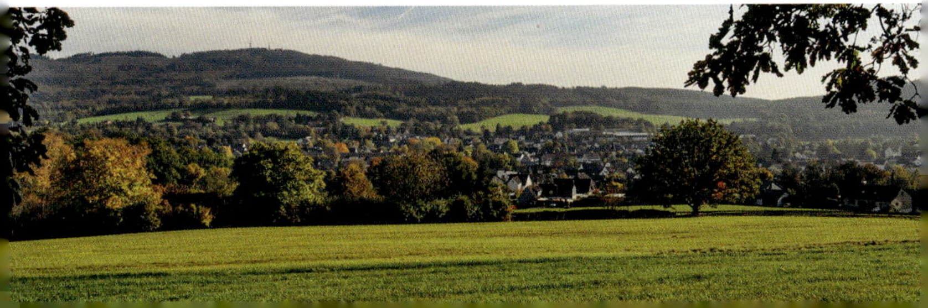

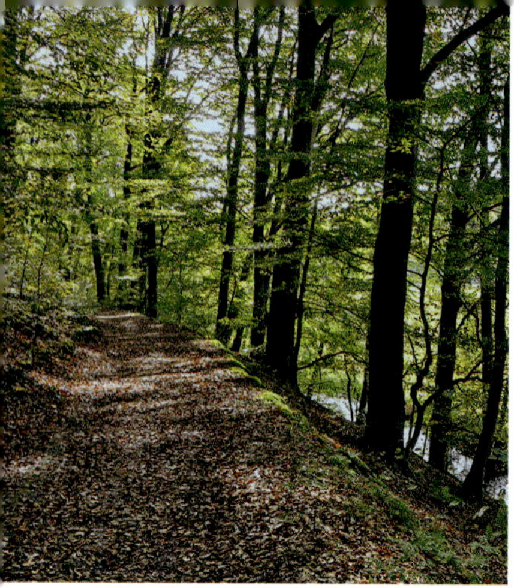

Entlang der Littfe nach Burgholdinghausen.

In **Littfeld ❶** nehmen wir von der Kapellenschule aus die Grubenstraße, um zum Gelände der einstigen Erzgruben zu gelangen. Dabei orientieren wir uns zunächst am weißen Dreieck als Wanderzeichen. Am Fred-Meier-Platz können wir dem Rat der Erinnerungstafel folgen und der jüdischen Opfer der Jahre 1933 bis 1945 gedenken. Unter ihnen war der damals dreijährige Fred Meier. Er wurde im Februar 1943 von den Nazis deportiert und vermutlich in Ausschwitz ermordet. Die Grubenstraße führt uns durch einen Tunnel unter der Bahn hindurch und danach halbrechts weiter zum Ortsrand. Kurz hinter dem letzten Haus halten wir uns halblinks und kommen in den Wald. Bevor wir die schmale Straße nach Müsen erreichen, gilt unsere Aufmerksamkeit dem Bach zu unserer Linken: Denn dieser speist sich aus einem künstlich angelegten **Wasserfall ❷**. Diese Treppenkaskade ist der erste von einigen bemerkenswerten Orten entlang unseres Weges. Ein anderer ist die nahe Abraumhalde der Grube Altenberg; sie ist mit dem stillen Weiher, auf dem im Sommer die Teichrosen blühen, ein Eldorado für Naturfreunde. Der Weiterweg, nun ohne die Dreiecks-Markierung, führt jenseits der Müsener Straße ein Stück bergan, dann aber gleich wieder nach links, um uns parallel zur Teerstraße Richtung Bahnhof Littfeld zu bringen. Nun schlägt die Stunde der Eisenbahnfans: Die nächsten knapp vier Kilometer führt unsere Tour auf der **Stähler-Allee ❸** bisweilen sehr eng an der Ruhr-Sieg-Strecke entlang. Mit ein bisschen Glück sehen wir nicht allein die Züge der Regionalbahn zwischen Hagen und Siegen, sondern viel-

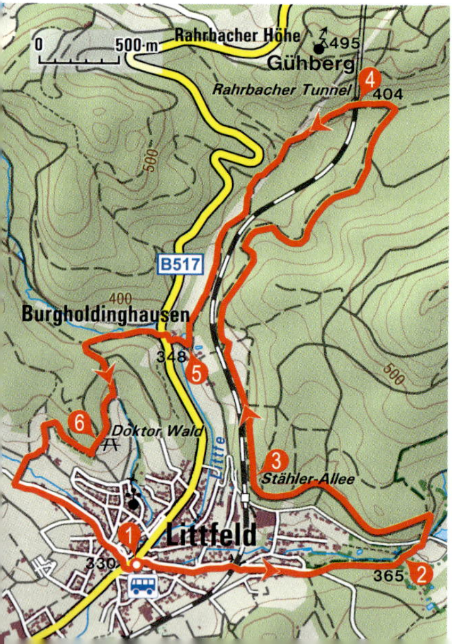

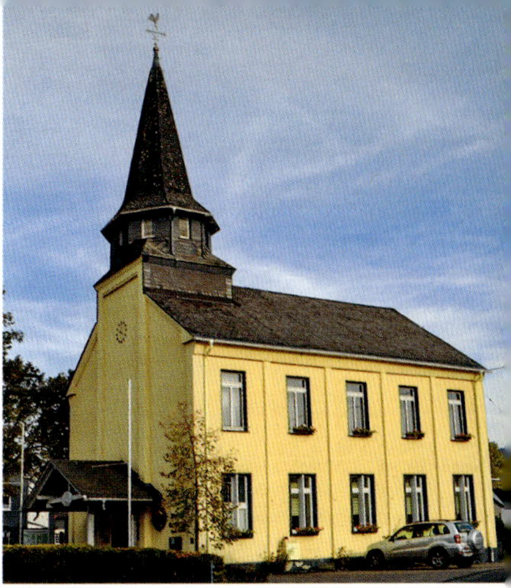

Die Kapellenschule in Littfeld.

leicht auch den einen oder anderen langen Güterzug oder den Intercity, der Richtung Dortmund im Norden oder Frankfurt im Süden fährt. Der wohl beste Blick auf Lokomotiven und Waggons bietet sich auf der Höhe in Sichtweite des Rahrbacher Tunnels. Unser Weg wendet sich am nächsten Abzweig nach links, ist nun durchweg markiert mit dem Q des Rundwegs, der hier von der Littfe-Quelle kommt. Wir überqueren die Gleise an dem beschrankten **Bahnübergang Rahrbacher Tunnel** 4 und folgen dem Verlauf der breiten Forststraße. Wo diese nach rechts weiterführt, halten wir uns links. Wir unterqueren die Stromtrasse und finden uns bald auf einem recht schmalen, aber wunderschönen Weg durch dichten Buchenwald wieder. Ein Tunnel aus Blättern, der links vom Bahndamm flankiert wird und nach rechts dann doch den Blick auf die sanft plätschernde Littfe freigibt. Hinter dem Kleffweiher kommen wir nach **Burgholdinghausen** 5. Vom einstigen Rittergut ist allein ein Fachwerkhäuschen geblieben, doch den Zauber eines verblassten Adelssitzes hat sich dieser Ort bis heute erhalten.

Wir verlassen den Weg Q und wandern hinauf zur Bundesstraße B517, die wir mit Vorsicht überqueren. Auf der anderen Straßenseite schlagen wir den Waldweg links von Langebachs Weiher ein. Nach etwa 300 m verlassen wir den breiten Weg, gehen mit dem schmalen Pfad nach links und bergan. Ab jetzt führt uns die Markierung A3 noch einmal in einem schönen Bogen nordwestlich um Littfeld herum. Über ein herrlich freies Feld geht es zum Waldrand und dort eine Weile entlang. Es bieten sich schöne Aussichten zum Kindelsberg, 618 m. Das »Wartezimmer« von **Doktor Wald** 6 lässt schmunzeln: Fünf Bäume fassen ein Tischchen mit Bank ein, dazu gibt es ein heiteres Gedicht über die heilenden Kräfte des Waldes. Den Abzweig zur »Sesamstraße« lassen wir rechts liegen und schlagen erst den nächsten Weg nach rechts ein. Wir folgen dem mit A3 markierten Weg talabwärts bis zur Limbachstraße. Schauen wir von hier nach Nordwesten, sehen wir auf der Höhe beim »Ewigen Fuhrmann« am Kölschen Heck zwei Windräder. Das größere der beiden war bei seiner Einrichtung im Jahr 2000 mit 150 Metern Gesamthöhe das weltweit höchste Windrad und das erste in Nordrhein-Westfalen. Wir folgen der Limbachstraße bis an die Bundesstraße, wechseln die Straßenseite und sind zurück an der Kapellenschule In **Littfeld** 1.

↗ 40 m | ↘ 40 m | 5.3 km

16 Spazierrunde um die Breitenbachtalsperre

1.30 h

Barrierefreier Weg entlang eines Trinkwasserspeichers

Bei dieser Naherholungsmöglichkeit ist der Verkehr klar geregelt: Wer rund um die Breitenbachtalsperre laufen, radeln oder skaten möchte, hält sich auf dem Teerweg auf der rechten Seite. Wer schneller ist als andere, kündigt das Überholen hörbar an. Schilder gleich am Alten Wärterhaus gebieten diesen rücksichtsvollen Umgang miteinander. Das ist durchaus sinnvoll, denn an Schönwettertagen und zu besten Spaziergangszeiten ist am älteren der beiden Trinkwasserreservoirs in Siegen-Wittgenstein jede Menge los. Doch keine Angst: Auf der Fünf-Kilometer-Runde, die sportliche Gemüter über den Kalorienpfad gerne verlängern dürfen, verteilt sich das Publikum verträglich. »Augen auf!« heißt es übrigens auch, was den Wegesrand angeht: An unzähligen Bäumen laden Nistkästen die heimische Vogelwelt zum »Besetzen« ein. Der pensionierte Staatsanwalt Peter Buschbaum, Wahl-Allenbacher, hat diese originellen Unikate geschaffen; jedes von ihnen zaubert ein Lächeln ins Gesicht.

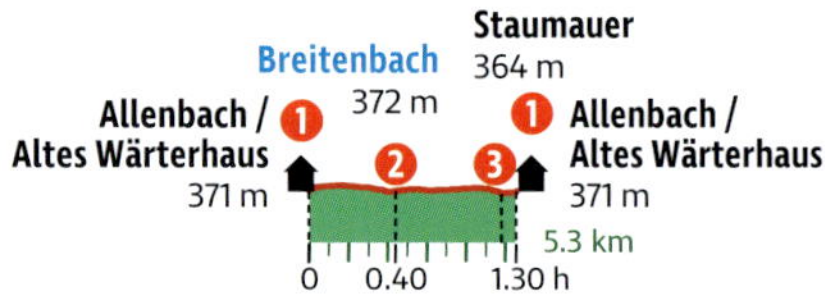

Ausgangspunkt: Allenbach, 371 m, Altes Wärterhaus; Wanderparkplatz an der Staumauer; Zufahrt über die Talsperrenstraße ab Dahlbruch; Buslinie R11 ab Kreuztal, Haltestelle »Stift Keppel«; Bahnlinie RB93 ab Siegen, Haltestelle »Stift Keppel-Allenbach«; bei Bedarf fährt vormittags zweimal ein Bürgerbus bis zur Talsperre, Info unter Tel. +49 151 55252253.

Anforderungen: Nicht zu lange und fast höhengleiche Runde auf geteertem Weg und deshalb zu bewältigen auch mit allem, was Räder hat: Inliner, Laufrad, Kinderwagen, Rollstuhl, Waveboard etc.

Einkehr: Altes Wärterhaus mit Terrasse und großem Außenbereich, barrierefrei und familienfreundlich, täglich außer montags 10–21 Uhr, Tel. +49 2733 8229, www. altes-waerterhaus.eatbu.com.

Variante: Wer eine größere Runde um die Breitenbachtalsperre drehen möchte, wählt ab dem Alten Wärterhaus den Kalorienpfad (7 km, 2 h).

Anfang und Ende der Runde um die Breitenbachtalsperre bei Allenbach ist am Wanderparkplatz nahe der Staumauer und dem **Alten Wärterhaus** ❶. Wir wählen die Variante im Uhrzeigersinn, wandern also Richtung Nordwesten. Vielleicht lassen wir uns an einer der Trimm-dich-Stationen des Kalorienpfads zum Sporteln verleiten, ansonsten gehen oder schlendern wir einfach voran.

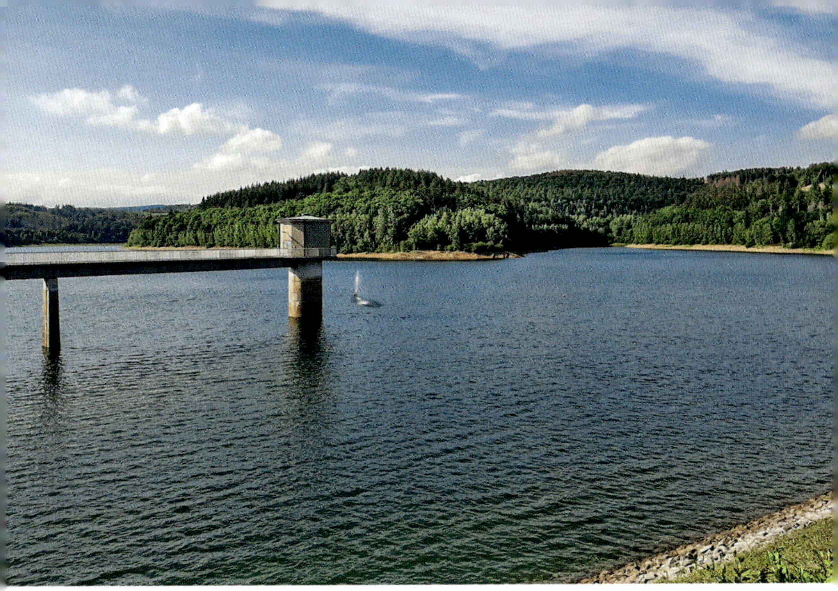

Still ruht der See – die Breitenbachtalsperre lässt sich mit Muße umrunden.

Eine erste Zäsur hat der Weg an seinem nördlichsten Punkt, am Zufluss des **Breitenbachs** ❷. Hier wenden wir uns nach Süden, umwandern den Stausee über die Halbinsel am Fuß des Kranöchels und steuern die **Staumauer** ❸ an. Über der Talsohle misst sie 42 Meter. Von hier geht der Blick übers Wasser zum Entnahmeturm und auch in die Tiefe. In der Nähe grüßt das traditionsreiche Stift Keppel, von fern die Ginsburg. Auf Infotafeln diesseits und jenseits der Mauer erzählt der Wasserverband Siegen-Wittgenstein von der Funktionsweise einer Talsperre wie dieser. Spätestens hier erfahren wir auch etwas über die Geschichte der Breitenbachtalsperre: Sie wurde in den 1950er Jahren erbaut und 1980 noch einmal erweitert. Sie erstreckt sich über eine Fläche von 57,7 ha und hat einen Speicherraum von rund 7,8 Mio. Kubikmetern.

Über die Staumauer gelangen wir wieder zum **Alten Wärterhaus** ❶.

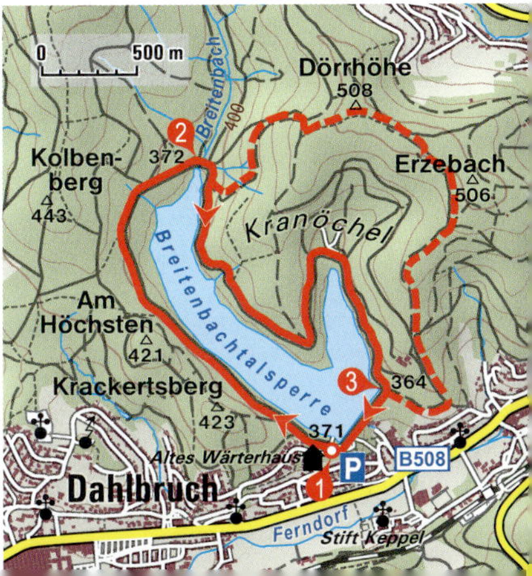

↗ 420 m | ↘ 420 m | 18.8 km

17 Auf dem Hilchenbacher Höhenring

5.30 h

An der Grenze zum Sauerland und durch eine »Löffelstadt«

Mit Geschick hat das Hilchenbacher Touristik-Team die landschaftlichen Gegebenheiten der Umgebung genutzt, um vom Markt aus ein Wegenetz zu spinnen, das sich auf immer wieder andere Weise begehen lässt. Die »Grand Tour« ist der Hilchenbacher Höhenring. Rund 24 Kilometer lang und mit einem Zeitmaß von etwa sechs Stunden bemessen führt er entlang des Mittelgebirgskamms, der das Siegerland vom Sauerland trennt und mit dem Wittgensteiner Land verbindet. Dieser vom SGV zum Wanderweg der Jahre 2018 bis 2020 gekürte Panoramaweg lässt sich an beliebigen Stellen individuell abändern. Unser Vorschlag spart den Schlenker über die Ginsburg und das Dorf Grund aus (→ Jung-Stilling-Rundweg). Wir nehmen den Abstieg über Helberhausen, die »Löffelstadt«. Hier wird die Erinnerung an die Tradition des Löffelschnitzens wachgehalten: Viehhirten erwiesen sich vom 17. Jahrhundert bis in die 1920er Jahre als wahre Künstler im Herstellen von Löffeln aus Ahorn- und später aus Birkenholz. Ihre Produkte konnten über Holland bis nach Westindien vermarktet werden.

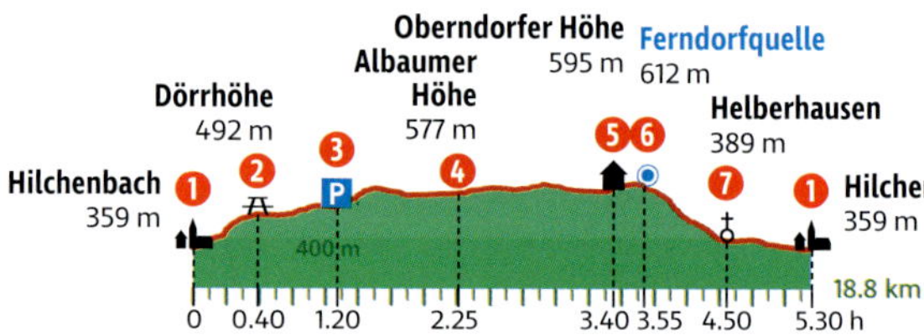

Ausgangspunkt: Hilchenbach, 359 m, Marktplatz; Bahnlinie RB93 Siegen – Hilchenbach – Bad Berleburg, Haltestelle »Bahnhof«; Buslinie R11 ab Kreuztal, Haltestelle »Stadtmitte«.
Anforderungen: Weite Runde auf breiten Wegen, einigen Pfaden und schmalen Straßen; ein gutes Maß an Ausdauer ist vonnöten.
Einkehr: An der Oberndorfer Höhe: Helmut's Rothaarhütte, Sa., So. und an Feiertagen, Tel. +49 151 15259746; in Hilchenbach rund um den Marktplatz.
Tipps: Die Wilhelmsburg, 1622 erstmals als Wasserburg erwähnt und einst Residenz derer zu Nassau-Siegen, beherbergt das Hilchenbacher Stadtmuseum, Sa. geschlossen, sonst täglich ab 13 Uhr, Mi. u. Fr. auch 10–12 Uhr, Tel. +49 2733 288227: Es informiert über die Geschichte der Stadt mit ihrem Gerber-, Leder-, Leim- und Filzgewerbe, mit Erzbergbau und Löffelschnitzerei; im Hilchenbacher Ortsteil Hadem gibt es ein kleines Landwirtschaftsmuseum, das alte Landmaschinen und Ackergeräte zeigt, aber auch die »gute Stube« und eine Küche aus Uromas Zeiten, geöffnet Mai–September jeden zweiten So. im Monat ab 14 Uhr sowie auf Anfrage unter Tel. +49 2733 128169.

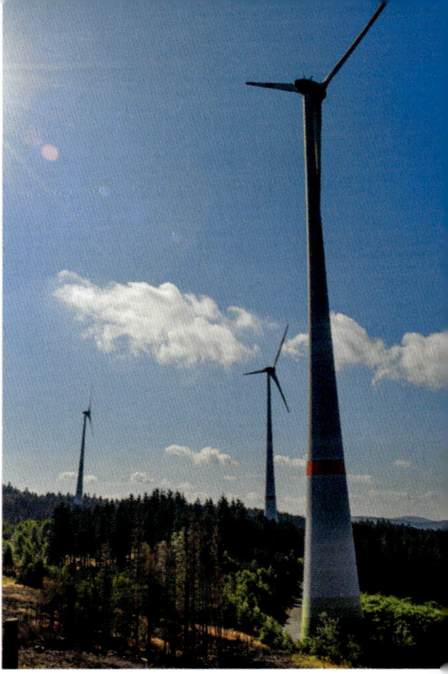

Die Windräder des Hilchenbacher Bürgerwindparks sind eine echte Landmarke.

In **Hilchenbach** ❶ machen wir uns vom Markt aus auf den Weg, immer dem »H« nach hinauf auf die Höhe. Wir passieren die tagsüber geöffnete evangelische Kirche entlang der Hilchenbacher Straße und wandern dann über die Straße An der Sang bald fix ins Grüne; von den Wiesen aus haben wir einen schönen Blick zurück und einen ebenso verlockenden voraus. An der **Dörrhöhe** ❷ können wir kurz rasten, dann geht es für uns noch höher hinaus. Rechts unter uns die Siedlung Rüsenrain, darüber am Horizont die fünf riesigen Windräder, ein noch fernes Zwischenziel. Wir überqueren die Landstraße L728 beim **Wanderparkplatz Oberförsterweg** ❸. Diese würde uns links weiter zur rund 330 Jahre alten Vorspanneiche führen. Sie markiert einen einstigen Zoll- und Grenzposten und eine Umspannstation für Ochsen und Pferde. Unser Weg mündet auf den mit einer weißen Raute gekennzeichneten Siegerland-Höhenring, dem der Hilchenbacher Höhenring nun lange folgt. Vom Schartenberg aus haben wir einen wunderbaren Blick ins Sauerland. Mitten in der Landschaft leuchtet nördlich von uns das Kirchlein der Wallfahrtsstätte Kohlhagen auf. Im Westen sehen wir den Bergbau-Ort Silberg und den Hohen Wald mit seinem Richtfunkturm. Mit 656 m ist dieser Berg der höchste im nördlichen Siegerland. Wir wandern weiter entlang der Grenze zum Sauerland und passieren eine Wegkreuzung mit Wegkreuz. Hier bleiben wir auf dem Weg mit »H« und Raute und halten die Augen auf: Denn auf den knapp 2 km bis zur **Albaumer Höhe** ❹ könnte Wildwechsel herrschen. Nur wenige Schritte begehen wir die überraschend stark befahrene asphaltierte Nebenstrecke Richtung Heinsberg, dann nähern wir uns den fünf Windrädern des Hilchenbacher Bürgerwindparks. Von dort führt uns der Höhenring wieder mitten ins Naturerlebnis. Der Abschnitt bis zur **Oberndorfer Höhe** ❺ ist wunderschön, vor allem rund um die Drei Buchen, 629 m, und dort, wo es beeindruckende Tiefblicke nach Oberndorf und Helberhausen gibt. Ab dem Wanderparkplatz auf dem passartigen Übergang ins Sauerland ändern wir unsere Grundrichtung: Es geht nun ein Stück auf dem Rothaarsteig südwärts und zur 2018 neu ein-

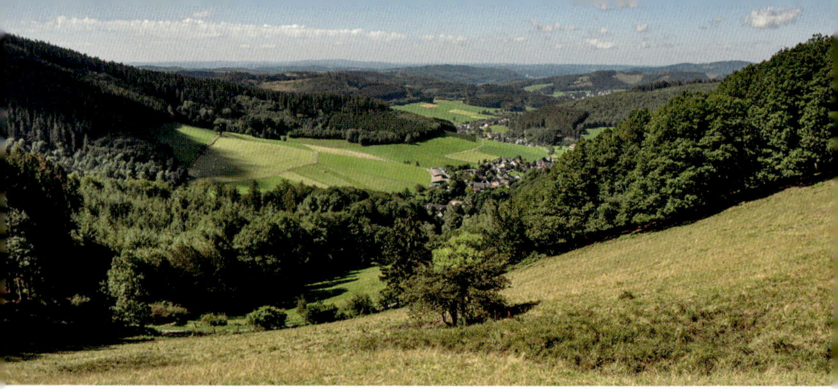

Auf den Höhen über Oberndorf bieten sich grandiose Talblicke.

gefassten **Ferndorfquelle** 6. Hier, auf 600 m Höhe, entspringt ein »Kraftpaket«, das in früheren Zeiten talabwärts vieles in Bewegung gesetzt hat: Eisenhütten und Hammerschmieden – und damit im Verbund mit Littfe und Sieg eine ganze Industrieregion. Der Bach nimmt den direkten Weg ins Tal; wir wenden uns am alten Helberhauser Schlag nach Westen.

Wir folgen nun dem gelb markierten Rothaarsteigzubringer. Dieser kürzt die Hochwaldstraße hier und da über einen Waldweg ab und führt hinunter nach **Helberhausen** 7. An der Kapellenschule wechseln wir die Straßen- und auch die Talseite, steigen noch einmal leicht bergan, um dann gemütlich über Felder hinüber zum Ortsteil Hadem zu bummeln. Wieder am Ufer des Ferndorfbachs kommen wir an Minigolfplatz und Freibad vorbei und auch an der Neurologischen Fachklinik mit Rollstuhlweg und Barfußpfad. Über die von historischem Fachwerk gesäumte Dammstraße und entlang der Gerichtswiese an der Wilhelmsburg geht es zurück zum Markt in **Hilchenbach** 1.

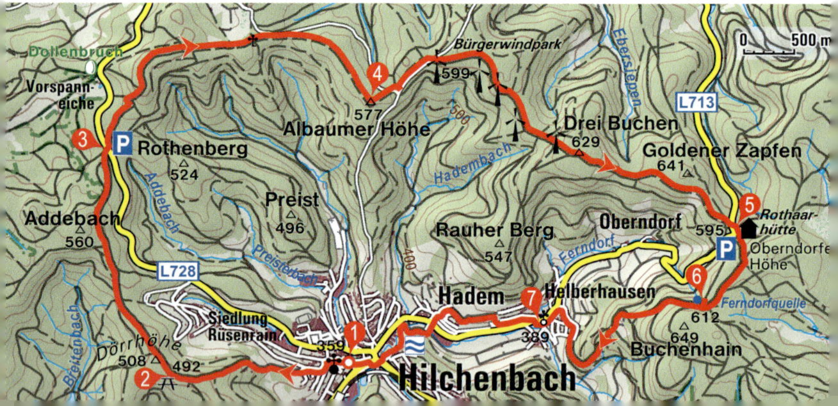

↗ 260 m | ↘ 260 m | 9.9 km

3.00 h

Jung-Stilling-Rundweg bei Grund

18

Ein gläubiger Gelehrter und eine barrierefreie Höhenburg

Am 12. September 1740 wurde in Grund eine der bedeutendsten Siegerländer Persönlichkeiten geboren: Johann Heinrich Jung, genannt Jung-Stilling. Aus dem bis heute beschaulichen Insbachtal zog der gelehrige Schneidersohn hinaus in die Welt. Er wirkte als Pädagoge und Nationalökonom, als Augenarzt und Autor und war Zeit- und Weggenosse von Johann Wolfgang von Goethe. Dieser verhalf ihm zum Durchbruch als Schriftsteller: »Heinrich Stillings Jugend. Eine wahrhafte Geschichte« wurde, nicht zuletzt dank des großen Weimarer Editors, zu einem Bestseller. Bei aller Weltläufigkeit hielt Jung-Stilling an seinem pietistisch geprägten christlichen Glauben fest. Und so gilt er als einer der Wegbereiter der Erweckungsbewegung des 19. Jahrhunderts. In Grund wird die Erinnerung an diesen so gar nicht stillen »Stillen im Lande« wachgehalten – auch mit dem Jung-Stilling-Rundweg. Ein Höhepunkt dieser Wanderung ist der Besuch der Ginsburg. An der vermutlich schon aus dem 11. Jahrhundert stammenden Grenzfeste feilte im Frühjahr 1568 Wilhelm I. von Oranien-Nassau (»Der Schweiger«) an seinem Plan zur Befreiung der Niederlande von der spanischen Herrschaft. Auch auf der benachbarten Ginsberger Heide sammelten sich später die Truppen.

Ausgangspunkt: Vormwald, 479 m, Bahnhof; Bahnlinie RB93 Rothaarbahn Bedarfshaltepunkt »Bahnhof Vormwald«; hier gibt es einen Wohnmobilstellplatz; bei Anreise mit dem Pkw kann die Runde auch an der Alten Kapellenschule in Grund begonnen werden; Parken an der nahen Turnhalle.

Anforderungen: Fast durchgängig breite Forst- und Wirtschaftswege; beim langen Aufstieg zur Ginsberger Heide Ausdauer erforderlich.

Einkehr: Wirtshaus und Café an der Ginsburg, werktags außer Mo. 14–18 Uhr, Sa./So. ab 12 Uhr, Tel. +49 2733 5098515 und +49 170 2004536; 350 m nördlich von 6 Hotel-Restaurant Ginsberger Heide, Mo. Ruhetag, Tel. +49 2733 3224, www.ginsberger-heide.de.

Tipps: Anreise mit der Rothaarbahn, die sich von Hilchenbach aus kurvenreich auf die Höhe windet: Für einen Moment sieht man bereits aus dem Zug das Dörfchen Grund, das wir durchwandern werden; Besichtigung des Burggeländes der Ginsburg samt Besteigung des Bergfrieds und Besuch von Trauzimmer (!) und Ausstellungsräumen; am Rande des Weges liegt die Ginsberger Heide, eine von Birken-, Buchen- und Ahornwäldern umrahmte offene Landschaft, die geprägt ist von Heide, Moor, Borstgrasrasen und Magerwiesen.

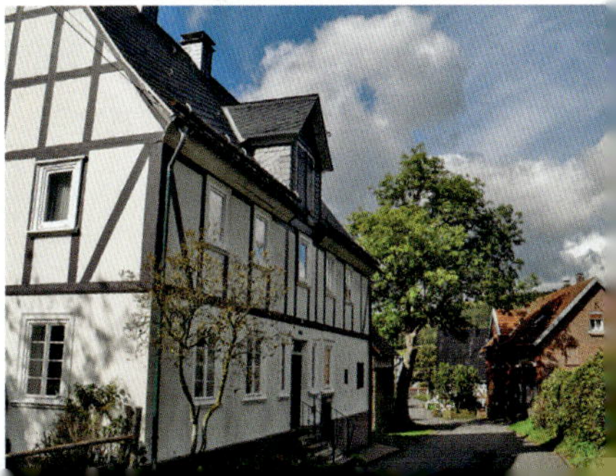

Das Geburtshaus des Arztes und Schriftstellers Johann Heinrich Jung.

Aus gutem Grund beginnen wir den Jung-Stilling-Rundweg am **Bahnhof Vormwald** ①. Denn damit ist von Anfang an der Erlebnisfaktor hoch. Zunächst führt der durchgehend mit einem »J« bestens markierte Weg entlang der Bahnstrecke parallel zum Talsperrenweg X3 – gleich nach dem Bahnübergang fänden »trainspotter« eine ideale Position. Später verläuft unsere Route am Kromberg durch Rodungsbrachen und belaubte Wälder hinab ins Insbachtal. Vielleicht haben wir Muße, uns am **Wassertretbecken** ② auf Kneipp'sche Art zu erfrischen, ehe wir talaufwärts das Revier von Graureiher und Rotmilan durchstreifen. An einem der Zuwege zum Eichenhof fordert uns ein kurzer, aber knackiger Anstieg, dann können wir mit Genuss nach Grund wandern. Auf der anderen Seite der Durchgangsstraße passieren wir die 1792 errichtete Kapellenschule in **Grund** ③ und lassen uns auf dem Weg durchs Dorf von Blickfängen aus Fachwerk, Blüten und ländlicher Dekoration begleiten. Dann der nächste Halt: das Haus Nummer 16, **Jung-Stillings Geburtshaus** ④. Das ist allerdings nicht mehr das von Stillings Großvater Johann Ebert Jung erbaute Original, denn dieses fiel 1928 einem Brand zum Opfer, wurde völlig zerstört und wieder aufgebaut. Im Inneren erinnert eine Gedenkstube an die Familie Jung; nach vorheriger Absprache über den Heimatverein Grund ist eine Besichtigung möglich. Am Versammlungshaus der Evangelischen Gemeinschaft beginnt ein langer, steiler Aufstieg. Vor uns ist, noch fast unscheinbar, auf dem Schlossberg, 587 m, der Bergfried der Ginsburg auszumachen. Durch einen schönen Buchenwald gelangen wir an die T-Kreuzung der Bundesstraßen B62 und B508. Hier steht die massive **Kronprinzeneiche** ⑤, die Kronprinz Friedrich Wilhelm IV. am 16. Oktober 1833 mit großem Tamtam pflanzte. Der spätere Preußenkönig hatte das Berleburger Schloss besucht, wollte weiter zum Müsener Stahlberg.

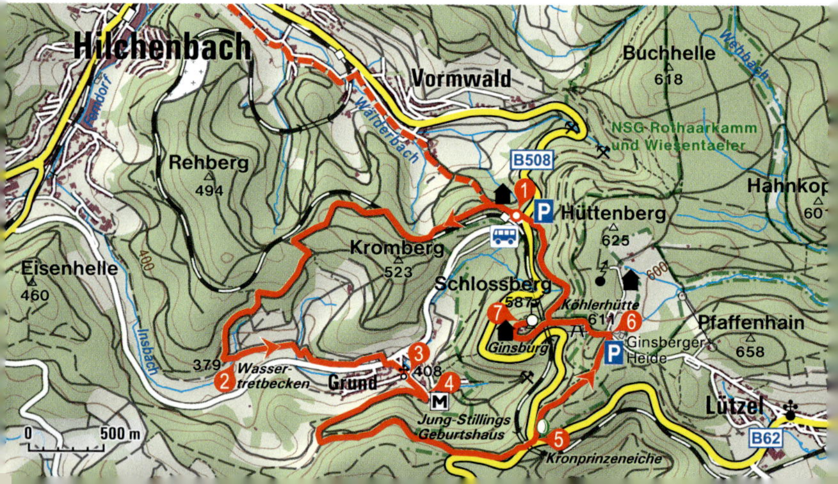

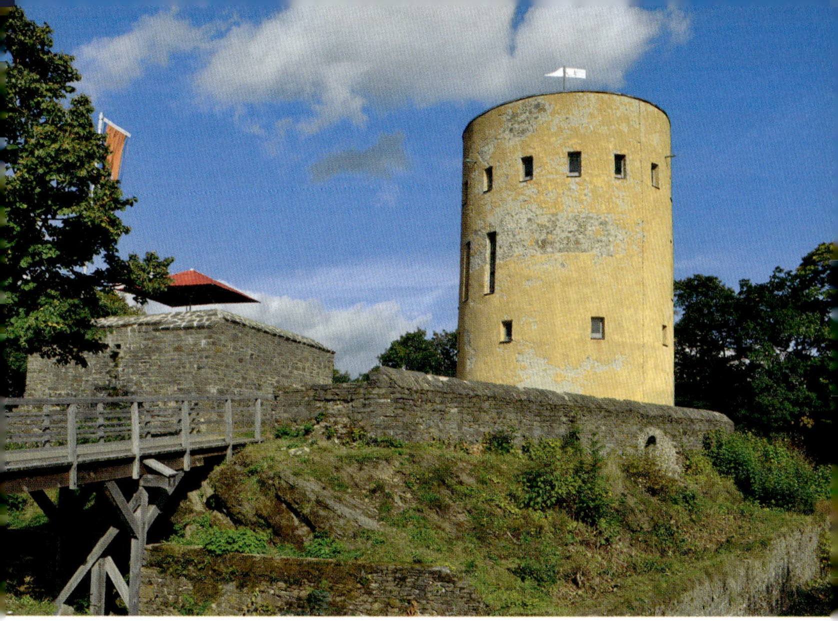

Nahe der Ginsburg sammelte Wilhelm der Schweiger sein Befreiungsheer.

Beim Überqueren der B 508 ist Vorsicht geboten, dann führt uns ein schmaler Pfad zurück in den Wald. Er wird zum Hohlweg und zeigt damit an, dass wir hier eine sehr alte Route begehen. Auf der Höhe ergibt sich ein Nahblick zum Turm der Ginsburg und ein Fernblick zur Breitenbachtalsperre. Wenige Meter weiter tut sich vor uns die Hoch(moor)fläche der **Ginsberger Heide** 6 auf. Die Jung-Stilling-Runde biegt gleich wieder links ab und führt, an der Köhlerhütte vorbei, hinunter und hinüber zum Gelände der Burgruine **Ginsburg** 7. Nach diesem Abstecher gehen wir zurück zum Hauptweg und dort nach links. Es ist nun nicht mehr weit bis zum einstigen Zollposten und damit zum **Bahnhof Vormwald** 1. Wer Luft und Lust hat: Nach Hilchenbach per pedes sind es knapp 3 km, der Weg (Markierung: weißes Rechteck) führt über Vormwald.

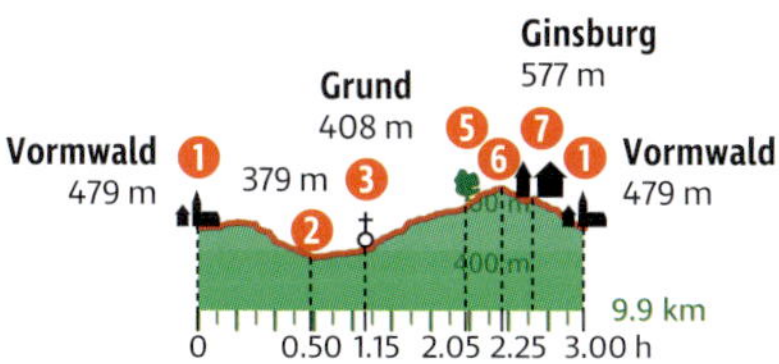

↗ 220 m | ↘ 220 m | 9.4 km

19 Herzhäuser Panoramaweg

3.00 h

Weitblick, Wild und Wein – und viel Gelegenheit zur Rast

Man müsste sie einmal zählen, die vielen Sitzgelegenheiten an diesem Weg. Und nähme man überall Platz, wo eine Bank zum Pausieren lädt, landete man erst ein, zwei Stunden später dort, wo die Wanderung beginnt: im Herzen von Herzhausen. Schon hier lockt der Platz zum Verweilen: am Ufer des Dreisbachs, unter dem weiten Sonnensegel. Aber wir wollen ja wandern, begehen den vom Bürgerverein eingerichteten Herzhäuser Panoramaweg und sind gespannt auf immer wieder neue Aus- und Einblicke. In Herzhausen lebt der Zeichner Matthias Kringe; er gibt den »Dilldappen«, urigen Siegerländer Fabelwesen, ein Gesicht. Und so wundert es nicht, dass uns am Ortseingang solch ein »Dapp« mit seinem »Gondach!« einen »guten Tag« wünscht. Den werden wir haben!

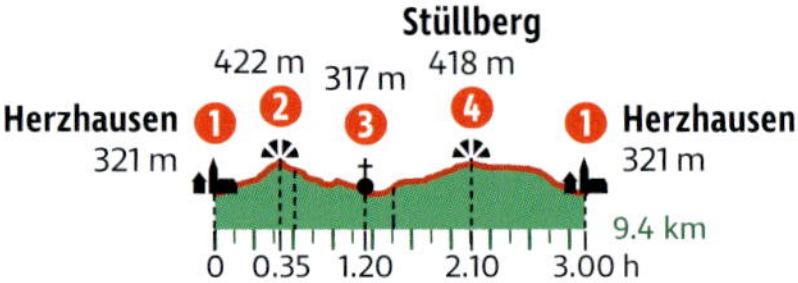

Ausgangspunkt: Herzhausen, 321 m, Vesperinsel mit Wandertafel am Abzweig Hilchenbacher Straße / Dirlenbacher Weg; Parkplatz gleich um die Ecke am Bürgerhaus; Buslinie L163 ab Netphen, Haltestelle »Dirlenbacher Weg«.
Anforderungen: Gute Wald- und Wirtschaftswege mit vielen Möglichkeiten zur Rast auf einer Bank.
Einkehr: Unterwegs keine; im Hofladen Klein an der Hilchenbacher Straße 114 kann man sich mit Leckereien für ein Picknick eindecken (Selbstbedienung).
Tipp: Der Dilldappenweg bei Hainchen im Oberen Johannland: In einer knappen Stunde lässt sich der Kosmos von Matthias Kringes fabelhaften Wesen barrierefrei erkunden, zehn Holzdappen aus der Bühler Werkstatt von Michael Kolb flankieren den Weg, Ausgangspunkt Wanderparkplatz in Hainchen.

Die mit einem »H« gekennzeichnete Dorfrunde beginnt in **Herzhausen** 1 an der hübsch gestalteten Insel am Dirlenbacher Weg und führt uns über die Jägerstraße rasch nordostwärts in die Natur. Fingerhut löst Fachwerk ab, Weidewiese den Wald. Eine kleine Brücke quert den Dirlenbach, und unversehens finden wir uns in einem Weinberg wieder. Ein Hilchenbacher Sozialprojekt baut seit 2019 in sonniger Lage Calardis blanc und Cabernet Jura an. Der Weinberg am Wegesrand verdient ein erstes Ausrufezeichen, ein zweiter Fingerzeig gilt dem **Kapellenblick** 2. Ein Schild verweist auf den kurzen Abstecher, und den sollte man nicht versäumen. Man nehme Platz auf der erhöht stehenden Bank und mache in der Ferne das weiße

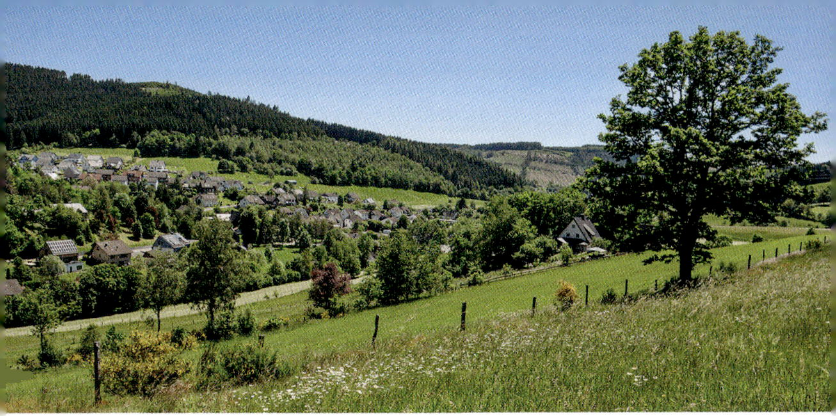

Der Herzhäuser Panoramaweg begeistert mit immer wieder neuen Aussichten.

Kirchlein aus! Suchten Frieden und Sehnsucht ein Bild – dies wäre eines. In St. Anna, 1954 eingeweiht, haben katholische und evangelische Christen einen Platz für ihren Gottesdienst gefunden. Zurück auf dem Panoramaweg gelangen wir zu einem Damwildgehege – Zeit zur Tierbeobachtung! Kurz rückt die Strecke an Herzhäuser Häuser heran, führt dann aber auf Abstand und mit Nahblick zur Kapelle zum südseitigen Ortseingang mit dem **Dilldappen-Schild** ❸. Wir überqueren die Landstraße L728 beim Denkmal für die Gefallenen der Weltkriege. Auf der anderen Seite folgen wir dem geteerten Nelkenweg einen halben Kilometer lang. Nun beginnt ein langer, aber eher gemächlicher Aufstieg. Ein paar spitze Kehren bringen uns zunächst durch Futterheuwiesen, dann durch Hochwald auf die Höhe, rechts von uns Herzhausen, links von uns Unglinghausen. Am **Stüllberg** ❹ entfaltet sich das Panorama dieser Tour überhaupt: von den Windrädern über Hilchenbach bis zur Ginsburg. Wie gut, dass ausgerechnet hier – gleich über den alten Weidekämpen – ein Pausenplatz eingerichtet ist. Mit Tisch und Bänken und einer Liege aus Holz. Nach dem Queren der schmalen Kreisstraße K27 mit freier Sicht auf Kindelsberg und Martinshardt, nach schattigen Abschnitten im bunt gemischten Wald und einem Zieleinlauf durch ganz viel Wiesengrün kommen wir an, wo wir begonnen haben: am Ausgangspunkt, der Insel in **Herzhausen** ❶.

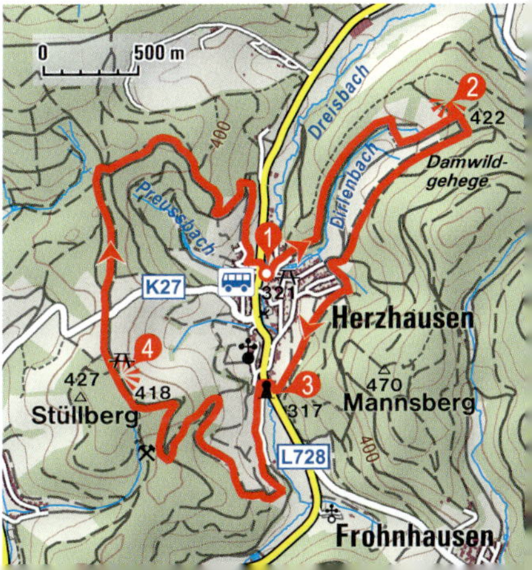

↗ 560 m | ↘ 560 m | 15.2 km

20 Der Keltenweg bei Netphen

5.00 h

Eine Wanderzeitreise zur Alten Burg

Es ist ein langer Anstieg bis auf die weithin sichtbare Gipfelkuppe der Alten Burg bei Netphen. Der Keltenweg nähert sich diesem geschichtsträchtigen Ort damit auch mit Respekt. Und dann möchte man bleiben! So wundert es nicht, dass wir auf der Höhe auf den Wanderer in der Hängematte treffen, die Familie beim Picknick, den historisch Interessierten beim Erkunden der alten Wallanlage. In der La-Tène-Zeit fanden hier die Kelten eine Zuflucht, einen Lebensraum auch mit einer kultischen Stätte. Zwei Ringwälle, dazu die steilen Flanken des Bergs boten Schutz, die recht solitäre Lage ermöglichte einen strategisch guten Überblick über den sich nahenden Freund oder Feind. Von ganz oben blitzt durch die hohen Buchenstämme das Wasser der Obernautalsperre. Einem Kelten begegnet man unterwegs übrigens auch: Mitten in Afholderbach wacht ein bärtiger Mann aus Holz mit Schwert. Gleich daneben informiert eine Schautafel über die Kultur der Kelten. Fünf dieser »Infopoints« gibt es entlang der Strecke. Die lustigen Erklärfiguren – Brigidde, Pinger, Latäne, dr Hänr und Luppi – stammen aus der Feder von Matthias Kringe.

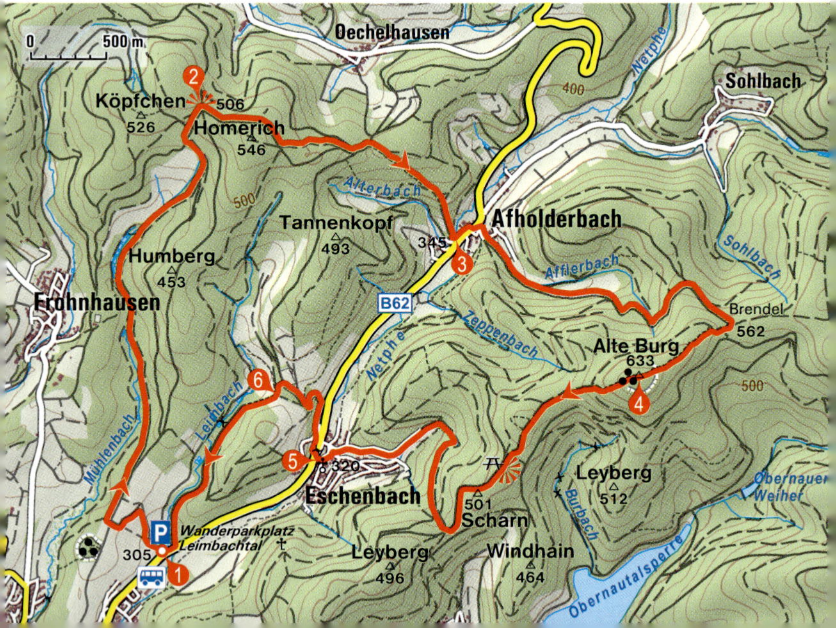

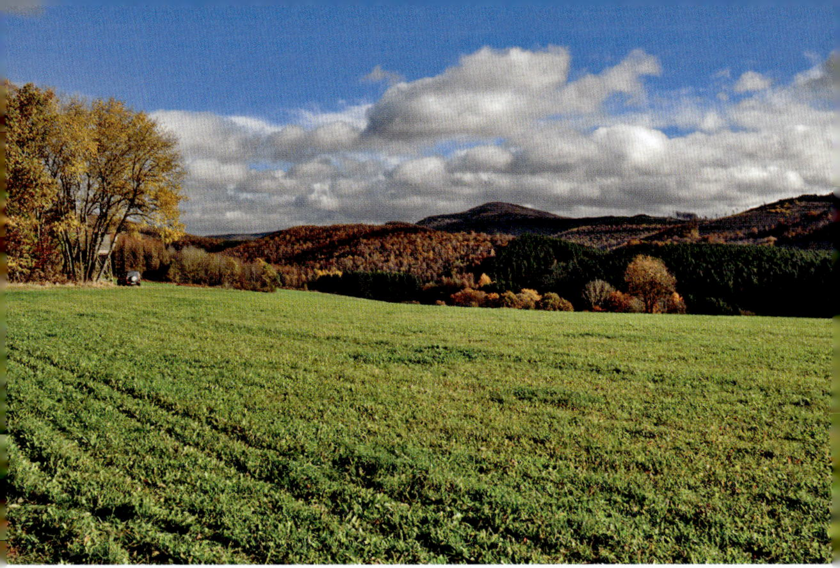

Schon gleich zu Beginn der Runde grüßt von fern die Kuppe der Alten Burg.

Ausgangspunkt: Wanderparkplatz Leimbachtal, 305 m, am Ortsausgang von Netphen; Buslinien R27 ab Siegen bzw. Netphen und L164 ab Netphen Haltestelle »Netphen Altwiese«.
Anforderungen: Das mehrfache Bergauf und Bergab erfordert durchaus etwas Kondition; der Weg selbst ist in der Regel breit und gut begehbar.
Einkehr: Gasthof Weber in Eschenbach, täglich außer Mi. ab 17.30 Uhr, Tel. +49 2738 1249, www.gasthofweber.de.

Der Keltenweg bei Netphen ist als Rothaarsteig-Spur durchgängig mit einem liegenden R gekennzeichnet, gelegentlich ergänzt um die symbolhafte Keltenweg-Plakette mit stilisierter Wallburg. Am Ausgangspunkt, dem **Wanderparkplatz Leimbachtal** ❶, orientieren wir uns hangwärts, gehen mitten durch die Felder den Waldrand entlang und sehen linkerhand den Hügel des Burggrabens. Auch dort ist ein Ringwall aus keltischer Zeit erhalten geblieben. Wie und wie sehr diese Burg mit der Alten Burg

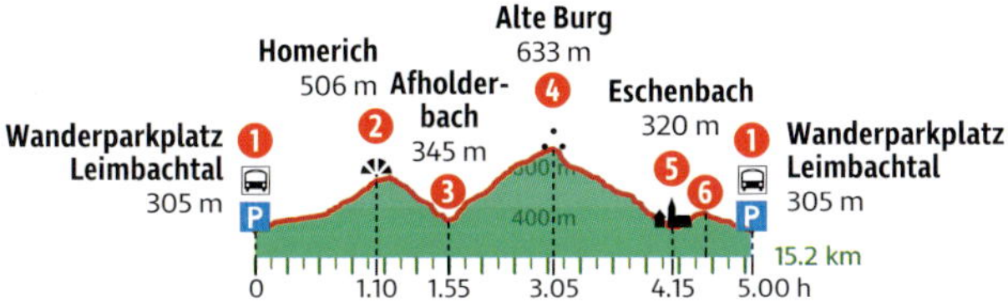

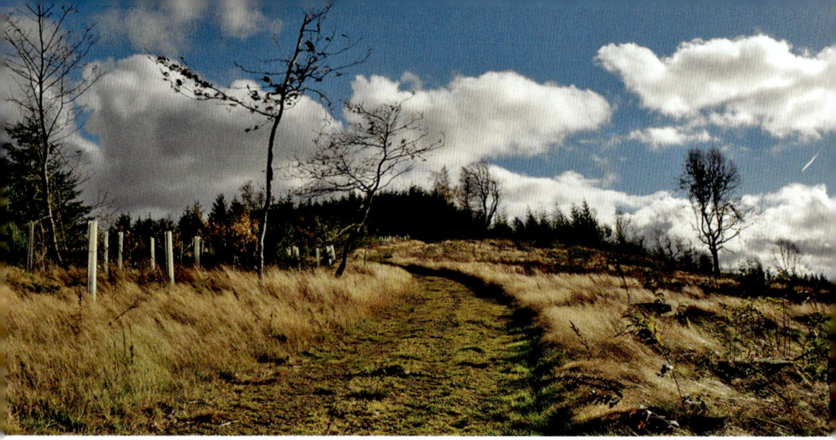

Mit dem Homerich ist eine besonders aussichtsreiche Höhe erreicht.

in Verbindung stand, bleibt im Bereich des Vermutens. Auf der Höhe begeistern wir uns am Alte-Burg-Panorama und tauchen dann halblinks in den Wald ein. Unser Weg führt uns oberhalb des Mühlenbachs hinauf zum aussichtsreichen **Homerich** ❷. Auf 546 Metern Höhe öffnet sich hier der Blick zu den Windrädern über Hilchenbach, auf das Dörfchen Oechelhausen, auf die Ginsburg und zum Giller mit seinem Aussichtsturm sowie nach Westen über den Haardter Berg mit den Universitätstürmen bis hin zum Kindelsberg.

Wir wenden uns ostwärts und biegen nach gut 1 km mit dem Netpher Rundweg (»N«) nach rechts in den Hebammenweg ein. Dieser alte Weg wurde im Winter zwischen Afholderbach und Oechelhausen freigehalten – wohl nicht nur, aber auch für die Geburtshelferinnen. In **Afholderbach** ❸ überqueren wir die von alten Fachwerkhäusern gesäumte Bundesstraße B62, wenden uns ein Stück nach links und beginnen über die Straßen An der Wende und Afferbachstraße unseren Aufstieg zur Alten Burg. Der Weg folgt der Landschaft, immer weiter hinauf. Am Brendel geht es rechts ganz unmittelbar und steil auf die **Alte Burg** ❹. Ebenso steil führt der Pfad auch wieder hinab – mitten durch die gut sichtbaren Wallanlagen. Er wird wieder zum Weg, an dem Ruhebänke mit Blick zur Obernautalsperre zur Rast mit Aussicht laden.

Gemütlich geht es in zwei weiten Schleifen hinunter nach **Eschenbach** ❺. Im Tal der Netphe überqueren wir die Bundesstraße, halten uns hier rechts und wandern halblinks über die Tannenkopfstraße zum Sportplatz hinauf. Dort angekommen, geht es recht unvermittelt links ab: Ein Pfad bringt uns ins idyllische **Leimbachtal** ❻. Zweimal heißt es via Stiege über den Weidezaun klettern, dann führt ein breiter Wirtschaftsweg zurück zum **Wanderparkplatz Leimbachtal** ❶.

↗ 150 m | ↘ 150 m | 7.5 km

2.30 h

Von Beienbach zur Obernautalsperre

21

Wasser, Wald und Landwirtschaft

Ein Seenland ist das Siegerland beileibe nicht. Auch deshalb ist die Obernautalsperre ein so beliebtes Ziel – für Spaziergänger, Radfahrer, Jogger oder Inlineskater. Unser Zuweg führt aus dem ländlichen Ambiente des Netpher Ortsteils Beienbach um den Gösberg, 463 m, ans Wasser und wieder zurück. Ratsam ist es, die mit A3 gekennzeichnete Runde am Parkplatz der Talsperre zu verlassen, um von der Staumauer aus zumindest einen Teil der Dimensionen dieses 1972 in Betrieb gegangenen Trinkwasserspeichers zu erfassen. Vielleicht auch, um an einer der Infotafeln zu erfahren, wie das Reservoir mit seiner Kapazität von fast 15 Millionen Kubikmetern wurde, was es ist. Der Tierwelt bietet die Talsperre einen wichtigen Lebensraum, sie ist zudem Raststätte für durchziehende Wasservögel. Zurück in Beienbach lohnt sich ein Dorfbummel. Dreschschuppen, Mühle, Gefrierhaus und Backhaus, alle bis heute genossenschaftlich genutzt, sind ebenso sehenswert wie die alte Schule und manch hübsch gestaltetes Bauernhaus. Einmal im Jahr ist es hier mit der Ruhe vorbei: Dann ist Beienbach im großen Stil ein Gastgeberort für die friedlich-bunte Community des »Freak Valley Festivals«, eines internationalen Musikevents auf dem AWO-Gelände in Deuz.

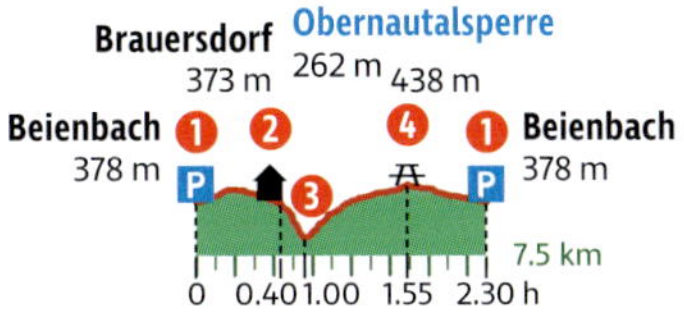

Ausgangspunkt: Beienbach, 378 m, Wanderparkplatz Gösberg; Buslinie L165 ab Netphen Brücke, z.T. nur als Taxibus mit Voranmeldung, Haltestelle »Ringstraße«; Buslinie L162 nach Brauersdorf, Haltestelle »Buswende«, Einstieg in die Tour dann an der Talsperre, zusätzlich ca. 20 Min.
Anforderungen: Durchgängig gute Wald- und Wirtschaftswege.
Einkehr: Brauersdorf: Landhaus Heinrichshöh, Zur Talsperre 35, Di. Ruhetag, Tel. +49 2738 688998.
Tipp: Talsperrenführungen inkl. Wasserturm mit dem Stauanlagenmeister: Wasserverband Siegen-Wittgenstein, auf Anfrage, Tel. +49 271 709624.

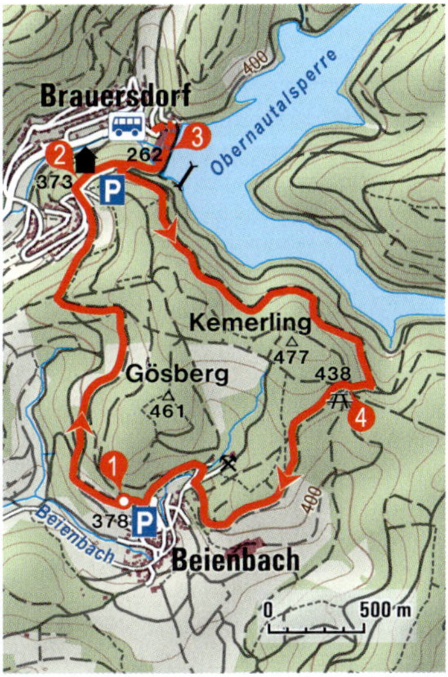

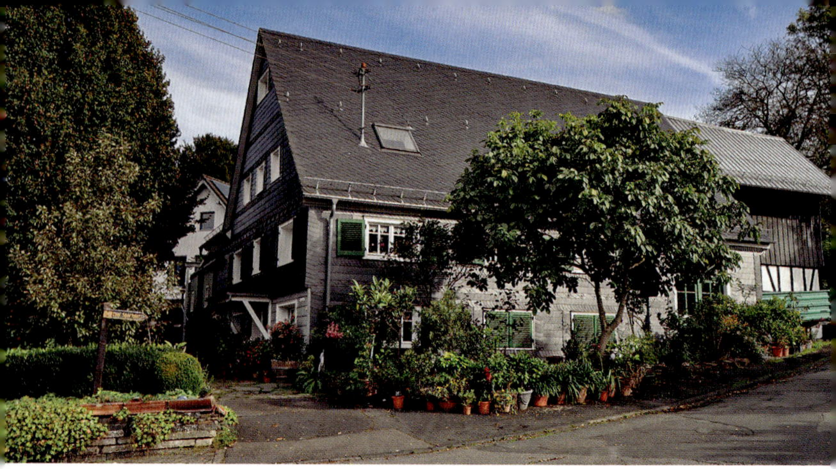

Beienbach pflegt seine dörfliche Struktur – ein Dorfbummel lohnt sich.

Am nördlichen Ortsrand von **Beienbach** ❶ starten wir am Wanderparkplatz Gösberg und wählen hier den Weg, der gleich neben der Wandertafel geradeaus weiterführt. Wir gelangen auf einen Wirtschaftsweg und gehen diesen bergauf. Von rechts mündet in unsere kleine Variante der Rundweg A3 ein; ab jetzt folgen wir diesem strikt. Er führt uns entlang weit geschwungener Weideflächen und durch Eichen-Birken-Niederwald bequem und aussichtsreich nach **Brauersdorf** ❷. Haben Heidelbeeren Saison, sollten wir einen Sammelbehälter und etwas Zeit mitbringen – die Vitamin-C-Spender gedeihen hier prächtig. Ehe wir die Straße zum Parkplatz der **Obernautalsperre** ❸ begehen, wenden wir den Blick nach Westen: nach Netphen mit den Türmen der dreischiffigen Hallenkirche St. Martin und bis zum Haardter Berg in Weidenau.

An der Talsperre verlassen wir nach dem Kurzbesuch der Staumauer rasch den geteerten Rundweg, gehen parallel dazu, aber etwas höher am Hang ins Tal des aufgestauten Nauholzbachs hinein. Wie ein Waldlehrpfad zeigt dieser von Ginster und Heidekraut gesäumte Weg, wie sich der Siegerländer Wald durch den Borkenkäferbefall verändert. Hoffnung macht, dass Grün nachwächst – anders, aber schön.

Dort, wo der Weg um die Talsperre einen Bogen nach links schlägt, zweigen wir in einer spitzen Kehre nach rechts ab und erreichen nach etwa 200 m eine große **Kreuzung** ❹ mit vielen Weiterwandermöglichkeiten und einer Picknickbank. Wir halten uns an der Kreuzung halblinks und wandern nun entlang ausgedehnter Weideflächen gemütlich auf Beienbach zu. Dann überqueren wir die Theodor-Noa-Straße und im Kalten Born auch den Beienbach. Über einen Pfad gelangen wir auf die Gösbergstraße und damit zum Wanderparkplatz Gösberg in **Beienbach** ❶ zurück.

↗ 210 m | ↘ 210 m | 11.8 km

4.00 h

TOP 22

Der Sonnenweg bei Irmgarteichen

Hinauf zur Haincher Höhe und dann hinab zur Wasserburg

Dreh- und Angelpunkt dieser Tour ist der aus dem frühen 18. Jahrhundert stammende Kirchturm der Pfarrkirche St. Cäcilia in Irmgarteichen: Ganz gleich, wo wir uns gerade auf dem Sonnenweg befinden, ist fast immer mindestens die Kirchturmspitze irgendwo zu entdecken. Ein Highlight der Tour ist der Besuch der Wasserburg Hainchen. Die einzige Höhenwasserburg in Südwestfalen wurde erstmals 1290 urkundlich erwähnt. Ihre Hochzeit erlebte sie unter den Herren von Bicken – über 350 Jahre lang. Danach wechselte die Besitzerschaft erneut, sie ging 1815 an den preußischen Staat und verfiel zusehends. Eine nachhaltige Wende brachte erst das Engagement des Siegerländer Burgenvereins, der die Anlage ab den 1970er Jahren wieder aufgebaut hat. In jüngster Vergangenheit ist mit hohem finanziellen und ideellen Aufwand ein Erlebnispark rund um die Burg entstanden, der mit Kletterkurs und Wasserspielplatz, aber auch mit Ruhepolen zu einem Ort geworden ist, der zu innerer und äußerer Balance zu verhelfen mag.

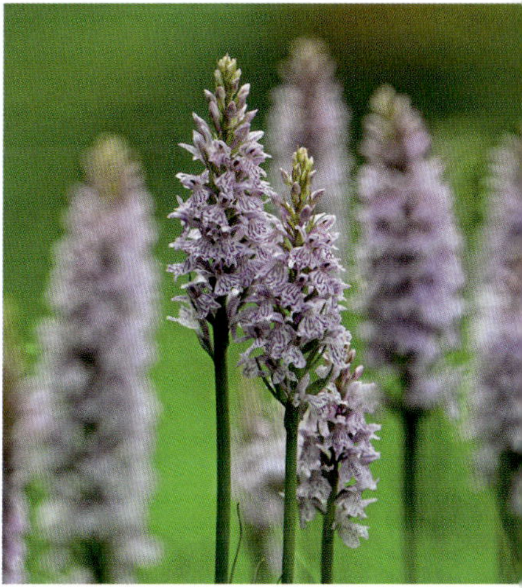

Das Gefleckte Knabenkraut.

Ausgangspunkt: Irmgarteichen, 414 m, Ecke Im Pfarrfeld / Glockenstraße, nahe der Pfarrkirche; Buslinie R16 ab Siegen Haltestelle »Kirche«.
Anforderungen: Breite Forst- und Wirtschaftswege; beim Anstieg zur Haincher Höhe ist Kondition erforderlich.
Einkehr: »Der Krönchengrill« an der Kapelle Hainchen; Wasserburg Hainchen, Die Remise mit Biergarten, Übernachtungsmöglichkeit, Tel. +49 2737 2295550 www.remise-hainchen.de, Führung auf Anfrage unter Tel. +49 171 2252881; Irmgarteichen: Gasthof Jokebes, Glockenstraße 11, Tel. +49 2737 9583; Gasthof Ley, Glockenstraße 9, +49 2737 91094.
Tipps: Die Gernsdorfer Weidekämpe bieten mit ihrer Vielfalt an Grünlandtypen Orchideen – von Ende Mai bis Mitte Juli in voller Pracht – und Wiesenkräutern einen idealen Nährboden. Wiesenpieper, Braunkehlchen und der in Nordrhein-Westfalen vom Aussterben bedrohte Wachtelweizen-Scheckenfalter finden hier einen Lebensraum, der seit 1989 auch offiziell geschützt ist. Ein 6 km langer naturkundlicher Rundweg erschließt das Gebiet von Gernsdorf aus. In Gernsdorf beginnt auch die Gernsdorfer Höhentour, 3–4 h, ca. 13 km.

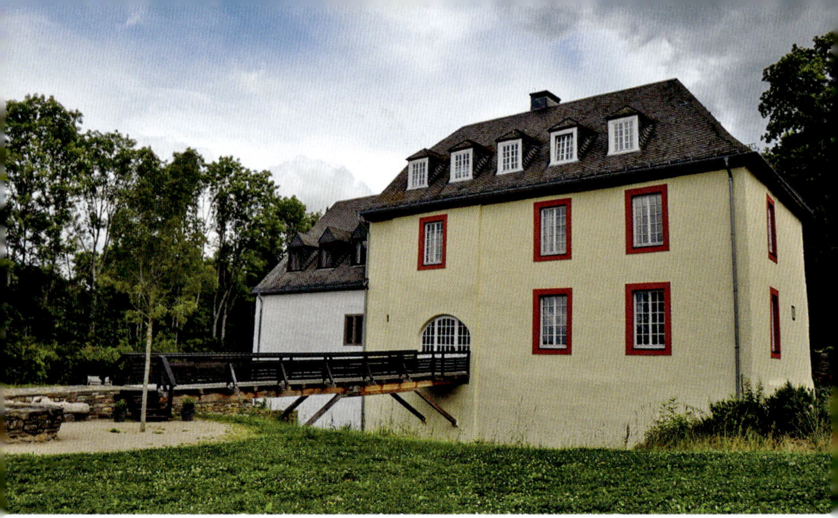

Die Wasserburg Hainchen zeigt sich in einem sehr gepflegten Zustand, dank eines großen bürgerschaftlichen Engagements.

Der sonnengelbe Wegweiser gibt uns am Beginn unserer Wanderung in **Irmgarteichen** ❶ die Richtung an: bergauf, dem großen, weiß umkreisten »I« folgen. Wir verlassen den alten Kreuzweg sehr bald, halten uns rechts und steuern zunächst ein Kapellchen am Wegesrand an. Das Heiligenhäuschen ist am Fronleichnamstag die erste Station der Prozession. Von hier geht der Blick Richtung Werthenbach. Wenig später wenden wir uns scharf nach links und streifen das Dorf am westlichen Hang. Ein bisschen früh kommt eine Rast an der sonnengelben langen Bank, auf der bis zu 30 Personen Platz haben sollten – auf den Versuch käme es an! Das Kirch-

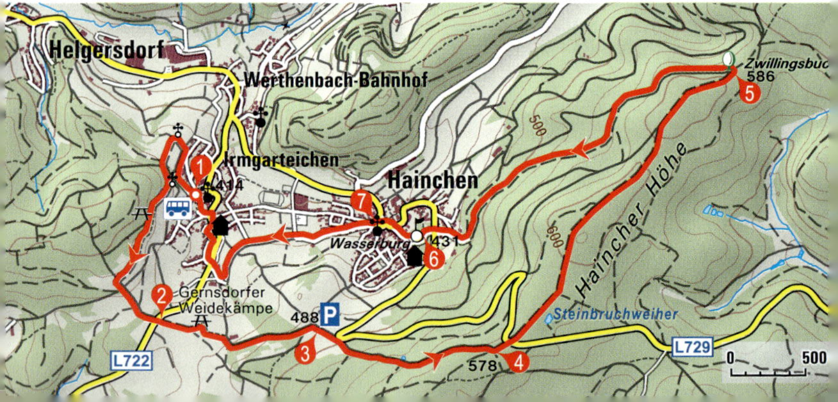

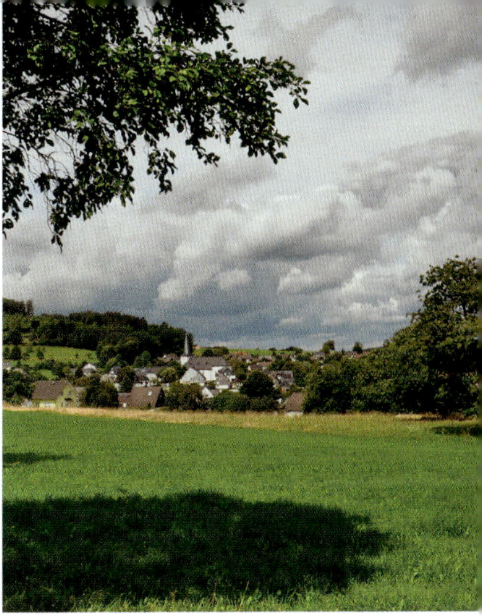

Über den alten Kirchweg wandern wir zurück nach Irmgarteichen.

turmspitzchen im Schatten der Bank ist gekrönt vom rund 300 Jahre alten Turmkreuz der Pfarrkirche. Es hatte 1972 ausgedient, geriet in Vergessenheit und wurde erst 2011 beim Renovieren des Pfarrhauses wiederentdeckt. Wir ziehen entlang abschüssiger Viehweiden weiter und biegen an der nächsten Kreuzung auf einen Weg ein, der uns geradewegs zur Landstraße L722 bringt. Entlang der **Gernsdorfer Weidekämpe** ❷ geht es nun langsam, aber stetig bergan. Nach rund 300 m locken Bänke und Tische in Sonnengelb zur Rast. Halblinks führt unser Weg weiter hinauf.
Am **Wanderparkplatz Hainchen** ❸ kommen wir an den Rand der passartigen Landstraße. Für uns geht es oberhalb der Straßenkehre rechts steil hinauf bis zur 578 m hoch gelegenen **Haincher Höhe** ❹ ein. Die Straße führt von hier hinab ins Hessische, nach Dietzhölztal. Wir bleiben auf dem Kamm, der die Grenze zwischen Nordrhein-Westfalen und Hessen markiert, und folgen ein gutes Stück dem Rothaarsteig mit seinen weiten Aussichten. Wie ein Fels in der Brandung hat die alte **Zwillingsbuche** ❺ den forstwirtschaftlichen Umbrüchen getrotzt. Genau hier treten wir den Rückweg an: Nach einer spitzen Kehre wandern wir mit Genuss hinab nach Hainchen. Unterwegs schmunzeln wir über die liebevoll geschmückte Kaffeebuche (oder das, was von ihr geblieben ist) und können nach längerem Abstieg und der Überquerung der Landstraße an der **Wasserburg Hainchen** ❻ pausieren. An der 1934 erbauten **Kapelle Mariä Empfängnis** ❼ vorbei geht es über den alten, zum Teil von Obstbäumen gesäumten Kirchweg nach Irmgarteichen. Jenseits der Straße bringen uns Gängelweg und Josef-Pfad zurück zum Ausgangspunkt in **Irmgarteichen** ❶.

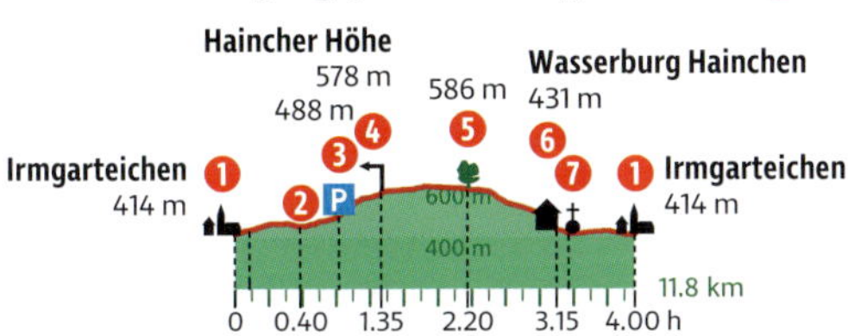

↗ 330 m | ↘ 500 m | 18.4 km

23 Auf dem Jakobsweg: Irmgarteichen – Siegen

5.30 h

Pilgerweg-Etappe mit Klosterbesuch auf der Eremitage

Selbst wer nicht bis nach Santiago geht, darf sich als Jakobspilger oder Jakobspilgerin auf den Weg machen. Auch durch das Siegerland führt einer von dreißig Jakobswegen in Deutschland – von Marburg kommend westwärts nach Köln und vom katholisch geprägten Johannland ins protestantische Siegerland. Dieser Weg braucht Kraft, denn die fast zwanzig Kilometer führen in stetem Wechsel bergauf und bergab. Am Ende wird die Ausdauer vom Ziel bestimmt und macht das Wandern zum Genuss. Wir durchqueren Dörfer mit weiten Koppeln und Feldern, aussichtsreiche Höhen und wandern unter uralten Bäumen her. Die gelbe Muschel auf blauem Grund (manchmal ist es auch nur ein gelber Pfeil) weist den Weg. Der übrigens wird in umgekehrter Richtung zum Elisabethpfad. Hier der Dom zu Köln mit den Gebeinen der Heiligen Drei Könige, dort die Elisabethkirche in Marburg mit dem Grab der Elisabeth von Thüringen – das sind schon starke Pole. Dazwischen: eine Verbindung, die einst nicht allein zur Pilgerreise diente, sondern auch zum Warentransport und, zumal von Köln aus, zum Machterhalt.

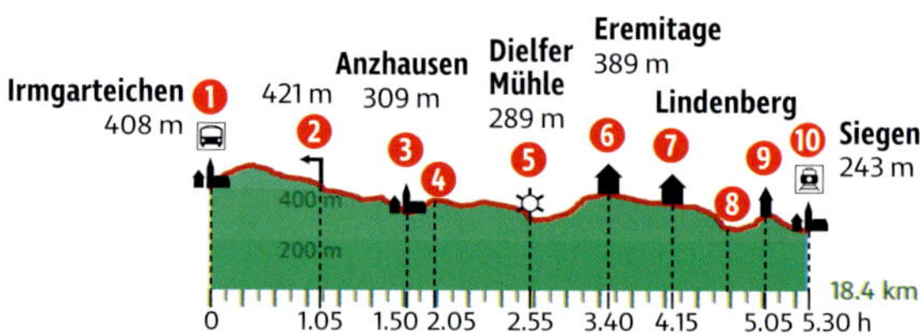

Ausgangspunkt: Irmgarteichen, 408 m, Pfarrkirche; Parkplätze gleich hinter der Kirche; Buslinie R16 ab Bahnhof Siegen Haltestelle »Kirche«.
Endpunkt: Siegen, Hauptbahnhof, 243 m.
Anforderungen: Lange Strecke auf guten Wegen; eine gute Grundkondition ist hilfreich.
Einkehr: In Anzhausen: Restaurant »Picco Bello«, Anzhausener Straße 34, Mo. Ruhetag, Tel. +49 2737 22620290; auf der Eremitage das gleichnamige Café Restaurant, Mo. Ruhetag, Tel. +49 271 392855; auf dem Siegener Lindenberg: Hotel Restaurant »Pfeffermühle«, nur abends, So./Feiertage geschlossen, Tel. +49 271 230520, https://pfeffermuehle-siegen.de; in Siegen: Gasthaus Peun, ab 17 Uhr, Di./So. geschlossen, Tel. +49 271 22656; zur Kaffeezeit locken in Siegen vielerorts Köstlichkeiten – z. B. im »Stadtkind« an der Poststraße, www.stadtkind-siegen.de; oder im »Naschwerk« im SiegCarré, www.dasnaschwerk.de.
Tipp: Das Johannlandmuseum im alten Volksschulgebäude von Irmgarteichen ist eine Wucht, unbedingt bis unters Dach steigen: Glockenstraße 19, 1. So. im Monat u. n. V., heimatverein-johannland.de.

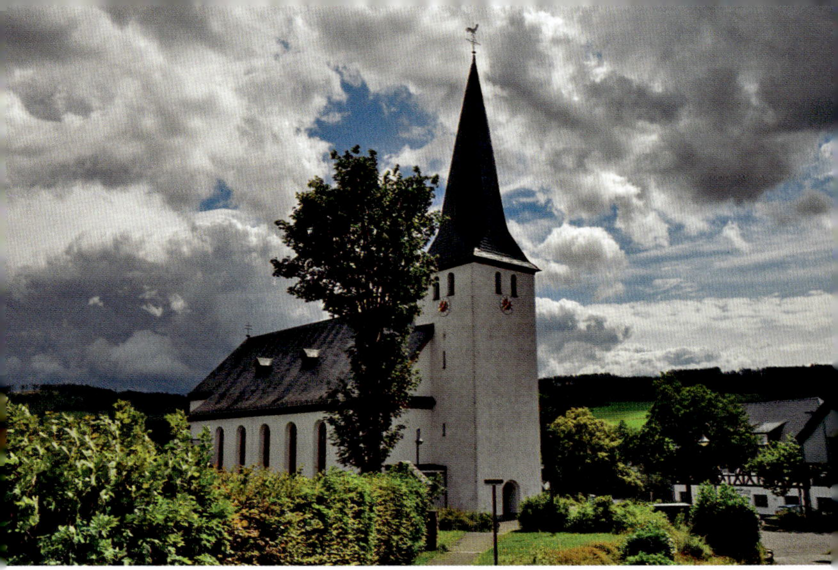

Die Etappe des Jakobswegs beginnt an der Pfarrkirche St. Cäcilia Irmgarteichen.

Vor dem Start in **Irmgarteichen** ❶ lohnt sich ein Besuch der Pfarrkirche St. Cäcilia, deren Inneres durch schlichte Schönheit besticht. Draußen führt uns der alte Kreuzweg rasch hinauf auf die Nordseite des Pfarrbergskopfs. Der Blick geht über Deuz hinweg zur Alten Burg und zum Rothaarkamm. Fast dreieinhalb Kilometer wandern wir westwärts und überqueren dann die Kreisstraße K11 zwischen Rudersdorf und Salchendorf. Am **Sportplatz Wüstefeld** ❷ macht der Jakobsweg einen deutlichen Schwenk zunächst nach links. Wir wandern ins Wabachtal und verabschieden uns damit vom »Butterweg«, einer Spur einstigen Handels mit den »Hessenleut'«. Nach etwa 1 km verlassen wir den Wabach nach halbrechts. Unser Weg führt am Sportplatz vorbei und von dort in die Ortsmitte von **Anzhausen** ❸. Könnte die evangelische (!) Antoniuskapelle erzählen, dann berichtete sie auch von Krieg, von Pest und Feuer, von konfessionellen Auseinandersetzungen, von Zerbrechen und Wiederaufbau. In Anzhausen halten wir uns rechts und verlassen den Ort erst rechts über die Deuzer Straße, dann links über die Haegerstraße. Am Friedhof vorbei geht es über freies Feld ins idyllische Hochtal des **Flammersbachs** ❹. In Flammersbach liegt am »Camino« die gleichnamige Galerie. Das Dorf selbst streifen wir nur, am nördlichen Rand. Am Sportplatz halten wir uns links und gehen am Waldrand, über Felder und später durch Wald hinunter nach Niederdielfen. Erste Anlaufstelle ist, bei Kilometer 10, die **Dielfer Mühle** ❺. Die funktionstüchtig restaurierte Mühle gilt als Musterbeispiel der Mühlentechnik des frühen 18. Jahrhunderts; das gesamte Ensemble steht unter Denkmalschutz. Die Bank am Weiher ist ein Pausenplatz par excellence. In Niederdielfen wechseln wir die Talseite und steigen den Grimberghang über Limbach-, Garten- und Klosterstraße hinauf. Letztere verweist auf das nächste Etappenziel: die **Eremitage** 6. Einmal umrundet der Jakobsweg das Wallfahrts- und Klostergelände, ehe Tor und Tür zum Eintreten in »Stille-Räume« bitten: in den »Garten der Begegnung«, in die Gnadenkapelle aus dem 17. Jahrhundert und auf den Wallfahrtsplatz mit dem »Siegener Kreuzweg«. Wo seit 1953 die Klarissen ein Kloster unterhielten, ist seit ein paar Jahren das Marien-Hospiz Louise von Marillac zu Hause. Man kommt an diesem Ort kaum umhin, über Leben und Tod, Würde und Gnade nachzudenken – vielleicht auch die Sinnfrage zu stellen. Wir überqueren die stark befahrene Bundesstraße B54 und tauchen dort wieder in den Wald ein. Bis zum Sportplatz am **Lindenberg** 7 sind die steinernen Stelen zu den »Sieben Schmerzen Mariens« unaufdringliche Wegbegleiter. Wir müssen nun noch einmal über die B54, halten uns dann links. Schmale Pfade führen uns ab der »Pfeffermühle« ins Weißtal hinab. Am Münterweg treffen wir auf Wohnbebauung. Wir wenden uns hinter dem Sportplatz dann links, gehen anschließend steil die Oberlinstraße hinab, um beim Parkplatz des Lindenbergfriedhofes geradeaus zum **Hotel Bürger** 8 an der Marienborner Straße abzusteigen. Wir nehmen die Ampel am »WuP«, dem Werkstätten- und Probenhaus in

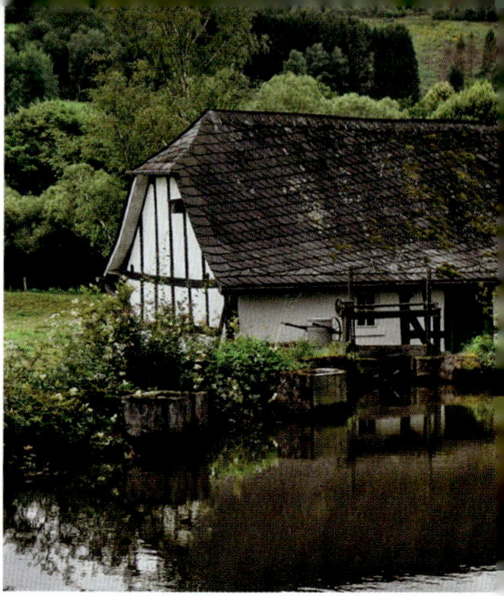

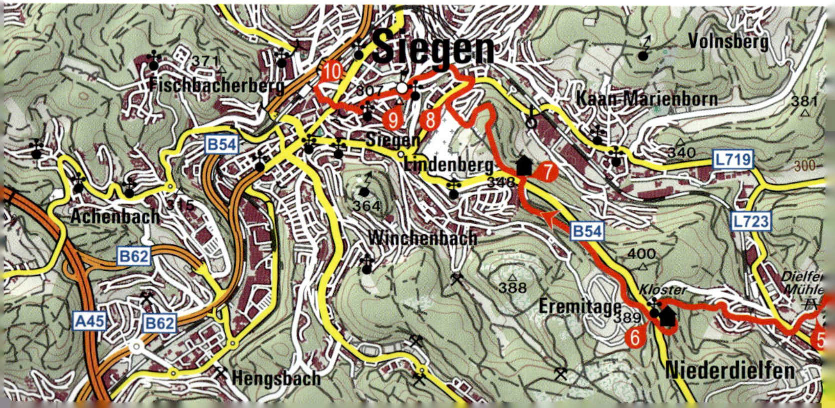

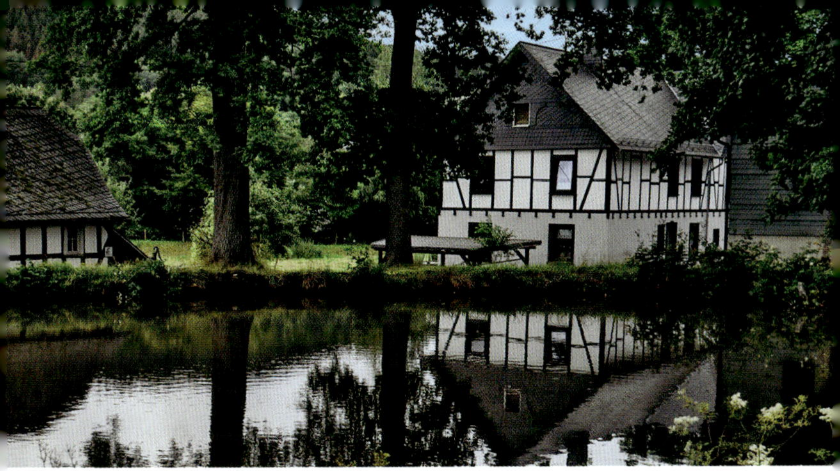

Die Dielfer Mühle stammt aus dem 18. Jahrhundert und ist voll funktionstüchtig.

der früheren Hainer Schule, und gehen bis zur Einmündung Oststraße nach rechts. Die Oststraße führt uns am traditionsreichen Gasthaus Peun vorbei zum Brüderweg, dem wir bergauf bis zum Sattel zwischen Giersberg und Siegberg folgen. Hier biegen wir scharf links in den Altenhof ein. Wie durch eine Hintertür gelangen wir ein Schatzkästlein der Stadt, den Park des **Oberen Schlosses** 9. Wir wähnen uns bereits am Ziel, doch das erreichen wir erst nach einem Stadtspaziergang, der vieles von dem passiert, was in Siegen sehenswert ist: Nikolaikirche und Rathaus, Marienkirche und Unteres Schloss. Am Dicken Turm gehen wir durch einen Tunnel, dann an der Stadtmauer entlang zum Kölner Tor. Wir überqueren die Straße und wandern über Oberstadtbrücke und Bahnhofstraße zum Bahnhof von **Siegen** 10. Hier endet »unser« Jakobsweg – für heute.

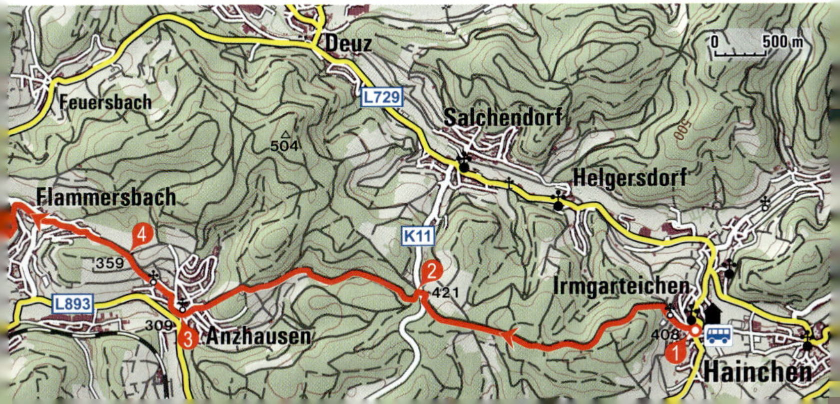

TOP

24 Dill-Bergtour ab Offdilln

↗ 260 m | ↘ 260 m | 16.0 km

4.30 h

Mit der Nase im Wind über die Höhen eines Grenzgebirges

Wer auf dem südlichen Rothaarkamm unterwegs ist, hat über sich ganz viel Himmel, vor sich hüben und drüben weites Land und unter den Füßen eine Attraktion: den Rudersdorfer Tunnel und damit den längsten Eisenbahntunnel Nordrhein-Westfalens. Auf 2651 Meter Länge gräbt er sich zwischen Rudersdorf und Dillbrecht durch das Grenzgebirge. Die Hinweisschilder auf der Tiefenrother Höhe informieren über die Baugeschichte; hier weiß man sich rund 170 Meter über der Tunnelröhre. Am 1. Dezember 1915 wurde die Bahnstrecke Siegen–Haiger eröffnet; heute führt sie bis nach Frankfurt am Main. Auf der Höhe weht zumeist ein kräftiger Wind – das ist zu spüren und zu sehen: Jede Menge Windräder sind nach Südosten hin aufgereiht und beherrschen das Bild des Bergkamms. Der Weg aus dem Dill-Tal nach Nordwesten ist ein uralter: Auch über die Kalteiche verlief eine Handelsstraße. Im 19. Jahrhundert pendelten Männer aus Offdilln und Umgebung zum Arbeiten in den früh industrialisierten Nordwesten. Sie blieben werktags dort im »Logis« und kamen nur zum Wochenende ins Heimatdorf zurück. Manch einer fand eine Frau im Siegerland … und lebte sich ein.

Am Wanderparkplatz Mühlenhof bei Offdilln treten wir unsere Dill-Bergtour an.

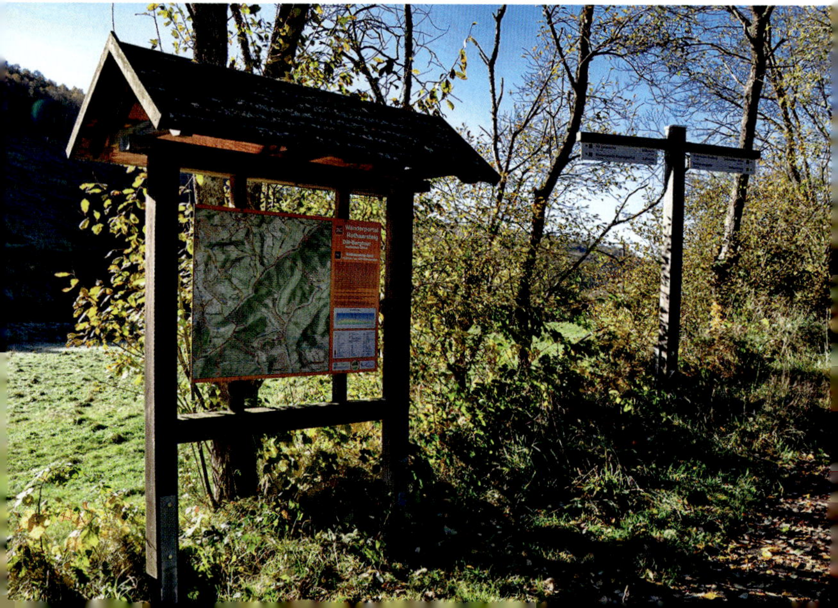

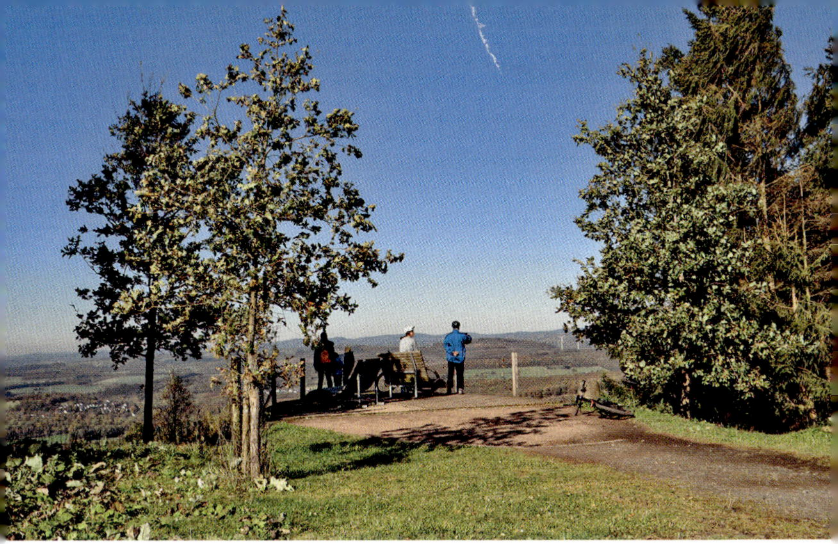

Die Plattform »Nase im Wind« auf der Tiefenrother Höhe bietet eine grandiose Aussicht.

Ausgangspunkt: Offdilln, 385 m, Ortseingang, Parkplatz am Landhaus Mühlenhof; Bahnlinie RB95 ab Haiger oder Siegen, Haltestelle »Dillbrecht«, Einstieg in die Tour in Dillbrecht am Bahnhof an der Ewersbacher Straße; wer aus Siegen kommt, fährt dann tatsächlich durch NRWs längsten Tunnel.
Anforderungen: Zumeist auf guten Forst- und Wiesenwegen; Ausdauer erforderlich.

Einkehr: Offdilln: Landhaus Mühlenhof, Mühlenhof 1, Mi. bis Sa. 12–14 Uhr und 18–21 Uhr, So. ab 12 Uhr, Tel. +49 2774 2452, www.landhaus-muehlenhof.de.
Tipp: Besonders schön ist der Blick von der Aussichtsplattform »Nase im Wind« am Abend. Dann empfiehlt sich der kürzere Zugang vom Wilgersdorfer Wanderparkplatz Wacholderheide aus, ca. 1,3 km, 30 Min.

Im Tal der jungen Dill rüsten wir uns zum Aufstieg auf den Rothaarkamm und verlassen **Offdilln** ❶ vom Parkplatz des Landhauses Mühlenhof. Jenseits der Straße ins Dietzhölztal wandern wir durch wunderschönes Weidegelände bergan. Die Runde ist eine Rothaarsteig-Spur; wir folgen also strikt dem weißen, liegenden R

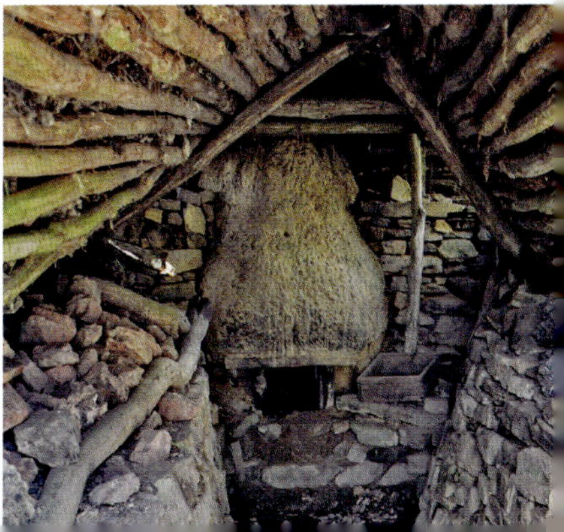

Im historischen Hauberg von Offdilln ist auch der Nachbau eines keltischen Rennofens zu besichtigen.

auf schwarzem Grund. Auf halber Höhe zweigt ein Weglein in den historischen Haubergswald ab und führt uns auch zum Nachbau eines keltischen **Rennofens** ❷. Eine Köhlersiedlung gilt als Ursprung des Weilers »off der Dill«, von Offdilln, dem obersten Dorf am Lauf der Dill. Diese entspringt nordwestlich des Ortes auf 567 m Höhe und mündet nach 55 km bei Wetzlar in die Lahn. Stetig führt uns der Weg weiter hinauf, zuletzt – ab der Quelle des **Bocksborns** ❸ – noch einmal steil, dann haben wir den Gebirgskamm und damit auch den Rothaarsteig erreicht. Konnten wir uns zunächst kaum satt sehen an den Dill-Bergland-Panoramen vor den Höhenzügen des Westerwalds, öffnet sich nun auch die Sicht ins Siegerland. Wir wandern nach Südwesten genau auf der Grenze zwischen Nordrhein-Westfalen und Hessen. Die zumeist schnurgerade Wegführung bringt uns gut voran. Der kleine Abstecher zur Aussichtsplattform **»Nase im Wind«** ❹ an der Tiefenrother Höhe ist ein Muss, denn dieser Ort ist ein Paradeplatz mit

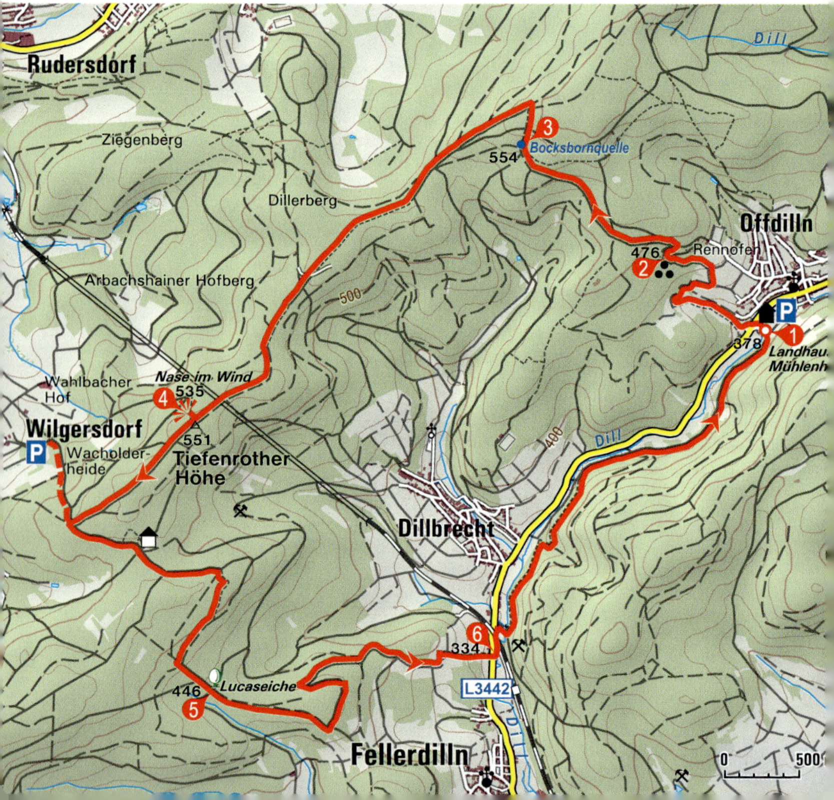

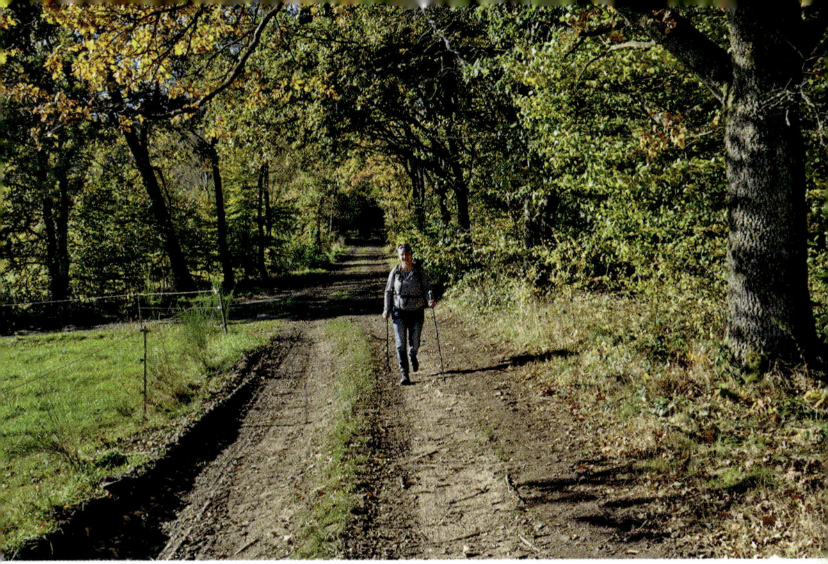

Die Dill-Bergtour ist eine Top-Tour für Wanderfreudige.

Siegerland-Blick schlechthin: über Rödgen mit seiner Simultankirche zum Kindelsberg und nach Nordosten Richtung Wittgensteiner Land. Wem es hier zu belebt oder zu windig ist, dem seien kurz nach dem scharfen Links-Abzweig der Route (der Weg rechts führt nach Wilgersdorf) die Schutzhütte samt Bänken am Haubergspfad zum Picknicken empfohlen. Unter einem herrlichen Buchenwald-Dach wandern wir bis zur über 220 Jahre alten **Lucaseiche** 5 und sagen hier dem Rothaarsteig Adieu. Gemächlich führt uns der Weg hinunter nach **Dillbrecht** 6. Wir unterqueren die Bahnlinie und überqueren die Dill, um auf der östlichen Talseite zurück zu wandern. Ein steiles Treppchen zweigt über dem Mühlenhof bei **Offdilln** 1 nach links ab und bringt uns ans Ufer der Dill. Hier, wo verbürgt seit dem 15. Jahrhundert und bis 1930 eine Mühle betrieben wurde, sind wir am Ende einer absolut lohnenden Bergtour.

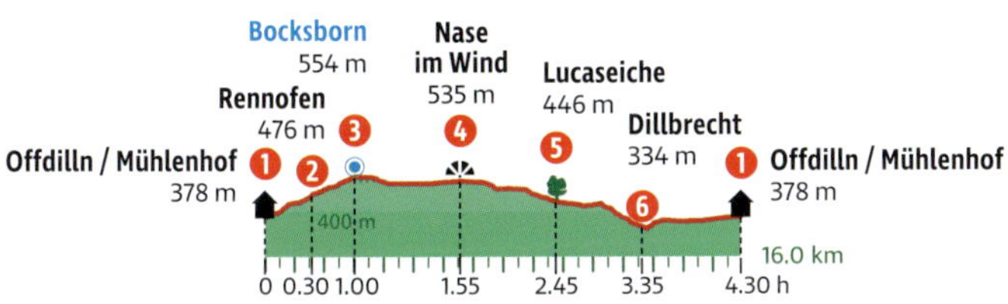

↗ 130 m | ↘ 130 m | 8.1 km

25 Durchs Weißbachtal zum Birkenhof

2.00 h

Zwischen Rudersdorf und Wilgersdorf geht es zurück zur Natur

Das Flüsschen hat Platz im Weißbachtal, kann sich winden, langsam plätschern oder talwärts eilen – mit Konsequenz für eine noch vielfältigere Natur und für den Menschen. Der nämlich braucht fürs Überqueren des renaturierten Bachs ein gutes Maß an Balance: Trittsteine führen über das Wasser hinweg. Am Ufer des 18 Kilometer langen Sieg-Zuflusses gedeihen Weiden und Erlen; das Tal bietet etlichen gefährdeten Tier- und Pflanzenarten einen Lebensraum. Unser Weg bleibt nicht im Tal, sondern führt auch über aussichtsreiche Höhen und lädt passgenau nach knapp anderthalb Stunden auf einem Biobauernhof zu Kaffee und Kuchen.

Ausgangspunkt: Rudersdorf, 325 m, Parkplatz nahe der Kreuzung L722 / Kölner Straße: Brücklein rechts über den Bichelbach, dann erneut rechts; Buslinie R13 ab Siegen Haltestelle »Anzhausen Mühle«, von dort knapp 10 Min. entlang der Straße oder durchs kleine Industriegebiet zum Ausgangspunkt; Alternative: Die Buslinie R13 hält auch am Birkenhof; dann die Runde dort beginnen und beenden (der Zuweg durch das Eisenbahnviadukt entfällt bei dieser Variante).
Anforderungen: Abwechslungsreich und zumeist auf breiten Forst- und Wirtschaftswegen.
Einkehr: Hofcafé im Birkenhof bei Wilgersdorf, Di.–Fr. 9–17 Uhr, Sa. 9–12 Uhr, Tel. +49 2739 4772833, www.birkenhof-siegerland.de; wer länger bleiben will: Der Hof bietet auch Gästeapartments an.

Von unserem Ausgangspunkt am Parkplatz bei **Rudersdorf** ❶ nahe dem Viadukt bringt uns der Weg A3 ins Weißbachtal. Wir unterqueren die imposante Eisenbahnbrücke, die mit ihren acht Rundbögen ein echter Blickfang

Das Weißbachtal bietet ein landschaftliches Idyll.

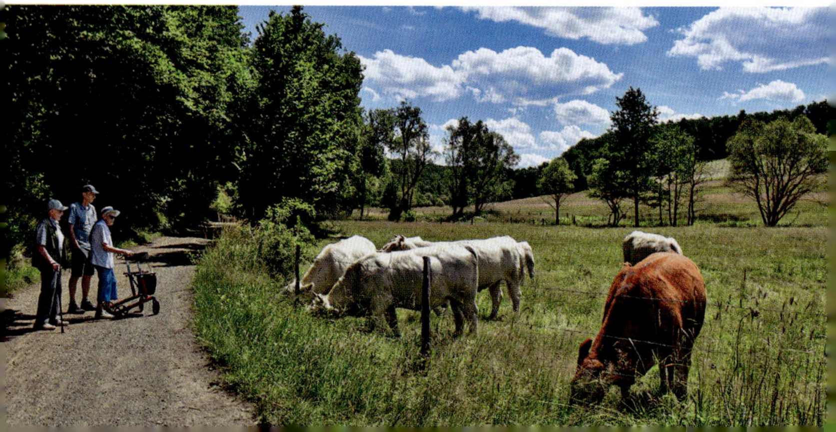

ist. Über die Brücke verläuft die Dillstrecke zwischen Siegen und Haiger. 1915 fertiggestellt gilt diese Trasse als Ingenieursleistung vor allem wegen der Viadukte bei Rudersdorf und Niederdielfen, aber auch wegen des langen Eisenbahntunnels, der von Nordrhein-Westfalen nach Hessen führt.

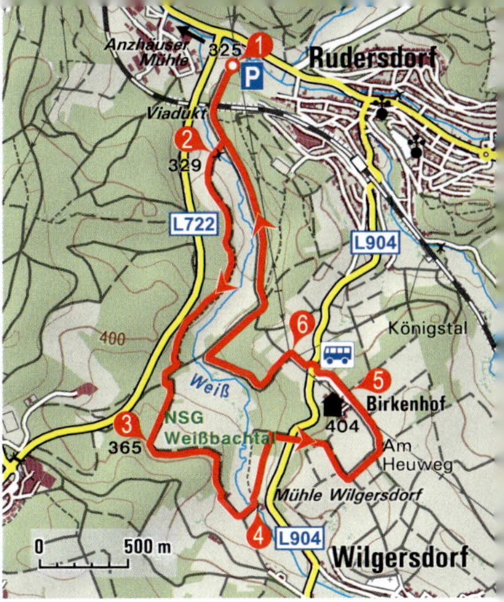

Nach 500 m zweigt unser Weg, ab jetzt ist es der A2, nach rechts ab und über die in diesem Bereich noch recht frisch renaturierte **Weiß** ❷. An der rechten Talseite geht es sanft bergan. Wir kommen an einem stillen Weiher vorbei. Dann halten wir uns gleich wieder rechts; der Weg wird nun eher zum Pfad, der später den kleinen Schönbach überwindet. Wieder auf breitem Weg gehen wir erst rechts, dann links und erreichen beim **Lehnchen** ❸, einem noch bis 1950 gemeinschaftlich genutzten Weidekamp, eine erste Höhe. Am oberen Rand der Freifläche wenden wir uns nach links und wandern nach einer leichten Rechtsbiegung auf Wilgersdorf zu. Der Ort liegt, wunderschön zwischen Wald und Wiesen gebettet, am Fuße der Kalteiche. Im Bereich der einstigen **Mühle** ❹ halten wir uns links und treffen erneut auf die Weiß. Wir gehen mitten durch das frühere Mühlenareal hindurch, dann für einen Moment steil hinauf und zunächst ein Stück parallel zur Landstraße L904. Am nächsten Abzweig wenden wir uns zur Straße, überqueren diese und erreichen auf der gegenüberliegenden Seite sehr bald die Ländereien des Birkenhofs sowie weitere weite Wiesen- und Weideflächen. Die Rundumsicht ist beeindruckend. Zweimal müssen wir links abbiegen, dann sind wir auf Kurs, was den Zugang zum **Birkenhof** ❺ angeht. Vom Hof führt der Weiterweg zunächst zur schon bekannten Landstraße, dort hinüber und ein Stück nach rechts, um dann unter der Hochspannungsleitung den Rückweg ins Weißbachtal anzutreten. Achtung: Am Mast geht es **nach links** ❻! Am Talgrund halten wir uns zunächst noch einmal rechts, an der dann nächsten Kreuzung allerdings halblinks und kommen jetzt wieder ins Gebiet der im Jahr 2021 begonnenen Renaturierung. Auf dem schon bekannten Zuweg gelangen wir zu unserem Ausgangspunkt bei **Rudersdorf** ❶.

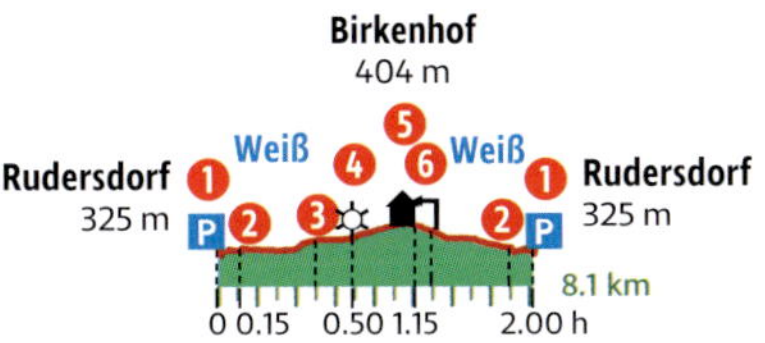

↗ 160 m | ↘ 160 m | 8.8 km

26 Obersdorf und Rödgen

2.30 h

Abwechslungsreiche Ortserkundung mit schönen Aussichten

Obersdorf besticht durch die aussichtsreiche, durchaus noble Lage, eine bis in die La-Tène-Zeit reichende Bergbautradition und auch ein spannendes Stück Kirchengeschichte. Denn die Simultankirche auf dem zu Obersdorf gehörenden Rödgen erzählt vom Ringen um ein Miteinander der Konfessionen. Nach der Reformation wurde das im 13. Jahrhundert erstmals erwähnte Gotteshaus von katholischen und evangelischen Christen gemeinschaftlich genutzt. Doch es kam immer wieder zu Auseinandersetzungen. Nachdem im späten 18. Jahrhundert zunächst das alte Kirchenschiff abgerissen und neu gebaut worden war, errichtete die katholische Gemeinde einen eigenen Gottesdienstraum auf der anderen Seite des Glockenturms. Den Turm nutzen beide Gemeinden bis heute zusammen. Über der Eingangstür zeigt ein Sandsteinrelief von 1953 des Bildhauers Wolfgang Kreutter die Taufe Jesu im Jordan – und auch den Täufer Johannes, dem die Kirche einst geweiht worden ist. In Obersdorf wurde 1879 der Maler Carl Jung-Dörfler geboren. Er war verheiratet mit einer der ersten Frauen, die in Deutschland ein Medizinstudium abschließen konnten: mit der Berliner Frauen- und Kinderärztin Hedwig Danielewicz, einer Jüdin, die zum Katholizismus konvertierte. Ihre Spur verliert sich 1942 im Ghetto von Minsk. Seit 2015 erinnert ein Platz mit Gedenkstein an die Medizinerin.

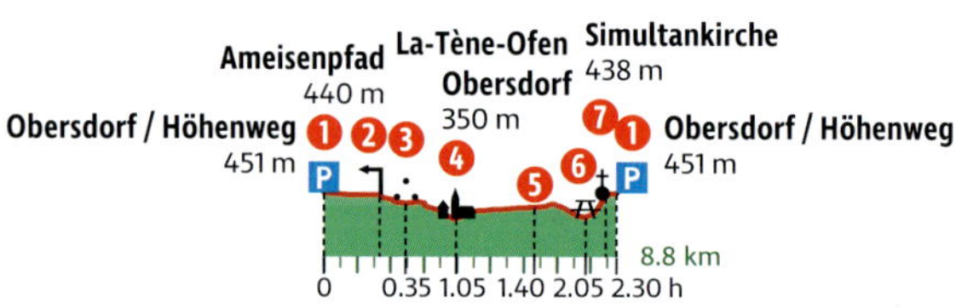

Ausgangspunkt: Obersdorf, 451 m, Wanderparkplatz am Höhenweg; Buslinie R14 ab Siegen, Haltestelle »Rödgen Kirche«.

Anforderungen: Eine Wanderung wie ein Sonntagsspaziergang auf zumeist breiten Wald- und Wirtschaftswegen, nur gelegentlich wird der Weg zum Pfad.

Einkehr: Obersdorf: Hotel Haus Rödgen & Das Gustav's, Rödgener Straße 100–102, Mo.–Sa. ab 18 Uhr, Mittagstisch nach Absprache unter Tel. +49 271 3933100, hotelhausroedgen.de.

Tipps: Wer Obersdorf kennenlernen möchte, ist mit der Ortsrunde »O« gut beraten, denn auf den gut 8 km ist vieles von dem zu entdecken, was den Wilnsdorfer Ortsteil ausmacht; in Obersdorf lohnt sich am Höhenweg 1 ein Besuch des Natur- und Skulpturenparks NaKuMe, der die Naturlandschaften der Region dokumentiert und sie mit Kunst spiegelt, geöffnet in der Regel April–Oktober sonntags 14–18 Uhr bzw. nach vorheriger Anmeldung unter Tel. +49 177 3381344, www.nakume.de.

Wir starten in **Obersdorf** an den Parkplätzen am **Höhenweg** ❶ und folgen diesem mit dem Wegzeichen »O« durch den Wald zum Fußballplatz. Am Ende des Sportgeländes halten wir uns erst rechts, dann gleich an der nächsten Weggabelung halblinks. Hier, am Homberg, 451 m, werden wir nach Norden hin erstmals mit schönen Aussichten überrascht. Eine Weile wandern wir der Eisernhardt entgegen, wenden uns aber nach rund 1,7 km an einer der Stationen des **Ameisenpfads** ❷ nach links. Etwa 300 m weiter führt der Weg an einer Streuobstwiese erneut nach links und nimmt nun Kurs auf einen wichtigen Zeugen der Siegerländer Wirtschaftsgeschichte: den Obersdorfer **La-Tène-Ofen** ❸. Die Anlage rechts unterhalb des Weges zeigt unter dem schützenden Dach eines Überbaus einen Wind- und einen Schmiedeofen. Zurück auf der Ortsrunde nehmen wir an der nächsten Abzweigung den halbrechts abzweigenden Weg, der uns in die Nähe der Wohnhäuser führt. Wir biegen rechts ab und gelangen an der Grillhütte vorbei über die Jung-Dörfler-Straße in den alten Ortskern von **Obersdorf** ❹. Wir überqueren die Rödgener Straße und folgen ihr nach links bis zum Abzweig An der Bilze. Wir folgen dem Verlauf der Straße, zunächst halblinks, dann strikt geradeaus und aus dem Dorf hinaus. Talabwärts blicken wir zur Autobahnbrücke bei Eisern. Dort, wo der Weg auf freies Feld trifft, biegen wir scharf links ab. Unsere Runde wird zur genussreichen Höhentour. Einen guten Kilometer geht es fast geradeaus, dann wenden wir

Eine Sehenswürdigkeit am Wegesrand: der La-Tène-Ofen bei Obersdorf.

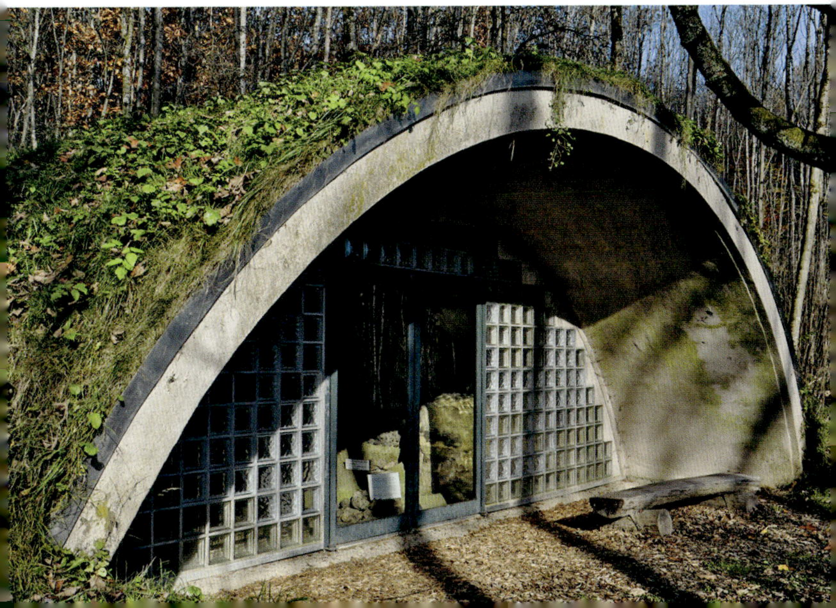

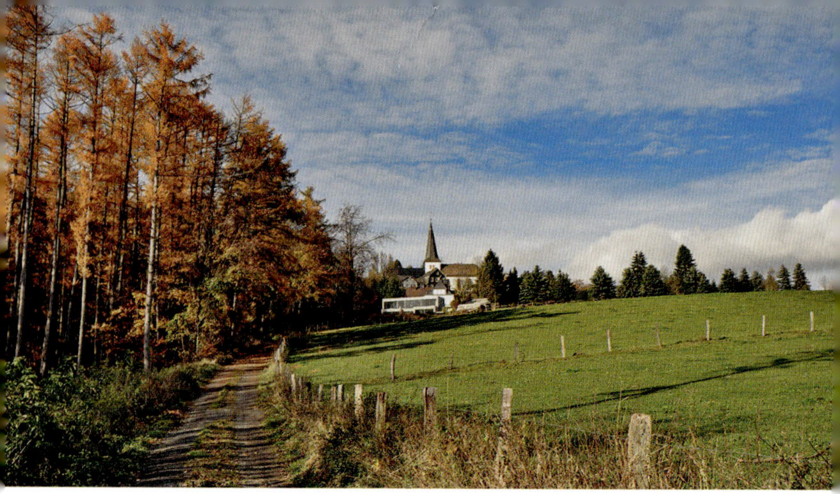

Am Ende unserer Runde führt der Kirchweg hinauf zum Rödgen.

uns erneut nach links, passieren das **Ehrenmal** 5 und kommen am Ende der weiten Wiesenfläche halblinks zur Straße Am Marienhain. Wir halten uns gleich zweimal rechts und verlassen hier die offizielle Route für einen Moment. Am kleinen Bolzplatz geht es nach links und über die Pastor-Stenger-Straße am Hedwig-Danielewicz-Platz vorbei. Beim Supermarkt treffen wir auf die Rödgener Straße. Wir folgen dieser nach rechts zur Bundesstraße B54, die wir an der Ampel überqueren. Hangabwärts geht es über die Straße Breitenbachsfeld wenig später nach links in den Wald hinein. Das Quellgebiet zweier zur Dielfe führenden Bäche mutet absolut romantisch an. Spitzwinklig zweigt der Obersdorfer Rundweg dort links ab und bringt uns in einem schönen Bogen wieder zu Weideland. An der **Wegkreuzung** 6 lädt eine Bank zur Pause ein. Von hier steigen wir, flankiert von schönen Aussichten, hinauf zur **Simultankirche** 7. Vom terrassenartigen Vorplatz des Gotteshauses weitet sich der Blick zum Grenzgebirge nach Hessen hin: zur Kalteiche und zur Tiefenrother, zur Gernsbacher und zur Haincher Höhe. Wir gehen links an der Kirche vorbei und kommen zurück auf den **Höhenweg** 1 und zu den Parkplätzen am Ausgangspunkt.

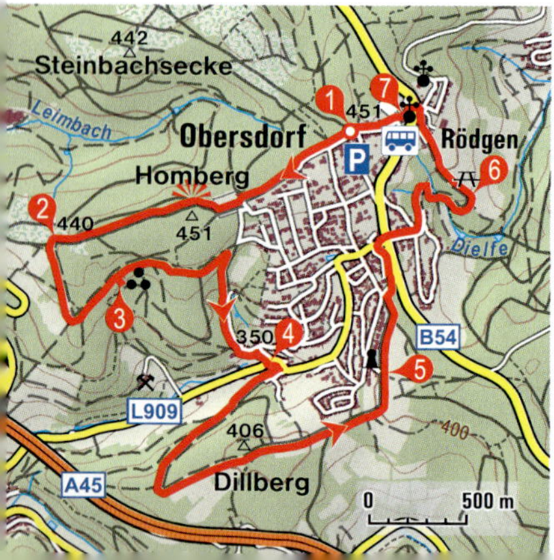

↗ 190 m | ↘ 190 m | 10.8 km

3.00 h

Von Eisern zur Autobahnkirche bei Wilnsdorf

27

Kirchtürme und Kapellenschulen: Wandern mit Autobahnanschluss

Die rasend-laute Welt bleibt draußen. Drinnen ist Geborgenheit. Fast wie im Bauch eines großen Fisches (die biblische Figur des Jona lässt grüßen) fühlt es sich an im Inneren der Autobahnkirche Siegerland. Dass sich das preisgekrönte architektonische Kleinod auch erwandern lässt, mag überraschen. Der Weg vom einstigen Bergbaudorf Eisern hat einen besonderen Charme. Finden sich im Tal sowohl in Eisern als auch in Rinsdorf die für das Siegerland so typischen Kapellenschulen, gibt es auf dem Autohof bei Wilnsdorf eben nicht nur Diesel, »Zimmer frei« und Schnitzel, sondern auch Nahrung für die Seele. Die Autobahnkirche sollte in jedem Fall einmal umrundet werden. Denn je nach Standort ergeben sich immer wieder neue Ansichten auf das strahlend weiße Gebäude; eine davon spiegelt sogar das klassisch-schlichte Autobahnkirchen-Symbol wider. Beim Blick nach Nordosten fällt ein weiteres Kirchlein auf der Höhe auf: die Simultankirche auf dem Rödgen.

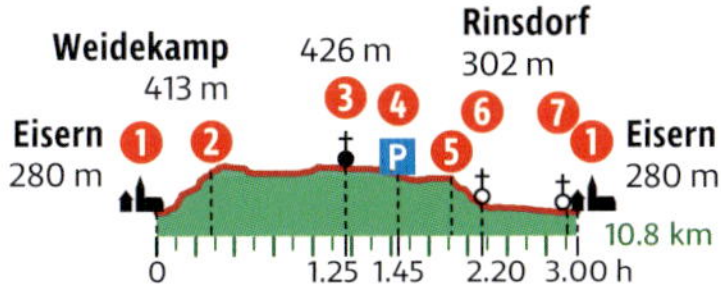

Ausgangspunkt: Eisern, 280 m, Parkplatz am Bürgerhaus; Buslinie 100 ab Siegen, Haltestelle »Obersdorfer Straße«.
Anforderungen: Bis auf den recht steilen Zustieg entspannte Runde auf breiten Waldwegen.
Einkehr: Maxi-Autohof Wilnsdorf; Bäckerei Rothe in Eisern, Eiserntalstraße 500.
Tipp: Jeden Freitag ab 18 Uhr gibt es in der Autobahnkapelle eine Wochenschlussandacht, www.autobahnkirche-siegerland.de; die beiden Kapellenschulen können nach Vereinbarung über die örtlichen Heimatvereine besichtigt werden, Tel. +49 271 392618 (Eisern), +49 2739 3635 (Rinsdorf); in Rinsdorf wird von Oktober bis März am 3. So. im Monat zu Kaffee und Kuchen eingeladen.

Der Weidekamp bei Eisern war einst Hudefläche fürs Vieh.

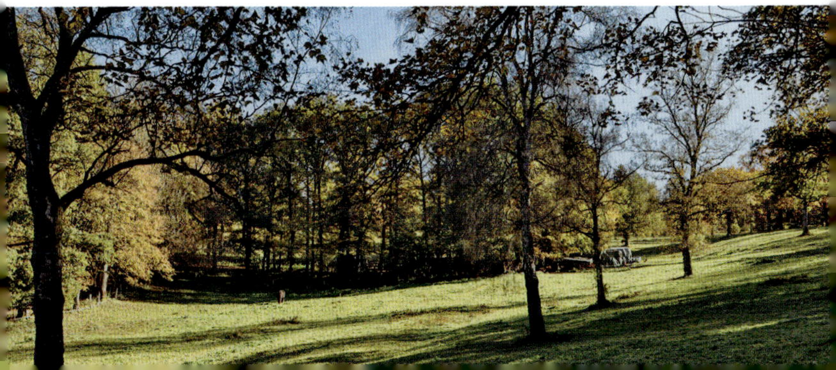

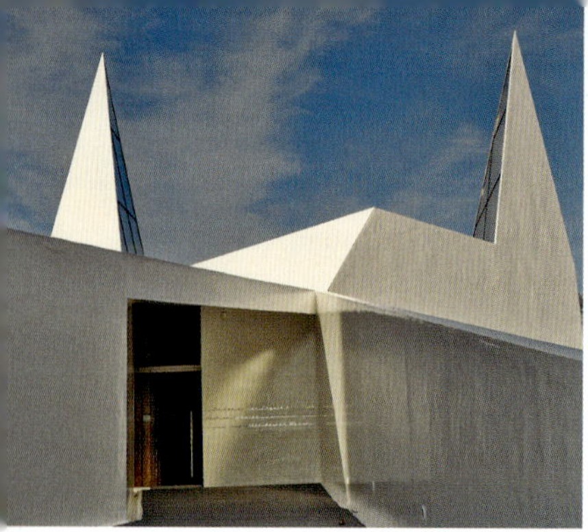

Ein architektonisches Kleinod: die Autobahnkirche an der A45 bei Wilnsdorf.

Vom Parkplatz am Bürgerhaus in **Eisern** ❶ folgen wir dem Fußweg an Schule und Kindertagesstätte vorbei und dann dem Gehweg entlang der Eiserntalstraße bis zur Einmündung Stimmerweg.

Die Rauten-Markierung 3 führt uns am Friedhof vorbei zum idyllischen **Weidekamp** ❷. Hier hüteten Eiserner Hirten noch bis in die 1950er Jahre hinein das Vieh der Familien im Ort. Zwischen Großer und Kleiner Rausche treffen wir an einer Kreuzung auf die Wegzeichnung Raute 2. Wir wandern strikt ostwärts, halten uns immer geradeaus. Am Elkersberg erreicht der »Höhweg« das Industriegebiet. Wir betreten das Gelände gleich an der ersten Möglichkeit und queren die Produktions- und Lagerstätten hinüber zum Autohof mit der **Autobahnkirche** ❸. Hier sollten wir uns einen Moment der Einkehr gönnen. Über den Zuweg zum Industriegebiet gehen wir zurück an den Waldrand. Wir halten uns am Abzweig rechts und schlagen dann links den breiten Weg ein, der uns hinunter zum alten **Rinsdorfer Sportplatz** ❹ führt. Nur kurz bleiben wir auf der Teerstraße, denn es geht gleich wieder links in den Wald – nur kurz bergab und dann lange höhengleich. Nach etwa 2 km kommen wir am **Stimmerberg** ❺ zu einer Kreuzung. Wir wählen den mittleren der drei nach rechts führenden Wege und kommen mit dem mit XS markierten Sieg-Höhenweg über die Straße Auf Der Heipel hinunter nach Rinsdorf. Am Abzweig zur Alten Dorfstraße können wir einen Blick auf die Kapellenschule von **Rinsdorf** ❻ werfen. 1791 erbaut, wurden in diesem Gebäude bis ins Jahr 1953 Kinder unterrichtet. Unseren Rückweg nach Eisern treten wir an der Eiserfelder Straße an. Wir gehen zunächst nach rechts und überqueren die Straße in der Nähe der Bushalteinsel. Die Straße An der Holler (immer links halten) bringt uns auf einen schönen, von Laubbäumen umstandenen Weg,

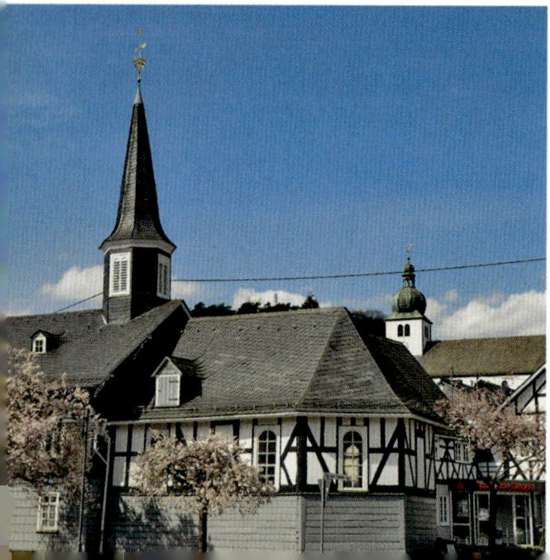

Die Kapellenschule Eisern präsentiert sich zur Zeit der blühenden Zierkirschen besonders prächtig.

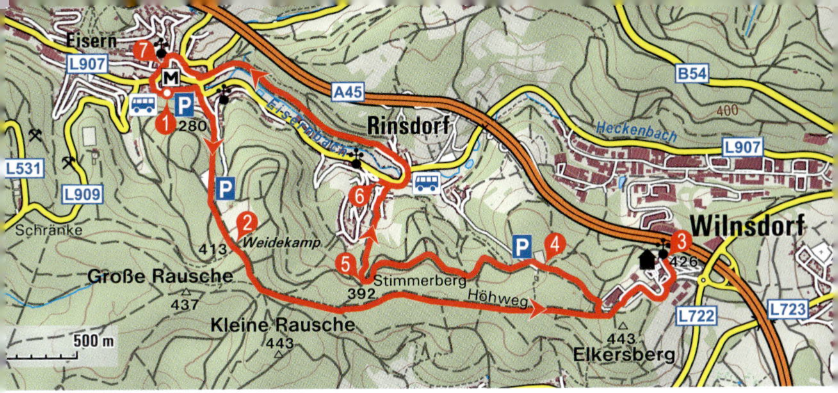

der konsequent dem Lauf des Hecken- und späteren Eisernbachs folgt. Über Ritschert und Obersdorfer Straße kommen wir auf die Eiserntalstraße und halten uns rechts. Vor der Fußgängerampel biegen wir gleich wieder rechts ab und dann links in den Schmidthainsweg. Dieser führt in den alten Eiserner Ortskern, in die »Peeke« mit ihren Fachwerkhäusern und mit der **Kapellenschule** 7. Sie ist noch ein wenig älter als das Pendant in Rinsdorf, entstand in den Jahren 1774/75 und wird heute als Museum betrieben. Einen Schwerpunkt bildet dabei die Eiserner Bergbaugeschichte. Der Kirchsaal ist erhalten geblieben, ab und an finden hier Andachten und Konzerte statt. Gleich neben der Kapellenschule unterhält der Heimatverein ein Backhaus, den Backes. Gegenüber steht die Kaiserlinde, 1913 zum Silberjubiläum des Kaisers Wilhelm II. gepflanzt. Wir überqueren die Eiserntalstraße und kehren über die Straße In der Bitze zum Ausgangspunkt am Bürgerhaus in **Eisern** 1 zurück.

Ein Klassenzimmer aus vergangener Zeit in der Rinsdorfer Kapellenschule.

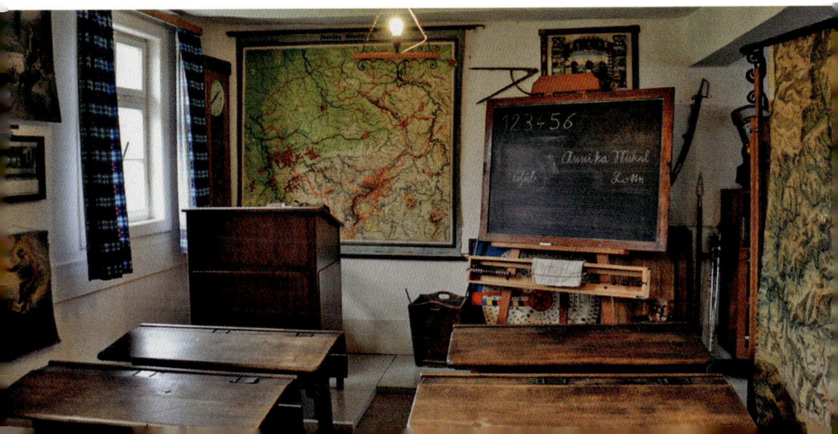

↗ 140 m | ↘ 140 m | 7.8 km

28 Rund um Gilsbach

2.00 h

Streifzug durch eine idyllische Dorflandschaft

Rund um Gilsbach führt die mit G1 markierte Wanderung – und streift dabei gleich drei Naturschutzgebiete. Zum ersten Mal zu lesen von »Gyltzbach« war im Jahr 1350. Der Ort entwickelte sich im 19. Jahrhundert zu einem Bergarbeiterdorf. Die Gruben bei Wilden oder Neunkirchen waren nah und boten Gelegenheit zum Broterwerb. In der Folge entstand ein reges Vereinswesen, das bis heute trägt: mit den Concordia-Chören samt Laienspielgruppe, mit Evangelischer Gemeinschaft und CVJM oder dem Heimatverein. Letzterer unterhält unter dem Dach der alten Schule eine Heimatstube, die von der Geschichte des Ortes erzählt. Zum Maibaumsetzen oder zum Singen am ersten Advent trifft sich die Dorfgemeinschaft am schön gestalteten Dorfplatz.

Ausgangspunkt: Gilsbach, 372 m, Parkplatz am Friedhof; Buslinien L221 ab Burbach Post oder SB4, auch ab Siegen, Haltestelle »Alte Schule«.
Anforderungen: Eher gemütliche Runde auf breiten Forst- und Wirtschaftswegen.
Einkehr: Keine; Gilsbach: Bäckerei Emde, Wilnsdorfer Straße 50, Mo–Fr 7–12.30 Uhr u. 14.30–18 Uhr, Sa. 6.30–12 Uhr.

Den Einstieg in unsere Dorfrunde nehmen wir in **Gilsbach** ❶ am Parkplatz des Friedhofs. Wir wandern zunächst auf die Ortsmitte zu, biegen dann aber gleich zweimal nach links ab. Nun haben wir das idyllische, zur Heller bei Wahlbach führende **Gilsbachtal** ❷ mit seinen naturgeschützten Wiesen, Fluren und Sümpfen vor uns. Der Weg wendet sich nach rechts. Er führt durch Eichen-Birken-Niederwald bergan und nach einer Gesamt-

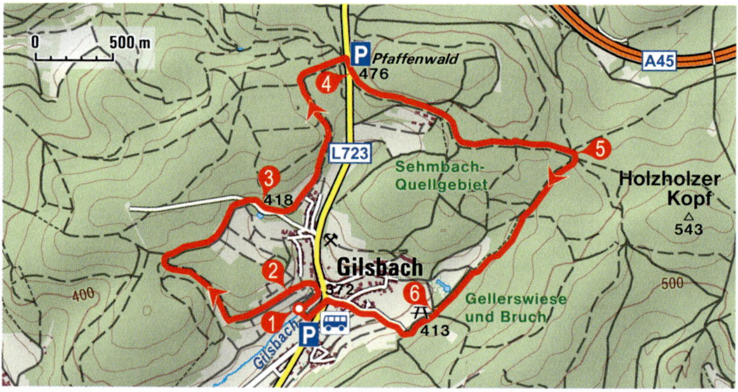

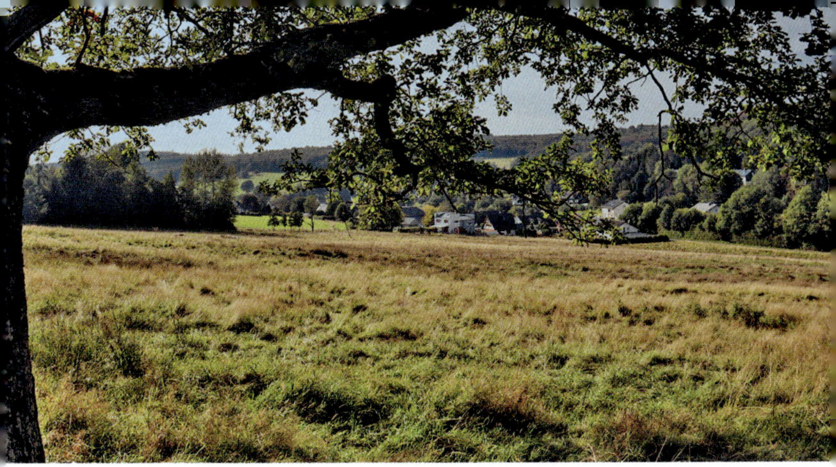

Die Dorfrunde führt auch entlang des Naturschutzgebiets »Gellerswiese und Bruch«.

strecke von rund 1,3 km erneut nach rechts. Wir bleiben eine Weile auf der Höhe und können eine schöne Aussicht auf den Ort genießen. Ein Teersträßlein bringt uns hinab zum einstigen **Löschweiher** ❸. Nach wenigen Metern biegen wir links wieder in einen Waldweg ein. Oberhalb der Pfaffenwaldstraße geht es für uns nach Norden. Wir steigen parallel, aber zunächst auf Abstand zur Landstraße L723 auf. Die Straße selbst überqueren wir mit Vorsicht auf der Höhe des **Wanderparkplatzes Pfaffenwald** ❹. Wir wandern weiter entlang des Naturschutzgebiets »Sehmbach-Quellgebiet« mit seinen alten Hudebäumen und passieren auch das von Efeu umrankte Wasserhäuschen nahe der Feriensiedlung. Einen guten Kilometer bleiben wir auf dem Weg, der von Siegen kommend nach Würgendorf führt, biegen aber dann an einer **Wegspinne** ❺ nach rechts ab. Wir erreichen mit dem G1 das dritte Naturschutzgebiet am Wegesrand: **»Gellerswiese und Bruch«** ❻. Die Picknickbank markiert einen idealen Pausenplatz! Die Würgendorfer Straße führt uns zurück ins Dorf. Wir überqueren die Wilnsdorfer Straße, gehen an Dorf- und Spielplatz vorbei und landen wenig später jenseits der Brücke über den Gilsbach wieder am Parkplatz des Friedhofs von **Gilsbach** ❶.

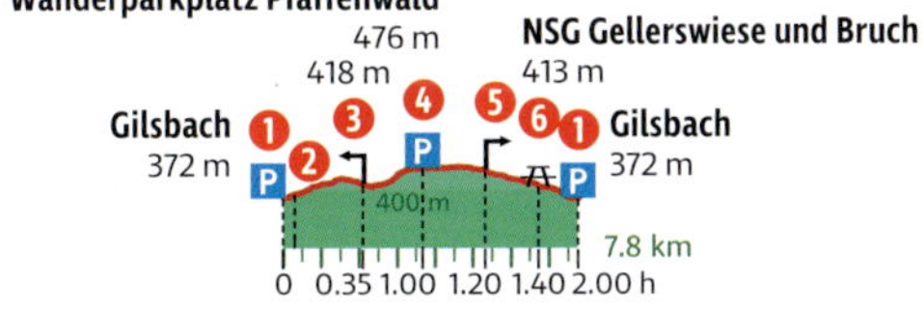

TOP

29

Von Wahlbach zu den Trödelsteinen

↗ 300 m | ↘ 300 m | 11.3 km

3.00 h

Alpines Vergnügen mit Gipfelkreuz

Der Trödelsteinpfad ist eine der »Spuren« entlang des Rothaarsteigs. Bestens gekennzeichnet führt er von Wahlbach aus zunächst ins wunderschöne Buchhellertal. Was heute als naturgeschützte Perle glänzt, war im 19. Jahrhundert ein Ort pulsierenden industriellen Geschehens. Über gleich mehrere Gruben (die größte war ab 1892 die Peterszeche) wurden wertvolle Erze abgebaut: Spateisenstein, Zink- und Kupfererze und Blei. Es herrschte ein regelrechtes »Erzfieber«. Bergleute, die in einer wirtschaftlichen Flaute ihr Glück in Mittelamerika suchten, kehrten Mitte der 1840er Jahre zurück – nach »Neumexiko«. Eine Schmalspurbahn transportierte das Erz ins Hellertal zur Verladestation am Burbacher Bahnhof. Überall stößt man im Buchhellertal auf Zeugnisse der Bergbaugeschichte: Abraumhalden, Mundlöcher, Mineralien. Ein Relikt des Basaltabbaus ist die Betonruine der Steinbrecheranlage im weiteren Talverlauf. Sie war nur sechs Jahre, von 1922 bis 1926, in Betrieb. Sichtbar wird der Basalt am höchsten Punkt der Tour, bei den Trödelsteinen, 613 m. Diese Felsformation aus Klippen, Säulen und einem Blockfeld aus Felsspatbasalt lässt sich erklimmen – für das Erinnerungsfoto am Gipfelkreuz, einen Eintrag ins Gipfelbuch, den Blick ins Siegerland und über den Westerwald und zur ausgedehnten Rast. Da die Tour zu den beliebtesten in der Region zählt, empfiehlt sie sich eher abseits von Wochenenden und Feiertagen.

Den Gipfel erreicht! Die Trödelsteine sind ein tolles Ziel für die ganze Familie.

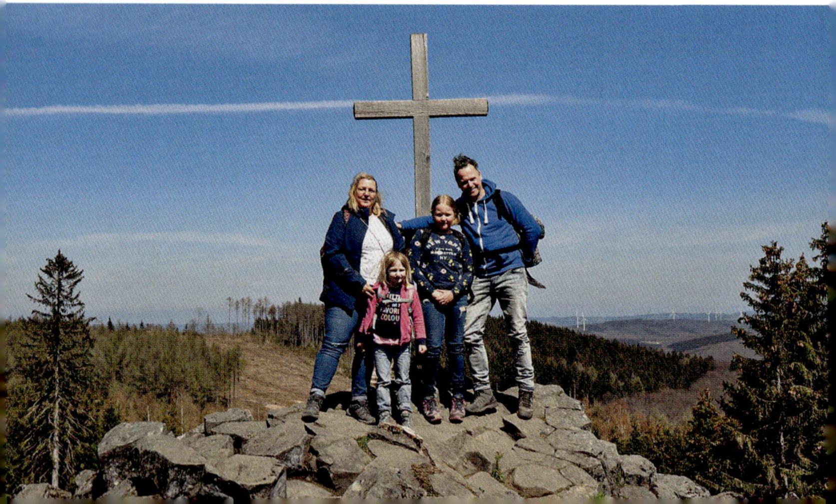

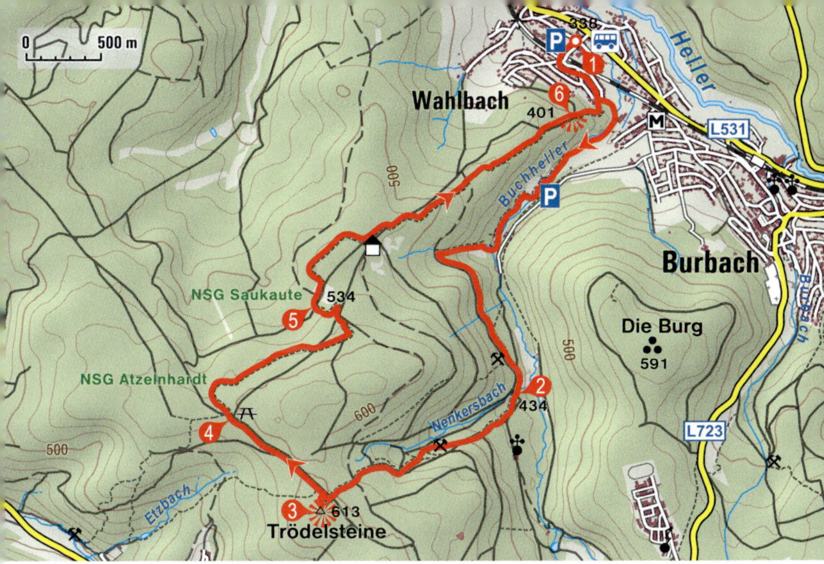

Ausgangspunkt: Wahlbach, 338 m, Wanderparkplatz Austraße; Bahnlinie RB96 Haltepunkt »Wahlbach«; Buslinie R24 Haltestelle »Wahlbach-Schule«; Parkplatz an der Austraße.
Anforderungen: Abwechslungsreiche Runde auf guten Forstwegen, mitunter auch auf steilen Pfaden; Kondition und Trittsicherheit sind ratsam.
Einkehr: Unterwegs keine; für die Gipfelrast empfiehlt sich ein gut gepackter Picknickrucksack; zur Stärkung nach der Tour: Restaurant Mythos in Wahlbach, Mo. Ruhetag, Di.–Sa. ab 17 Uhr, So. ab 12 Uhr, Freier-Grund-Straße 73, Tel. +49 2736 5790491.
Tipp: An Architektur Interessierte finden in Wahlbach am Erzweg 3 mit dem Landhaus Ilse ein Pendant zum »Haus am Horn« in Weimar. Das einstige Gästehaus der WAG-Westerwald-Brüche AG folgt der Konstruktion des Bauhaus-Planers Walter Gropius. Seit 2017 ist das denkmalgeschützte Gebäude im Besitz der Gemeinde Burbach. Ein Besuch ist möglich nach Vereinbarung unter Tel. +49 2736 4588.

Den Einstieg in den Trödelsteinpfad erreichen wir vom Wanderparkplatz Austraße in **Wahlbach** ❶ am Ende der Diesterwegstraße, ganz gleich, ob wir an der Austraße parken oder mit Bus oder Bahn angereist sind. Wir

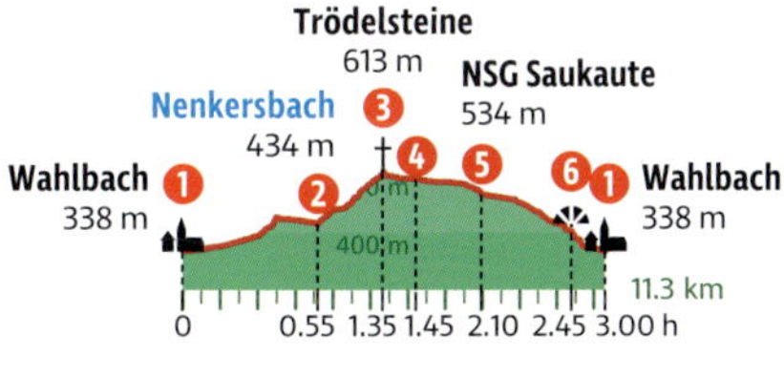

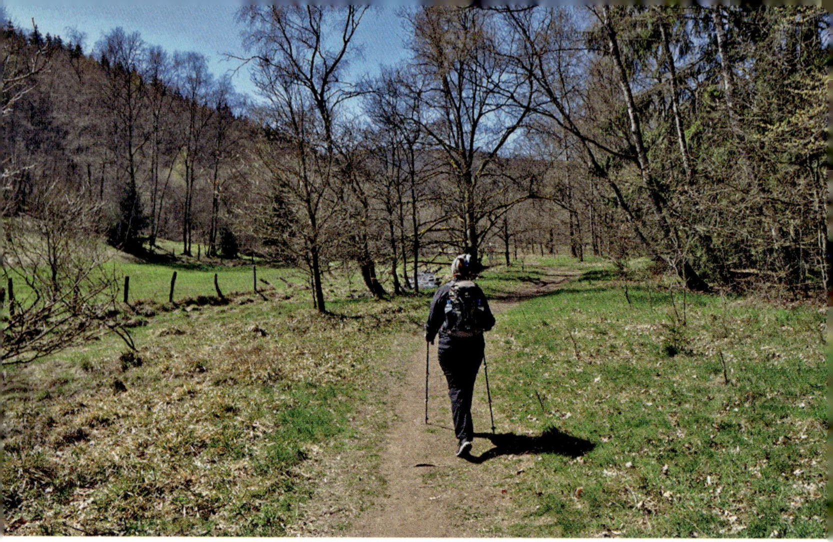

Im heute so stillen Buchhellertal schlug einst der Puls des Burbacher Erzbergbaus.

orientieren uns an der herrlich dahin plätschernden Buchheller und folgen taleinwärts dem Lauf des Flüsschens. Nach einem guten Kilometer gewinnt der Pfad am rechtsseitigen Hang an Höhe, um dann, wieder südwärts führend, durch einen schattenspendenden Laubwald das Seitental des **Nenkersbaches** ❷ zu erreichen. Hier haben die Wegebauer aus der Not eine Tugend gemacht: Sie führen den Weg recht alpin und motivierend durch die durch den Borkenkäferbefall entstandene Waldbrache. Immer höher steigen wir bergan, später auch durch Niederwald, bis wir auf der Höhe die **Trödelsteine** ❸ samt Gipfelkreuz erblicken. Das Naturdenkmal liegt unmittelbar am Siegerlandhöhenring. Eine ausgiebige Pause lohnt sich. Vielleicht überfliegt uns eine der Propellermaschinen, die auf dem Siegerlandflughafen, keine 4 km Luftlinie entfernt, starten. Weiter geht es über den Hauptwanderweg, der hier auch Teil des Europäischen Fernwanderwegs E1 ist, nach Nordwesten. Dabei wandern wir ziemlich genau auf der Landesgrenze zwischen Nordrhein-Westfalen und Rheinland-Pfalz, davon erzählt auch der **Zollstockweg** ❹. Unweit des Naturschutzgebiets Atzelnhardt wenden wir uns nach halbrechts. Ein Picknickplatz macht eine erneute Rast möglich, anschließend werden wir auf naturnahen Pfaden um den Nenkersberg geführt. Das **Naturschutzgebiet Saukaute** ❺ bezaubert mit seinem kleinen Weiher und der Wacholderheide-Szenerie. Von hier geht es nun stetig bergab. Eine schöne **Aussicht auf Burbach** ❻ bietet sich an der Hochspannungsleitung, die wir unterqueren. Ein Zickzackkurs bringt uns zügig zurück zu unserem Ausgangspunkt in **Wahlbach** ❶.

↗ 500 m | ↘ 500 m | 23.6 km

7.00 h

Im romantischen Hickengrund **30**

Große Runde im südwestfälischen Dreiländereck

»Rausche, Fluss, das Tal entlang, ohne Rast und Ruh, rausche, flüstre meinem Sang Melodien zu!« Goethe-Worte im Wetterbachtal. Ein passgenauer Text. Denn allerwegen gurgelt es hier, es plätschert und tropft. Die Hörstationen der Obersdorfer Künstlerin Marlies Obier vertiefen auf dem Berg-und-Tal-Weg im Dreiländereck Nordrhein-Westfalen, Hessen und Rheinland-Pfalz die Eindrücke des romantischen Naturerlebens – im Wetterbachtal und an sechs weiteren Stationen. Unbedingt erzählt werden muss rund um den Großen Stein, 546 m, die alte Sage von Hans Hick. Der machte dem wüsten Treiben des Riesen Wackebold furchtlos und findig den Garaus und siedelte später im Talgrund. Glaubt man der Mär, liegt der Koloss unter den Steinen, mit denen er einst um sich warf, begraben. Glaubt man ihr nicht, mag die wissenschaftliche Erklärung gelten: Der Große Stein ist das Relikt eines erloschenen Vulkans. Dessen Lava erstarrte an der Erdoberfläche zu kantigen Basaltsäulen, die im Laufe der Zeit mehr und mehr zerbarsten. Was geblieben ist, ist ein offenes Blockmeer, eingebettet in eine Naturwaldzelle aus Buchenmischwald. Ein sagenhafter Ort für Pflanzen, Mensch und Tier!

Ausgangspunkt: Burbach-Holzhausen, 391 m, Wanderparkplatz »Zum Großen Stein«; Bahnlinie RB96 »Hellertalbahn« ab Haiger, Haltestelle »Holzhausen«, 15 Min. zu Fuß über die Blau-Kreuz-Heim-Straße und das Naturfreibad zum Wanderparkplatz.
Anforderungen: Meist führt die Route auf Forst- und Wirtschaftswegen, gelegentlich aber auch über schmale Pfade; es braucht Ausdauer.
Einkehr: Am Naturbad am Ausgangspunkt: Da Mimmo, Zum Großen Stein 28, Tel. +49 2736 299515; etwas abseits in Lützeln: Gasthof Schäfer, Oranienstraße 46, Tel. +49 2736 5094522; Der Fiester Hannes, Flammersbacher Straße 7, Holzhausen, Tel. +49 2736 29590, www.fiesterhannes.de.
Varianten: Die weiteste Tour in diesem Wanderführer lässt sich aufteilen in eine Nordschleife (ca. 16 km, ab Wanderparkplatz am Sportplatz in Lützeln) und eine Südschleife (ca. 15 km, ab Wanderparkplatz Hickengrundhalle Niederdresselndorf) samt Verbindungsweg.
Tipp: Auf dem freien Gelände rund um Liebenscheid findet seit 1981 an einem Winterwochenende im Januar/Februar ein international besetztes Schlittenhunderennen statt. Mehr unter www.schlittenhunderennen.liebenscheid.net. Im Sommer bietet sich nach der Tour ein Sprung ins Holzhäuser Naturfreibad an.

Unsere Umrundung des »Romantischen Hickengrunds«, wie diese Rothaarsteig-Spur im südlichsten Siegerland heißt, beginnen wir in **Holzhausen** ❶ am Wanderparkplatz Zum Großen Stein. Wir folgen dem liegenden »R« in Weiß auf Schwarz, das uns durch den Buchenmischwald zügig hinauf zum Basaltblockmeer des **Großen Steins** ❷ bringt. Dazu biegen wir nach knapp 2 km auf der Höhe nach rechts ab, können uns vom Zauber dieses verwun-

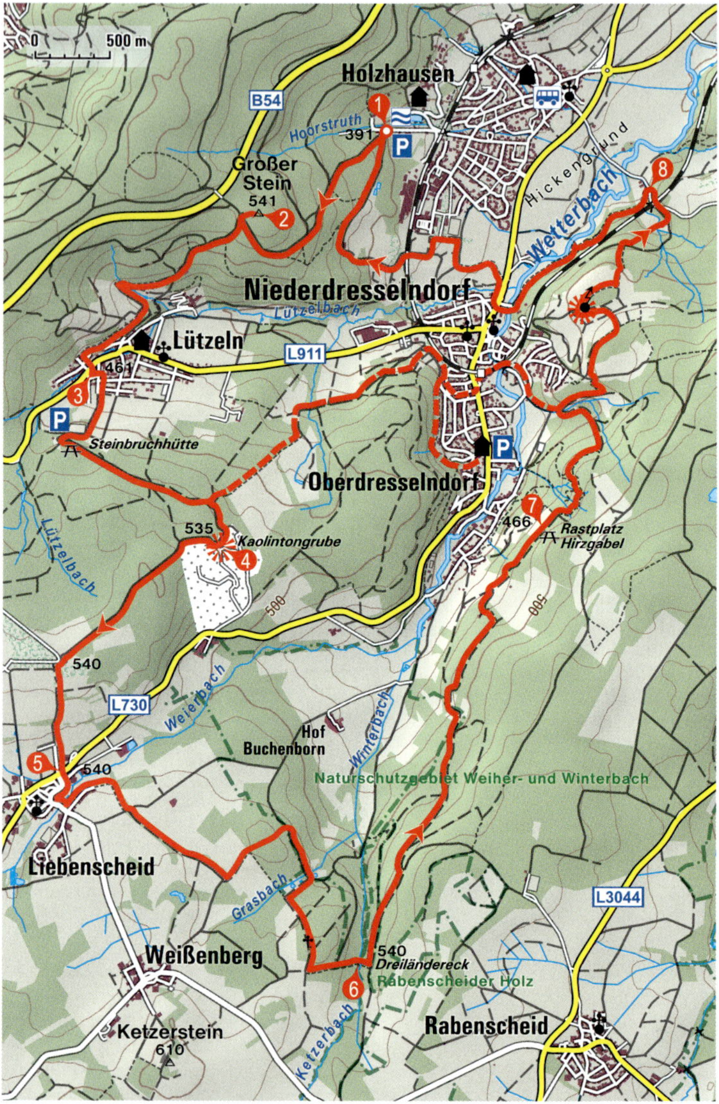

0
500 m
Holzhausen
B54
Hoorstruth
391
Großer
Stein
541
Hickengrund
Wetterbach
Niederdresselndorf
Lützelbach
Lützeln
461
L911
Steinbruchhütte
Oberdresselndorf
466
Rastplatz
Hirzgabel
535
Kaolintongrube
Lützelbach
500
500
540
L730
Weiherbach
Hof
Buchenborn
Winterbach
Naturschutzgebiet Weiher- und Winterbach
540
Liebenscheid
Grasbach
L3044
Weißenberg
540
Dreiländereck
Rabenscheider Holz
Ketzerstein
610
Ketzerbach
Rabenscheid

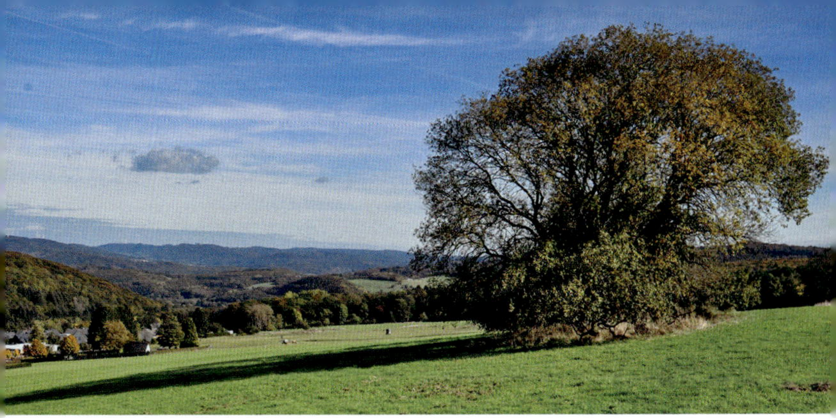

Oberhalb von Lützeln: Blick in den romantischen Hickengrund.

schenen Ortes eine Weile einfangen lassen, um dann wieder auf unseren Hauptweg zurückzukehren. Dieser führt uns nun im Verbund mit dem Rothaarsteig hinab nach **Lützeln** 3. Wir überqueren die Landstraße L911 und wandern über das Hainshof-Sträßlein bergan: zum Sportplatz und zum Grillplatz und auch vorbei am Betonrelikt einer alten Steinbrecheranlage. An der **Kaolintongrube** 4 geht der Blick von der Aussichtsplattform weit über den Hickengrund hinaus. Seit den 1920er Jahren wird an diesem Ort der hellbrennende plastische Schieferton, die »Porzellanerde«, gefördert. Wir wandern alsdann auf die Landesgrenze zwischen Nordrhein-Westfalen und Rheinland-Pfalz zu, die wir im Bereich des Siegerlandflughafens erreichen. In der Ferne sehen wir Tower, Hangars und Lagerhallen, nah ist die Anflugbefeuerung, die uns ein Stück des Weges hinab nach **Liebenscheid** 5 begleitet. Wir sind im Westerwald! An der Hauptstraße macht eine Wandertafel neugierig: Hier beginnt der Missionsweg Nord-Nassau; wir befinden uns damit auf den Spuren von Männern und Frauen, die seit 1840 in dieser Gegend als Missionarinnen und Missionare nach Asien und Afrika aufgebrochen sind. Die Evangelische Kirche von Hessen und Nassau hat diesen 20 km langen Weg nach Haiger eingerichtet. Uns lockt das Fernweh sowieso, denn wir sind gerade unterwegs auf dem Europäischen Fernwanderweg E1, und zwar ziemlich genau in der MItte zwischen Grövelsjön in der schwedischen Region Dalarna und dem umbrischen Dörf-

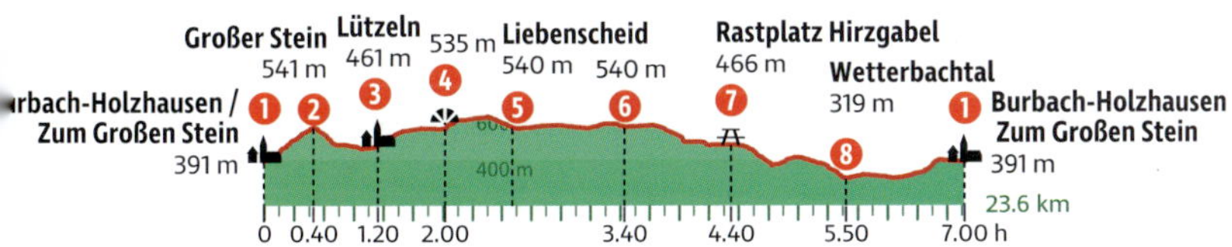

chen Castelluccio. Rund 1500 km wären es sowohl nach Norden als auch nach Süden. Wir überqueren die Hauptstraße und wandern über Mühlstraße, Langgasse und Gartenstraße wieder aus Liebenscheid hinaus. Dabei sollten wir gut auf unsere Markierung achten, denn der Weg wechselt nun häufiger seine Richtung. An der Brücke, die über den Ketzerbach führt, haben wir das **Dreiländereck** 6 erreicht. Einst grenzten an dieser Stelle das Herzogtum Nassau und das Königreich Preußen aneinander; ein alter Grenzstein ist erhalten geblieben.
Jenseits der Brücke wenden wir uns an der nächsten Abzweigung links und wandern zunächst gut 3 km nach Norden. Orientierung gibt uns die durchweg gute Markierung. Am **Rastplatz Hirzgabel** 7 bietet sich noch einmal eine Pause an, ehe der Weg den östlichen Rand des Hickengrunds weitere rund 2 km lang durchmisst. Aussichtsreich geht es zu auf den Wiesen und Weideflächen hoch über dem Wetterbachtal. Wir steigen nun von der Höhe ab und erreichen hinter dem Bahntunnel an der Kreisstraße K15 das mit Pflanzen, Vögeln und Schmetterlingen so reich gesegnete **Wetterbachtal** 8. An der Furt über den Bach wäre eine tolle Gelegenheit zu einer kleinen Pause vor dem »Schlussspurt«, auch um sich noch einmal von Dichterromantik bezirzen zu lassen. Nach Niederdresselndorf kommen wir über die Straße Zum Markt. Hier wenden wir uns nach rechts, gelangen an die Westerwaldstraße, überqueren diese und folgen ihr ein Stück nach rechts. Über freies Gelände und am Holzhäuser Sportplatz vorbei geht es nun linkerhand hinauf zur Bahn und via Brücke über diese hinweg. Ein kurzer steiler Anstieg fordert uns erneut, ehe der Weg uns sanft zurück zum Wanderparkplatz Zum Großen Stein in **Holzhausen** 1 bringt.

Der Große Stein: eine von Bäumen umstandene ausgedehnte Blockhalde und auch ein verwunschener Ort.

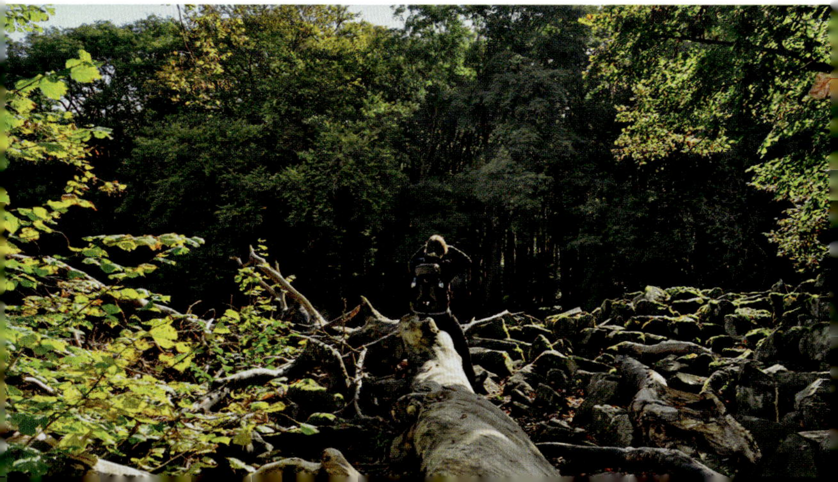

↗ 450 m | ↘ 470 m | 19.1 km

5.30 h

Unterwegs im Freien Grund

Salchendorf – Wiederstein – Hohenseelbachskopf

Was macht denn der Basketballkorb mitten im Wald? Er wartet auf Menschen, die zielen und werfen. »Spiel und Bewegung« ist eine Station auf dem Erlebnisweg Luisenpfad bei Wiederstein. Und dieser ist auf dem Neunkirchener Weg »Ansichten – Aussichten« eine kleine Überraschung. Wir sind unterwegs im Freien Grund und damit in einem Südsiegerländer Landstrich, der einst als »Gebiet der freien Männer« galt – oder, wie es in der ersten urkundlichen Erwähnung 1048 hieß, als »praedium virorum liberorum«. Wer hier lebte, unterstand unmittelbar dem Schutz des Kaisers. Vom 14. bis zum anfangenden 19. Jahrhundert teilten sich die Herrschaft über die Region die Grafen von Nassau und Sayn – die »freien Männer« konnten aber zum Teil ihre Unabhängigkeit wahren. Die von Kunstwerken gesäumte Route erschließt den Freien Grund in einem weiten Bogen. Die komplette Runde dieses »Wanderhöhepunkts rechts und links des Rothaarsteigs« ist über 37 Kilometer lang, sie lässt sich aber gut in zwei Abschnitte unterteilen. Wir wählen den südlichen Teil – mit dem sagenumwobenen Hohenseelbachskopf, 504 m, und mit dem Silbersee im Naturschutzgebiet Malscheid.

Ausgangspunkt: Neunkirchen-Salchendorf, 286 m, Parkplatz an den Sportanlagen am Ludwigseck bzw. am Familienbad Freier Grund, Wildener Straße; Buslinie R12 Haltestelle »Salchendorf Ludwigseck« ab Neunkirchen Postamt.
Endpunkt: Struthütten, 264 m, Ortsmitte bzw. Bahnhof; mit den Buslinien R23 oder L230 ab Haltestelle »Ort« oder mit der Bahnlinie RB 96 (Hellertalbahn) geht es nach Neunkirchen, von dort zum Ludwigseck mit der Buslinie R12; alternativ Taxi Weiss, Tel. +49 2735 656365.
Anforderungen: Abwechslungsreiche, aber lange Streckenwanderung meist auf gut ausgebauten Wegen; Ausdauer erforderlich.
Einkehr: Gaststätte Hohenseelbachskopf, Mi.–So. ab 11 Uhr, Tel. +49 2735 2510, Übernachtung ist möglich, z. B. in einer urigen Blockhütte.
Tipp: Diese Strecke wird Familien mit jüngeren Kindern vermutlich zu viel abverlangen. Deshalb könnte der Erlebnisweg Luisenpfad ein eigenes Ziel sein: 2,4 km lang führt er vom Wanderparkplatz Wiederstein mitten in die Natur – ein (inter-)aktives Vergnügen. Und natürlich laden Hohenseelbachskopf und Silbersee auch abseits des Weitwanderwegs zum Herumstromern in der Natur ein. Wer sich am Ende erfrischen will, badet im Familienbad Freier Grund in Salchendorf.

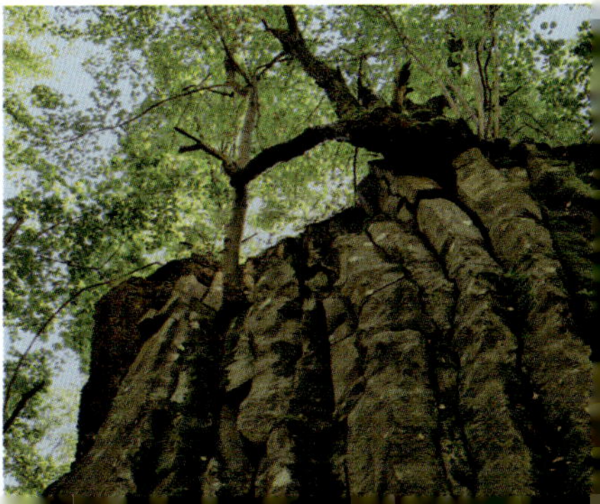

Im Wald versteckt: die Basaltblöcke am Hohenseelbachskopf.

Unseren Einstieg in den Weg »Ansichten – Aussichten« nehmen wir am Ludwigseck im **Neunkirchener Ortsteil Salchendorf** ❶ und wandern, von der schwarz-weißen Signatur des »Wanderhöhepunkts« geführt, den Nordhang des Leyenkopfs bergan. Wir queren das »Bähnchen«, die Trasse der einstigen Schmalspurbahn zur Grube Bautenberg bei Wilden, und erfreuen uns bald an einem ersten Panoramablick auf Salchendorf. Unser Weg führt auf die Höhe, dann aber nicht auf direktem Weg hinunter nach Wiederstein, sondern über das ländlich anmutende **Volkersbachtal** ❷. Am Wegweiser in der Zeppenfelder **Bahlemich** ❸ ändert eine spitze Kehre unsere Richtung. Wir kommen an einem Schulwald vorbei und genießen das fast alpine Vergnügen auf dem Luisenpfad. Dieser führt vorbei am Ehrenmal ins Hellertal. Wir überqueren an der naturgeschützten Aue die Heller, die bei Betzdorf in die Sieg mündet. Jenseits der Frankfurter Straße stoßen wir auf die **Wiedersteiner** ❹ Kapellenschule, 1759 erbaut, bis 1953 als Schule und heute als Heimatstube genutzt. Die Langenholzstraße bringt uns auf halbe Höhe, wir halten uns vor dem Wald rechts, gehen mitten durch sattgrüne Wiesen und genießen den grandiosen Blick auf Neunkirchen. Ganz nah führt uns der Weg an Altenseelbach heran, doch bei den **Tennisplätzen** ❺ heißt es erneut: »Kehrt!« Nun beginnt der lange, aber wunderschöne und über weite Strecken schnurgerade Aufstieg zum Hohenseelbachskopf. Rund 600 m nach dem Abzweig an den Tennisplätzen geht es vom geteerten Weg rechts ab, wenig später wieder links herum, dann aber sehr geradlinig auf die Höhe. An der Landesgrenze zu Rheinland-Pfalz treffen wir auf den Siegerlandhöhenring, der hier parallel zum Europäischen Fernwanderweg E1 verläuft. Wir folgen diesen weiten Wegen bis zur Gaststätte **Hohenseelbachskopf** ❻. Man trifft sich auf dem »Köppel«; hier ist eine Pause ein Muss, auch um der Geschichte dieses geologisch wie historisch

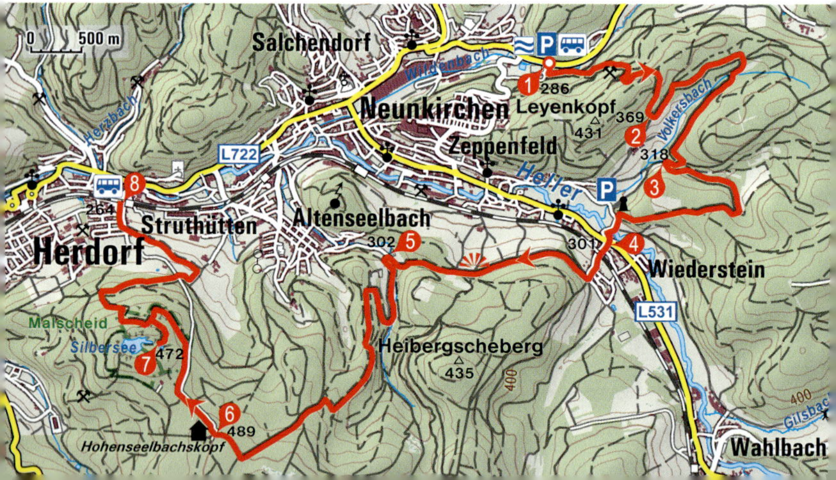

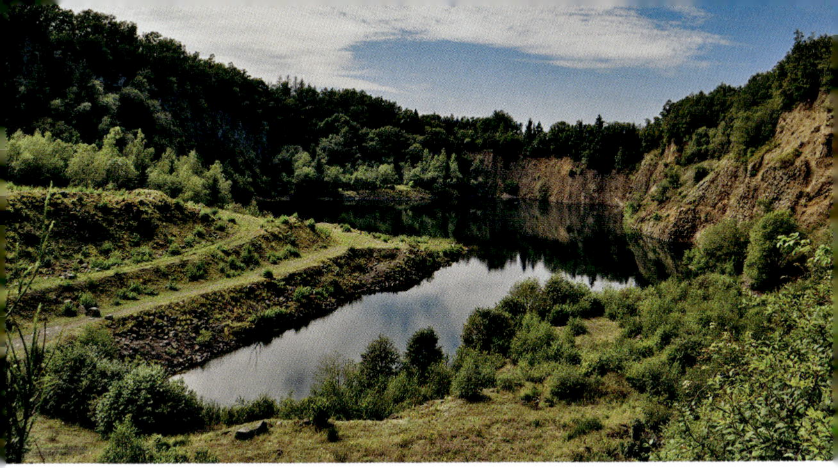

Der Silbersee im Naturschutzgebiet Malscheid. Anschauen erwünscht, Baden verboten!

bemerkenswerten Ortes mit vulkanischem Ursprung nachzuspüren. Von der einst enormen Basaltsäulenkuppel sind seit dem massiven Abbau in den Anfängen des 20. Jahrhunderts nur noch Reste zu sehen. Zu erzählen wäre von den vermeintlichen Raubrittern von Seelbach, deren 1350 angelegte Burg der Trierer Erzbischof schon nach zwei Jahren zerstören ließ, und auch von einer frühen keltischen Besiedlung. Auf der nahen Malscheid, die wir auf dem Weiterweg nach rund 2 km über einen nach links führenden Abzweig erreichen, wurde ebenfalls Basalt abgebaut – noch bis in die 1950er Jahre. Ein Ergebnis ist eine große Grube, die sich über die Jahre mit Wasser füllte und zum **Silbersee** 7 wurde, einem Naturschatz. Wir lassen uns von der Aussichtsplattform aus vom Zauber dieses zum Glück ein wenig versteckten Kleinods einnehmen. Baden ist hier strikt verboten.
Zurück auf dem Hauptweg kommen wir noch einmal der Landesgrenze sehr nah, haben Herdorf unmittelbar vor Augen, wenden uns aber oberhalb des Hellerstädtchens an einem Abzweig nach rechts. Es geht auf Altenseelbach zu. Bevor wir den Struthof Capito erreichen, biegen wir nach links in einen schönen Weideweg ein. Er führt uns zum Malscheider Weg und über diesen nach **Struthütten** 8, dem Endpunkt unserer Wanderung.

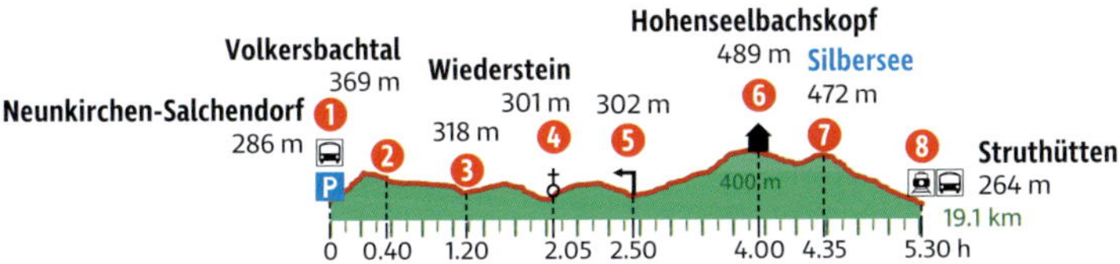

↗ 100 m | ↘ 100 m | 5.0 km

32 Vom Steimel zur Grube Jäckel

1.30 h

Mikroabenteuer auf schottrigen Halden

»Aussichtspunkt Halde Jäckel mit Ruhebank nach 250 m« – in Weiß auf Grün steht das geschrieben. Und diesem Wegweiser sollte unbedingt folgen, wer auf dem Neunkirchener Rundweg N1 unterwegs ist. Denn der Abstecher lohnt sich nicht nur wegen der Panoramasicht ins Hellertal und zum Hohenseelbachskopf. Er hat das Zeug zum Mikroabenteuer: Ein schmaler Pfad führt über die Abraumhalde der Grube Jäckel und damit auch vorbei an Relikten des Erzbergbaus. Spektakulär ist die rote Bank am Steilhang der schottrigen Halde platziert, daneben gibt es einen Picknickplatz, junge Birken spenden Schatten. Schon vor 1812 wurde am Altenberg Erz abgebaut, lange Zeit über Stollen, ab 1936 auch über einen Förderschacht. Freilich war da die Blütezeit der Grube bereits um, sie wurde 1940 stillgelegt. Am Steimel, wo unsere Runde ihren Anfang nimmt, finden sich auch noch Spuren der einstigen Verbundgrube. Die Erzförderung begann auch hier vor 1812. Der Ertrag war groß, die Belegschaft auch – bis zu 300 Personen in der Spitze. Die Grube wurde 1931 endgültig aufgegeben.

Ausgangspunkt: Ausflugslokal Zum Steimel, 430 m, Neunkirchen; ein Zustieg aus dem Tal ist über den Wanderweg »Ansichten – Aussichten« ab Struthütten möglich: Buslinien ab Neunkirchen R23 und L230, Haltestelle »Ort«; Bahnlinie RB 96 (Hellertalbahn), Bedarfshalt Struthütten, Gehzeit ca. 20 Min., ca. 1 km bergan, ab Kölner Straße über die Straße Am Altenberg und am Alten Friedhof vorbei.
Anforderungen: Ein Ausflug für die ganze Familie – durchaus kinderwagentauglich.
Einkehr: Ausflugslokal zum Steimel, Neunkirchen, Steimelsweg 99, Di. bis So. ab 11 Uhr, Tel. +49 2735 600679, www.steimel-neunkirchen.de.

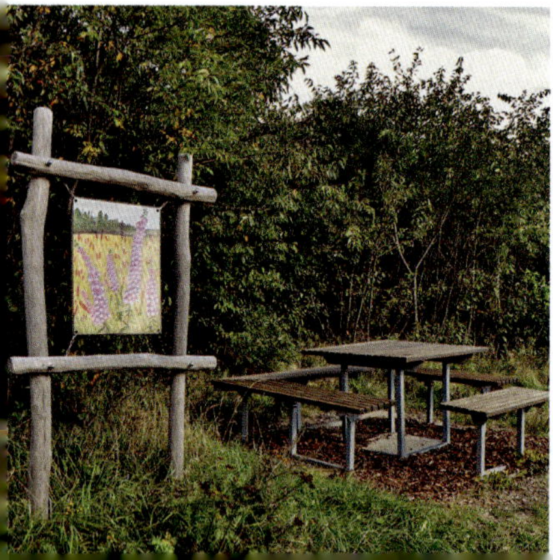

Knapp 2 km nördlich von Neunkirchen wenden wir uns vom Platz vor dem Ausflugslokal am **Steimel** ❶ nach Westen. Auf einem Pfad gehen wir an dem benachbarten Wohnhaus vorbei und kommen auf einen breiten Weg. Am Wegdreieck mit Picknickplatz kommt von links ein Weg aus Neunkirchen herauf, nach rechts geht es ins Kunstertal. Auch das ein bemerkenswerter Ort in der Siegerländer Bergbaugeschichte.

Kunst und Picknickbank am Wegedreieck.

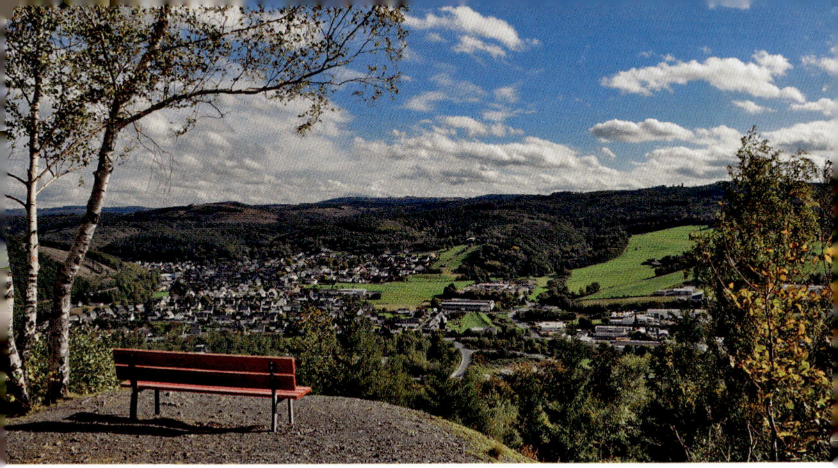

Ein toller Aussichtsplatz: die Halde Jäckel über Struthütten.

Ob in dem Tal der Bergbau tatsächlich noch einmal reaktiviert werden könnte, wird zumindest diskutiert. Denn es gibt sogar internationale Begehrlichkeiten in Sachen Kobalt.
Nach einem guten Kilometer halten wir uns auf breitem Wege an einem Abzweig am Altenberg halblinks, blicken wenig später auf Herdorf und sehen dabei auch die große Abraumhalde der Friedrichshütte. Unser Weg berührt den großen Neunkirchener Rundwanderweg »Ansichten – Aussichten«: Hier wird der Wald zum Ausstellungsraum, denn Bilder heimischer Kunstschaffender unterstreichen die Panoramen der Landschaft als farbige Akzente. Übrigens auch am **Abzweig zur Halde Jäckel** ❷, wo wir uns Zeit zum Haldenbummel nehmen sollten.
Zurück auf dem Hauptweg führt uns dieser zunächst parallel zum Hellertal, später in nordöstlicher Richtung. Vom **Steimelsweg** ❸ geht es links hinauf zum Ausgangspunkt am **Steimel** ❶.

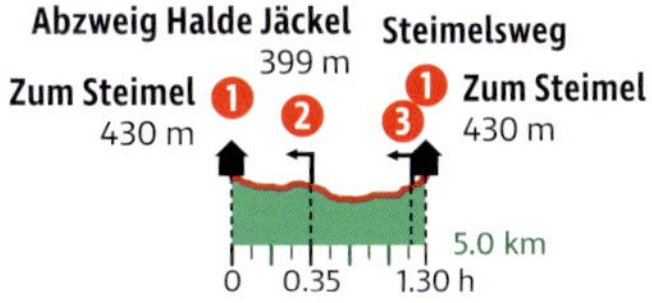

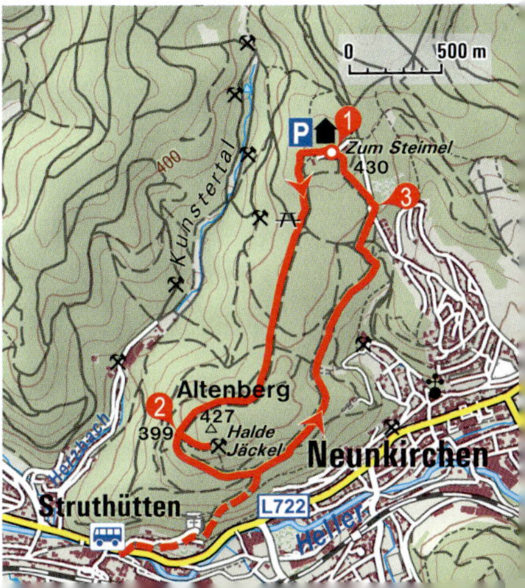

↗ 330 m | ↘ 380 m | 16.7 km

33 Von Herdorf zur Freusburger Mühle

4.30 h

Zwischen Heller und Sieg: Druidenstein, Ottoturm und Burgenblick

Das Vulkangestein Basalt begegnet uns beim Wandern im Siegerland, zumal in Grenznähe zum Westerwald, an verschiedenen Orten. Die beeindruckendste Basaltformation ist dabei der Druidenstein. Rund zwanzig Meter ragt er in die Höhe, gekrönt von einem Gipfelkreuz und umgeben nicht nur von Bäumen, sondern auch von Mythen und Sagen. Es wird vermutet, dass die Kelten den einst noch höheren Stein als religiöse Stätte (Druiden!) nutzten. Heute ist er Ziel einer Himmelfahrtsprozession: Von Herkersdorf geht ein Kreuzweg zum Naturdenkmal hinauf. Unsere Tour führt vom Hellertal ins Siegtal und wartet mit großartigen Landschaftsbildern auf. Druidenstein, Ottoturm und Freusburg sind echte Highlights für den Familienausflug, dann aber sollten kürzere Zuwege gewählt werden.

Ausgangspunkt: Herdorf, 240 m, Bahnhof; Bahnlinie RB96 ab Betzdorf, Haltestelle »Herdorf«; Buslinie R23 ab Neunkirchen, Haltestelle »Bahnhof/Rathaus«.
Endpunkt: Kirchen, 194 m, Bahnhof; Buslinie 295 zurück nach Herdorf.
Anforderungen: Gute Grundkondition, gerade im ersten Teil lange Anstiege; die Wege sind überwiegend breit, nur gelegentlich begehen wir schmale Pfade.
Einkehr: Katzenbach: Hotel & Restaurant »Zum Weißen Stein«, täglich abends geöffnet, mittags nur an Sonn- und Feiertagen, bei größeren Gruppen ist nach Absprache auch ein Mittagstisch möglich, Tel. +49 2741 95950, www.zum-weissen-stein.de; Freusburg: Café Auf der Burg, vorab telefonisch die aktuellen Öffnungszeiten erfragen, Tel. +49 2741 931583.
Variante: Für einen Besuch der Freusburg (Einkehr) überqueren wir die Sieg, halten uns rechts entlang der B62 und gehen hinauf nach Freusburg: 1,3 km, 20 Min.; dann zum Bahnhof »Freusburg-Siedlung« wandern, ca. 2 km, und mit der Bahnlinie RB93 zum Bahnhof Kirchen bzw. zum Bahnhof Betzdorf, von dort mit der RB96 an den Ausgangspunkt zurück.
Tipp: Hoch über dem Siegtal thront die Freusburg. Seit 1928 wird die bis ins frühe Mittelalter zurückgehende Höhenburg als Jugendherberge genutzt. Mit ihren dicken Mauern, den Wehrtürmen, mit Burggraben, Burgkeller und festlichem Rittersaal ist sie ein Abenteuerort für kleine und große Leute und eine Übernachtungsempfehlung, Tel. +49 2741 61094, www.djh-wl.de/freusburg.

Im Hellerstädtchen **Herdorf** ❶ startet unsere Tour am Bahnhof und bringt uns nach links über Bahnhofsweg und Körnerstraße zur Hauptstraße. Wir wandern zunächst auf dem gelb markierten Druidensteig-Zuweg. Dieser führt uns über die rechts abzweigende Hellerstraße erst über die Heller, dann erneut nach rechts durch die Burgstraße und die Straße In den Buchen nah am Wasser entlang. Über eine Treppe geht es nach links bergan. Kurz streifen wir noch einmal die Burgstraße, ehe der Weg in den Wald eintaucht. Einen ersten Halt machen wir am **Kreuz auf der Ley** ❷, wo sich eine beeindruckende Aussicht bietet. Tief unter uns schauen wir auf die

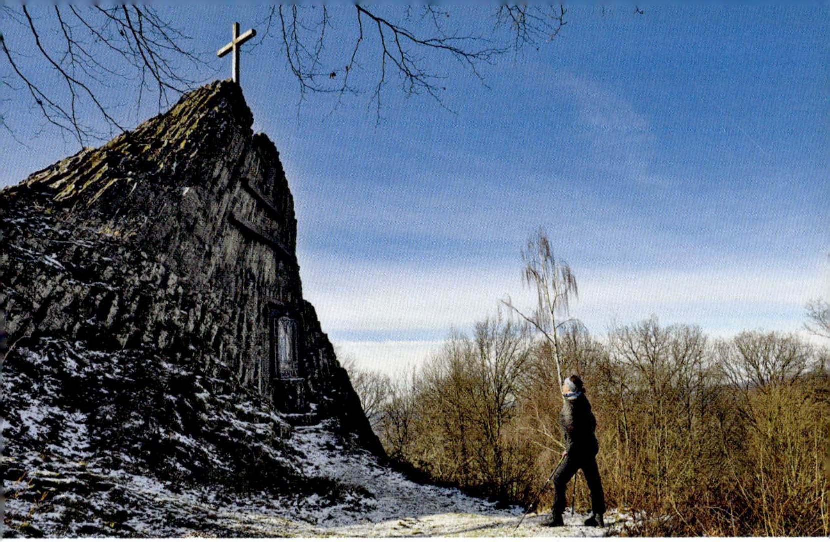

Top-Ziel auf einer tollen Tour: der Druidenstein.

vom Hüttenwesen geprägte Stadt Herdorf. 2000 Arbeiter waren nach dem Ersten Weltkrieg auf der Friedrichshütte beschäftigt. Als beredte Zeugnisse geblieben sind die riesige Schlackenhalde und das Hüttenhaus, ein Ort für Theater, Konzerte und gesellschaftliches Leben. Über den stattlichen Bau der St.-Aloisius-Kirche hinweg geht unser Blick hinüber zur Malscheid und ins Gebiet des Hohenseelbachskopfs.

Über einen naturnahen Pfad überschreiten wir die kleine Kuppe über dem Leyfelsen und kommen in ein ausgedehntes forstwirtschaftlich genutztes Gelände. Wir folgen strikt unserem gut markierten Weg über etliche Windungen hinweg und fühlen uns mitunter ganz klein als Mensch in diesem Landschaftspanorama hoch über dem Hochgrünebach-Tal. Nach ziemlich genau 4 km trifft der Zubringer auf die von Sassenroth kommende Hauptroute. Der Wegweiser am Druidensteig kündet an: noch 2,6 km bis zum Druidenstein. Auf dem Weiß auf Schwarz markierten Steig geht es weiter aufwärts; erst beim Erreichen der Straße, die von Dermbach über die Höhe nach Offhausen führt, haben wir den höchsten Punkt unserer Tour erreicht. Es geht sofort über einen Pfad erneut in den Wald. Vom Wanderparkplatz Druidenstein wandern wir dann über einen breiten Weg am Sportplatz vorbei zum **Druidenstein** 3. Der stattliche Fels, seit einem Blitzeinschlag 1979 mit Stahlbetonbalken gestützt, beeindruckt nachhaltig.

Wir verlassen das Gelände nach Norden und gehen rund 300 m auf der Fahrstraße bergab. Dann halten wir uns rechts und treffen beim Pferdehof Weller auf den Natursteig Sieg. Dessen weiß geschwungenes S auf blauem

Grund begleitet uns ab jetzt und bringt uns zunächst nach **Offhausen** ❹. Wir überqueren die Straße Im Wiesengrund und durchqueren das Kita-Areal zum Sträßlein Am Rehzug hin. Wo die Wohnbebauung beginnt, geht es für uns links hinauf, schnurstracks an Zäunen entlang zum Sonnenhang, wo wir uns nach links, zum Wald hin wenden. Erst geradeaus, dann halbrechts und auf der Höhe wieder links, steuern wir nun den **Ottoturm** ❺ an. Das Prädikat »Aussichtsturm« hat sich das 1911 vom Kirchener Millionär Otto Stein initiierte Bauwerk redlich verdient. Der Zahn der Zeit machte Abriss und Neubau nötig – seit 2010 blickt man von gut 18 Metern Höhe ins Land. Wunderbar zu sehen sind die Freusburg und der Giebelwald und

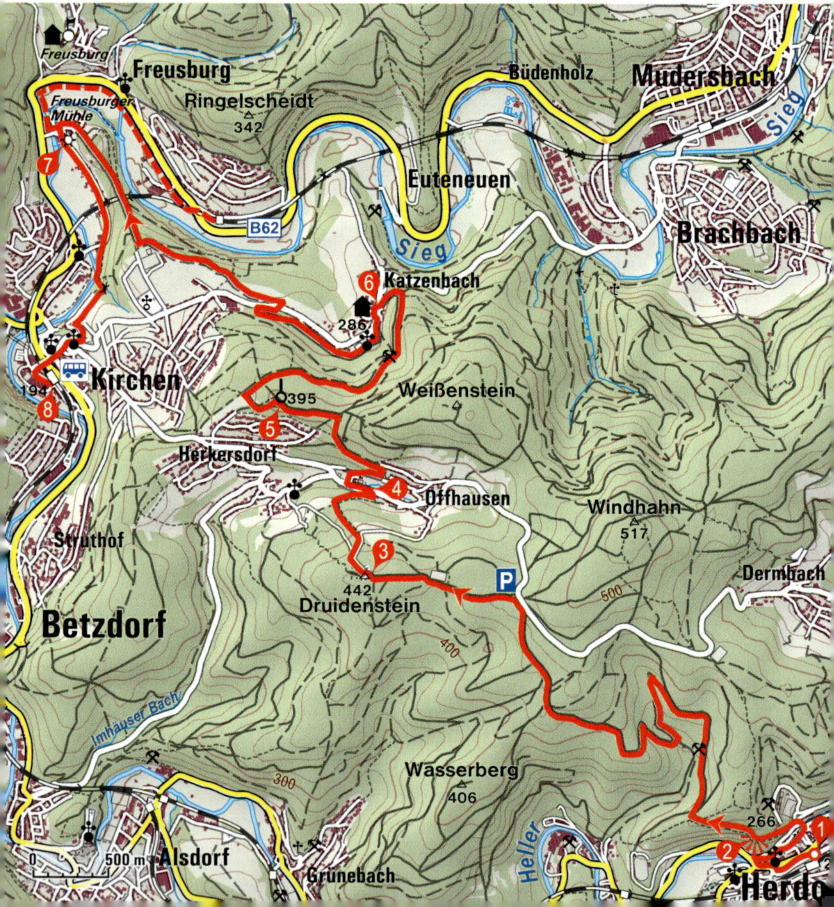

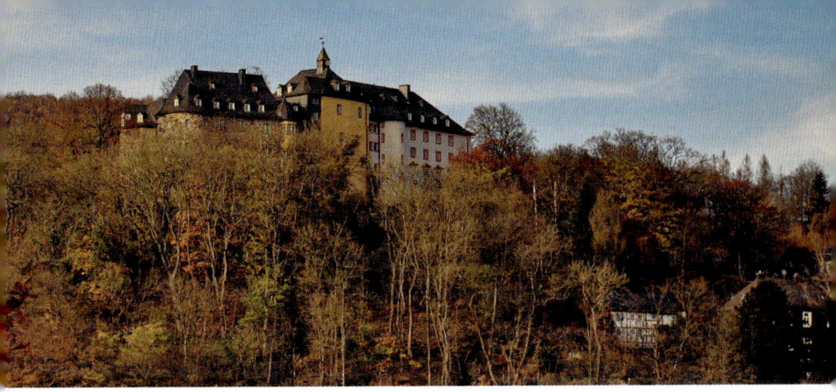

Die Freusburg thront hoch über dem Siegtal. Auf unserem Weg haben wir sie beim langen Abstieg häufig im Blick.

die Höhen des Westerwaldes, nach Nordosten geht der Blick siegaufwärts weit über die Siegtalbrücke hinweg. Wir setzen unseren Weg zunächst halbrechts, dann nach links und am Rande einer großen Wiese wieder nach rechts und bergab fort, ehe wir erneut nach rechts abbiegen und zunächst fast höhengleich auf Katzenbach zu wandern. Die Beschilderung sollte uns dabei nicht irritieren – unsere grobe Richtung ist nun Mudersbach! Nach knapp 11 km der gesamten Strecke erfolgt ein Schwenk nach links, sodass wir genau beim **Hotel Zum Weißen Stein** 6 auf die Katzenbacher Dorfstraße treffen. Wir wenden uns nach links, biegen gleich wieder links ab und wandern bis zum erneuten Zusammentreffen mit der Fahrstraße an Katzenbach vorbei. Auf der anderen Seite der Durchgangsstraße gehen wir erst rechts, dann scharf links.

Es beginnt nun ein genussvoller, nur mäßig steiler Abstieg, ständig garniert mit dem Blick zur Freusburg. Über den lang gezogenen Sporn, der die Sieg im Tal zur Schleife zwingt, erreichen wir das zum edlen Quartier gestaltete Gelände der **Freusburger Mühle** 7. Bis 1978 wurde hier Korn zu Mehl gemahlen, seitdem dient die Kraft des Wassers ausschließlich zur Stromerzeugung. Hier beginnt der rund 2 km lange Weg entlang der Sieg zum **Bahnhof Kirchen** 8.

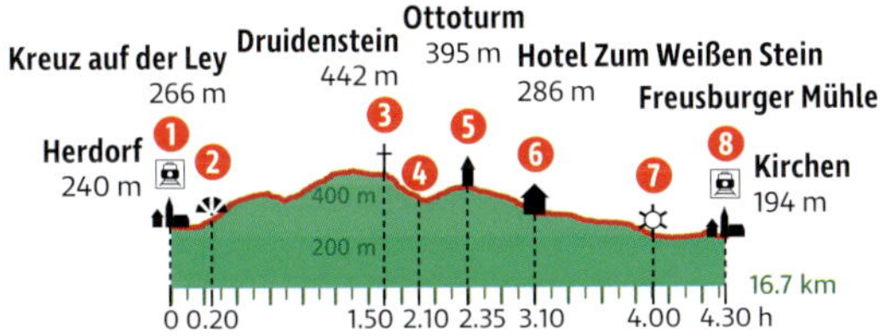

↗ 400 m | ↘ 400 m | 16.0 km

34 Von Gosenbach zum Giebelwald

4.45 h

Auf der Spur von Erz und Holz

Erz, Wasser, Holz – der Giebelwald birgt seine Naturschätze und gibt sie zugleich frei. Der lang gestreckte, nahezu unbesiedelte Höhenzug auf nordrhein-westfälischem und rheinland-pfälzischem Grenzgebiet erlaubt (inzwischen) weite Blicke ins Siegerland. Trotz der massiven Fällungen der Fichtenplantagen ist der Giebelwald ein Wald, wie er im Buche steht: mit großartigem Buchenwaldbestand, dem guten alten Haubergswald, mit Waldameisen und verwunschenen Waldwegen. Wir steigen vom Siegener Stadtteil Gosenbach aus auf. Bis 1942 wurde hier die Grube Storch & Schöneberg betrieben. Sie galt mit einer Gesamtteufe von zuletzt 1162,7 m bis dahin als tiefste Eisenerzgrube Europas. Aus dem einstigen Maschinenhaus wurde 1958 die evangelische Kirche. Entlang des Weges begegnen uns weitere Spuren der Bergbaugeschichte. Dabei lockt mit der Ausgrabungsstätte Gerhardsseifen ein echter Höhepunkt: Archäologen legten hier zwei sehr gut erhaltene eisenzeitliche Verhüttungsöfen frei – mit Schlackenhalde, Röstgrube, den Pfostenlöchern einer Bebauung und einer Schmiedehalde. Mit den Hightech-Öfen der Keltenzeit produzierten die Hüttenleute von einst erhebliche Mengen an Stahl. Auch im Mittelalter wurde in diesem Siegerländer Tal Holz zu Kohle verarbeitet und damit Eisen verhüttet.

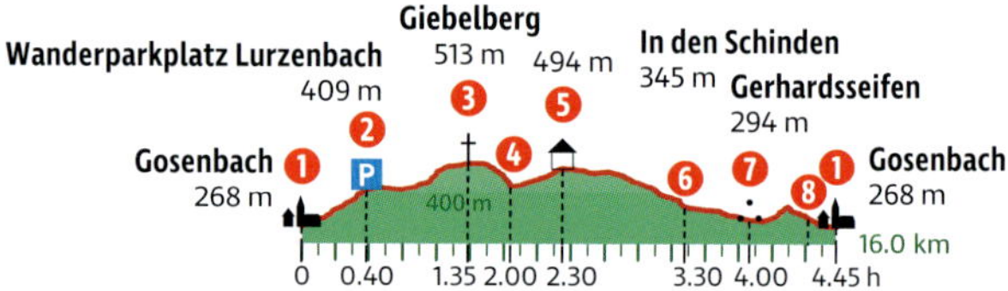

Ausgangspunkt: Gosenbach, 268 m, Parkplatz Edeka (nach Absprache); Buslinie 101 ab Siegen, Haltestelle »Gosenbach Ortsmitte«.
Anforderungen: Abwechslungsreiche, aber lange Tour mit einem schönen Mix aus Forstwegen und schmalen Pfaden.
Einkehr: Hotel Gasthof Lange in Gosenbach, Mi.–So. ab 17.30 Uhr, sonn- und feiertags auch 12–14 Uhr, Tel. +49 271 354117, www.gasthof-lange.de.
Tipp: Die Ausgrabungsstätte Gerhardsseifen, ein Projekt des Vereins »Ein Siegerländer Tal«, ab Frühjahr 2023 zu besichtigen; der »EisenZeitReiseWeg« führt an zwölf Stationen mit Stelen der Künstlerin Marti Faber zurück in die Zeit der Kelten, www.einsiegerlaendertal.de.

Wir starten unsere Giebelwaldrunde in **Gosenbach** ❶ an der Gosenbacher Hütte, gehen an der evangelischen Kirche vorbei zum Freisberger Weg, der uns zur Lurzenbacher Straße und von dort zum Ortsrand führt.

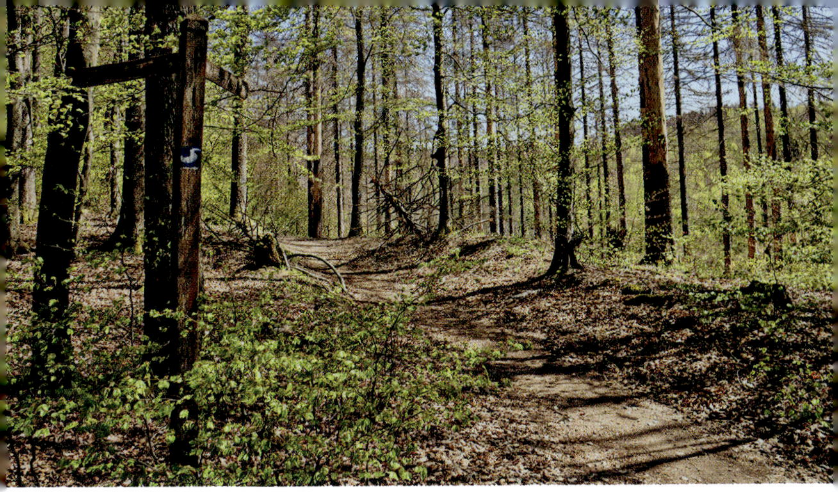

Unsere Giebelwaldrunde trifft auf den Natursteig Sieg.

Auf geradem Weg geht es zum Teil durch Wiesengelände hinauf zum **Wanderparkplatz Lurzenbach** 2. Wir halten uns links und folgen dem hier mit X markierten Europäischen Fernwanderweg 1 zunächst bis zum **Giebelberg** 3 mit seinem Gipfelkreuz. Wir umrunden den höchsten Punkt des Giebelwalds zum Teil auf naturnahen Pfaden an seiner Westseite. Steil geht es dann hinab bis zum blau-weiß markierten **Natursteig Sieg** 4. Wir folgen dem Wegweiser nach links Richtung Mudersbach und wandern bis zu einer **Schutzhütte** 5. Hier halten wir uns zunächst geradeaus, bis uns der Weg allmählich bergab auf den »Erzquellweg« bringt. Dieser rot-weiß gekennzeichnete »Erlebnisweg Sieg« führt uns ins Schindebachtal, wo im Jahr 1930 Dutzende Verhüttungsöfen aus der La-Tène-Zeit entdeckt wurden. Am nächsten Abzweig verlassen wir den »Erzquellweg« nach links und gelangen zur Fachwerksiedlung **In den Schinden** 6. Wir gehen die Straße ein kurzes Stück hinab, biegen dann nach links in die Jägerstraße ein, die uns wieder hinaus aufs freie Feld führt. Im Tal glitzert das Wasser des Schinderweihers, er wird seit 1927 als Naturfreibad betrieben. Nach rund 800 m macht der Hauptweg eine Rechtskurve. Wir halten uns hier links, um kurz darauf auf einem etwas versteckten steilen Pfad am Rand der Lärchen abwärts zu gehen. Nach 100 m wird das Weglein, nach links führend, wieder zum Weg, der uns ins Tal und zu einer Kreuzung bringt. Wir gehen über diese Kreuzung und weitere 200 m geradeaus und gelangen so zur Ausgrabungsstätte **Gerhardsseifen** 7. Von dort kehren wir zur Wegkreuzung zurück und wandern nach links zum Sportplatz Am Rosengarten. Beim geschotterten Parkplatz halten wir uns links und gehen nun durch Wald zum Teil steil bergan. Am Funkmast und an dem Mast der Hochspan-

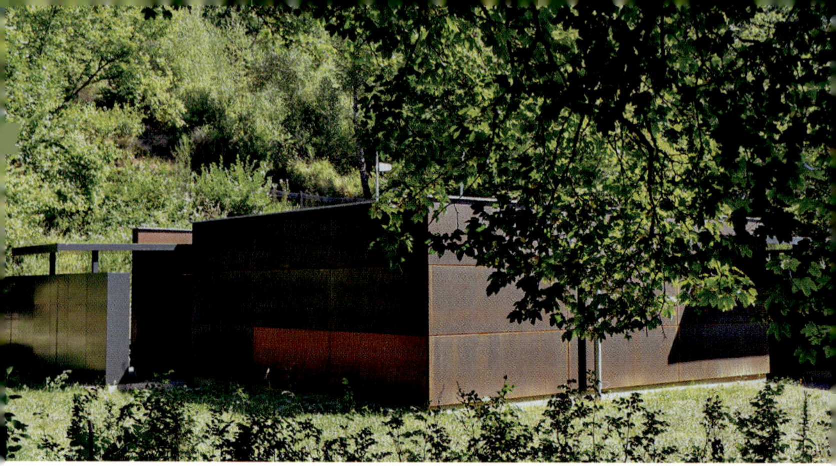

Zur Ausgrabungsstätte Gerhardsseifen führt der »EisenZeitReiseWeg«. Der Schutzbau markiert spektakuläre Funde aus Eisenzeit und Mittelalter.

nungsleitung gehen wir links vorbei und lassen uns dann vom Lauf eines schmalen Weges durch typischen Siegerländer Haubergswald nach Gosenbach führen. Der Wald entlässt uns am **Schachtweg** 8. Diesem folgen wir bergab. Es öffnet sich nach links noch einmal ein interessanter Blick auf eine einst enorm produktive »Stahlküche«, die Charlottenhütte bei Niederschelden. Der Schachtweg mündet in die Straße Am Honigsmund; über diese gelangen wir wieder zum Ausgangspunkt an der Gosenbacher Hütte in **Gosenbach** 1.

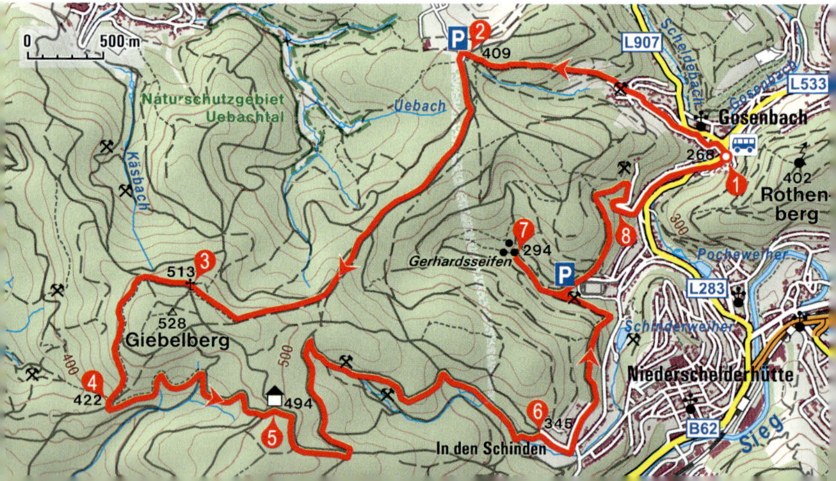

↗ 160 m | ↘ 160 m | 7.0 km

2.00 h

Von Niederfischbach zum Giebelwald

Aussichtsreiches Vergnügen mit Tierpark-Anschluss

Von A wie Afrikanische Bergziege bis Z wie Zwergohreule – der von einem Verein betriebene Tierpark Niederfischbach beheimatet eine erstaunliche Vielzahl an Tierarten. Das Konzept des schon 1957 eingerichteten kleinen Zoos zielt heute auf das Vorstellen heimischer Tiere und alter Haustierrassen. Exoten wie die Gibbons gehören zur Geschichte des Parks und haben Bleiberecht. Zum E wie Eichhörnchen: Sie geben das Thema für den 2021 neu eingerichteten Erlebnisweg der Naturregion Sieg vor, den Eichhörnchenweg, der wie der Niederfischbacher Grubenwanderweg durchs idyllische Otterbachtal führt. Hier folgt der Weg der Trasse der schmalspurigen Grubenbahn zur Grube Fischbacherwerk. Das »Bähnchen« transportierte zwischen 1887/88 und 1903 Eisenerz und silberhaltiges Bleierz zum Verladebahnhof im Asdorftal. Gleich mehrfach mussten damals Schluchten in die felsigen Hänge gesprengt werden. Vom Talschluss geht es hinauf auf die Höhen des Giebelwalds, mit Fernblicken bis zum Siebengebirge! Vom reichen Ertrag aus den Boom-Zeiten der Industrialisierung in Niederfischbach zeugen nicht nur Sakralgegenstände in der katholischen Kirche St. Mauritius und Gefährten, sondern auch der bronzene Bergmann auf dem Markt, der in der Hand eine glänzende Münze hält.

Ausgangspunkt: Niederfischbach, 274 m, Wanderparkplatz am Tierpark; Buslinie R39 ab Siegen, Haltestelle »Niederfischbach Markt«, von dort über Kirchhofstraße und Schlesingstraße in 10–15 Min. zum Tierpark.

Anforderungen: Ein geschichtsträchtiger Weg auf zumeist schottrig-steinigem Untergrund.

Einkehr: Tierpark Niederfischbach: Am Kiosk gibt es kleine Speisen wie Waffeln, Pommes oder Eis, Sitzgelegenheiten im Freien, Tel. +49 2734 61175, www.tierpark-niederfischbach.de.

Varianten: Familien mit kleineren Kindern bleiben auf dem Eichhörnchenweg und sind nach 3 km und 1 h zurück am Tierpark; ein Besuch könnte sich anschließen. Wer eine noch größere Runde um Niederfischbach gehen möchte, dem sei der komplette Grubenwanderweg (rund 18 km, 5 h) empfohlen.

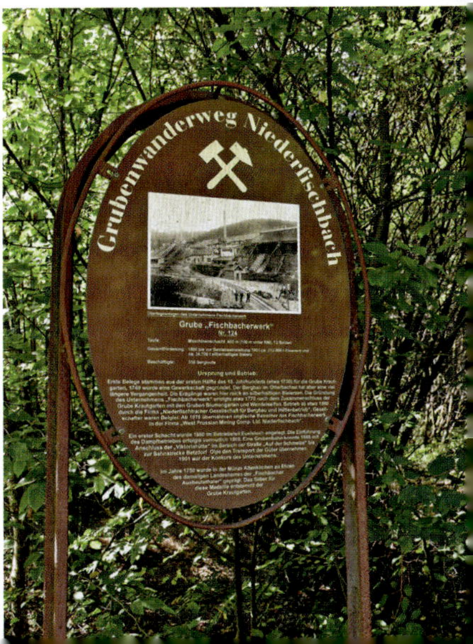

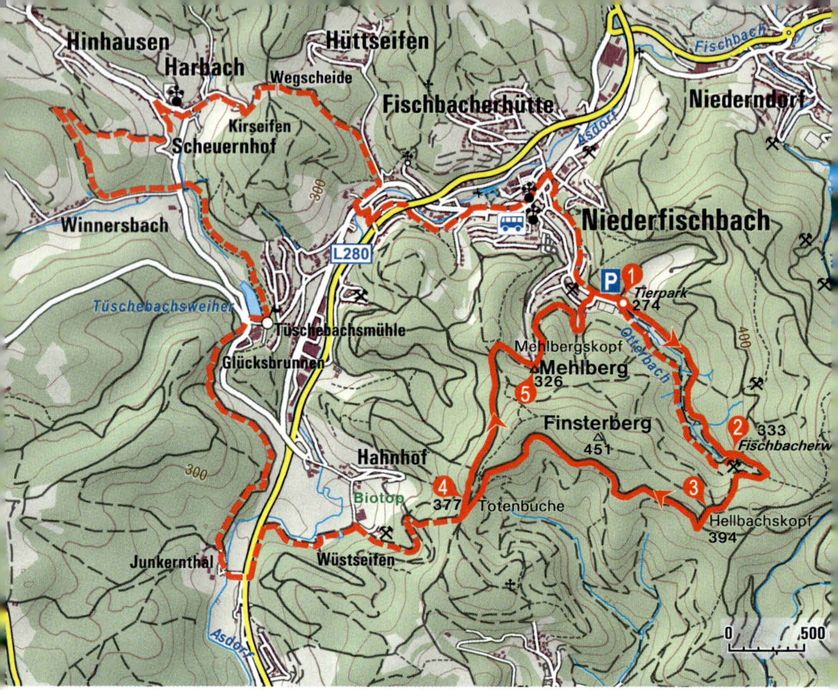

Unsere kleine Runde beginnt in Niederfischbach am Parkplatz am **Tierpark** ❶. Zunächst führen uns der rot-weiß markierte »Erlebnisweg Sieg« und der grün-weiß gekennzeichnete Grubenwanderweg gemeinsam rasch in den Wald. Auf Infotafeln am Wegesrand berichtet Emil Eichhorn aus seinem Nagerleben; rechts von uns fließt der Otterbach, und hier und da tun sich Blicke auf grüne Wiesen auf. Spektakulär sind die engen Durchgänge mitten durch felsige Wände. Im Bereich der einstigen **Grube Fischbacherwerk** ❷ folgen wir dem Wegweiser zum Hellbachskopf, wandern nun bergan auf die Höhen des Giebelwalds. Hier kamen im Zweiten Weltkrieg bei heftigen Kämpfen rund 150 deutsche und US-amerikanische

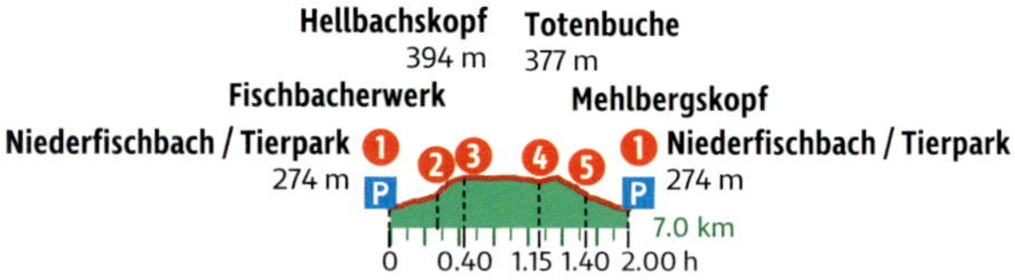

Soldaten ums Leben. Vier von ihnen wurden am 15. April 1945 am **Hellbachskopf** 3 beerdigt. Bis heute dienen Holzkreuze, Steinstelen und Gedenktafeln mitten im Wald als Mahnung, für Frieden einzustehen. Wenige Meter bleiben wir in Richtung Freusburg auf dem Natursteig Sieg, folgen diesem dann aber nicht talwärts, sondern biegen mit dem Grubenwanderweg halbrechts ab. Immer wieder öffnen sich nun über das Siegtal hinweg Blicke in die Weite. An der **Totenbuche** 4, wo einst die Sargträger aus Freusburg beim Weg zum Friedhof in Niederfischbach rasteten, treffen wir auf den Siegerlandhöhenring. Wer die Grubenweg-Variante wählt, wandert von hier halbrechts weiter hinab ins Asdorftal.

Wir wenden uns in einem spitzen Winkel nach rechts. Einen guten Kilometer bleiben wir auf diesem Weg, können nach Westen hin bei klarer Sicht sogar eine der Kuppen des Siebengebirges ausmachen. Am **Mehlbergskopf** 5 verlassen wir den Siegerlandhöhenring nach halbrechts. Wir wandern in weiten Bögen, immer dem Hauptweg folgend, talwärts. Orientierung gibt uns die Beschilderung der Nordic-Walking-Routen. Bald sehen wir im Tal das Tierpark-Gelände und den benachbarten Sportplatz und gelangen über die Straßen Am Raffenberg und Schlesingstraße an unseren Ausgangspunkt am **Tierpark** 1 zurück.

Die schmalen Durchbrüche wurden einst für die Grubenbahn in den Felsen geschlagen.

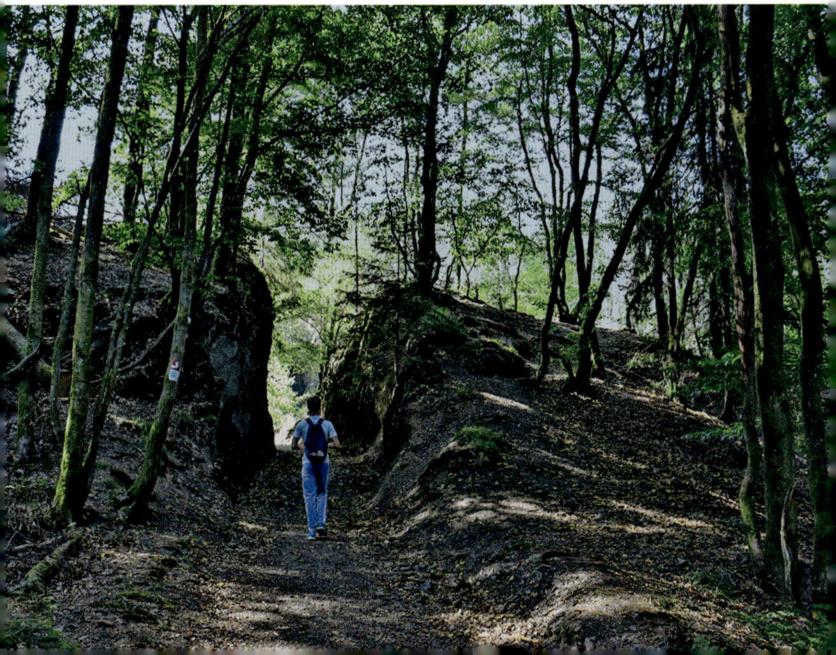

TOP

36 Unterwegs im Wildenburger Land

↗ 260 m | ↘ 260 m | 10.1 km

3.00 h

Auf Landfrauenroute und Hexenweg zu Schloss, Burg und Kapellen

Die Geschichte des Wildenburger Landes verdichtet sich beim Blick auf die Rote Kapelle auf dem Blumenberg bei Friesenhagen. Sie wurde im 17. Jahrhundert von Franziskanermönchen eben dort erbaut, wo zwischen 1613 und 1652 über 200 der Hexerei bezichtigte Menschen hingerichtet wurden. Es ist ein »Kranz« an Kapellen, der sich um diese historische Landschaft windet. Ihm folgt seit etlichen Jahren schon eine Route der Landfrauen im Altenkirchener Bezirk Friesenhagen: der Kapellenwanderweg. Seit 2020 wurde diese Strecke zu einem Teil des Hexenwegs, einer der »Erlebniswege« der Naturregion Sieg. Er thematisiert an verschiedenen Stationen, wissenschaftlich fundiert, Ursache und Wirkung der Hexenverfolgungen des ausgehenden Mittelalters im Wildenburger Land. Deutlich wird, wie sehr auch hier die Hexenprozesse als Herrschaftsmittel in kleinteiligen Territorien instrumentalisiert wurden. Was für ein Glück, dass heute dieses »Stück des Paradieses, aus dem Himmel auf die Erde herabgefallen« (Domenico Rosso, 1661) vor allem ein friedlicher Ort ist – zumal rund um das wunderschöne, aus dem 16. Jahrhundert stammende Wasserschloss Crottorf.

Ausgangspunkt: Friesenhagen, 284 m, Denkmal zur Bodenreform an der Hauptstraße; Parkmöglichkeiten beim Festplatz schräg gegenüber; Buslinie B265, selten ab Freudenberg, günstiger ab Bahnhof Wissen über Morsbach, hält auch am Abzweig Crottorf; B298 ab Freudenberg, am Wochenende nur als Anruf-Linien-Fahrt, Tel. +49 2747 91276100; Haltestelle »Festplatz«.

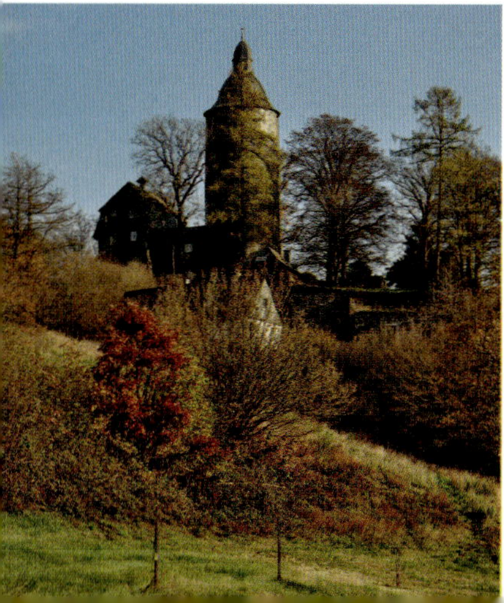

Anforderungen: Breite Forst- und Wirtschaftswege; nur der schmale Weg nach Crottorf erfordert etwas Trittsicherheit.

Einkehr: Crottorf: Landgasthof Wildenburger Hof, Restaurant mit großer Gartenterrasse, geöffnet Fr., Sa./So. und feiertags 12–22 Uhr, Tel. +49 2294 9936710, landgasthof-wildenburgerhof.de.

Tipp: Die Publizistin Marion Gräfin Dönhoff, Chefredakteurin und Mitherausgeberin der »Zeit«, starb am 11. März 2002 auf Schloss Crottorf, dem Wohnsitz ihres Neffen Hermann Graf Hatzfeldt. Das Grab der 1909 auf Schloss Friedrichstein in Ostpreußen geborenen Autorin befindet sich auf dem Friedhof von Friesenhagen.

Auf der Wildenburg residierten die Edelherren von Wildenburg.

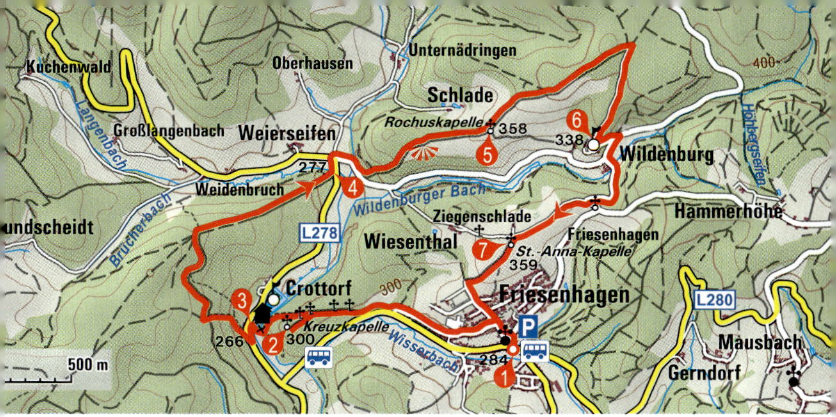

In der Ortsmitte von **Friesenhagen** ❶ beginnen wir unsere Runde durchs Wildenburger Land. Wir folgen der Hauptstraße Richtung Crottorf bis zum Abzweig Strahlenbach und biegen gleich hinter der sehenswerten barocken Pfarrkirche St. Sebastian nach links in die Klosterstraße ein. Von dort geht es erneut nach links über die Straße Wintert am Friedhof vorbei zum Ortsausgang. Hier streifen wir noch einmal kurz die Hauptstraße, ehe unser Weg halbrechts in den Wald führt. Wir folgen hier nicht nur der Landfrauenroute mit ihrem Blumensymbol, sondern auch dem Siegerlandhöhenring, dem »Erlebnisweg Sieg« und dem Jakobsweg. Ein Kreuzweg führt – am Soldatenfriedhof vorbei – auf den Schnabelberg mit der **Kreuzkapelle** ❷. Dieses Kirchlein aus dem Jahr 1701 ist eine Nachbildung der Himmelfahrtskapelle in Jerusalem. Von hier gehen wir auf gleichem Wege zunächst zurück bis zur schmalen, beschilderten Abzweigung nach Crottorf. Beim Abstieg zum Wildenburger Bach erhaschen wir durch die Bäume immer wieder mal einen Blick auf das Wasserschloss mit seinen Parkanlagen. Wir überqueren den Bach über eine Brücke und wandern über eine Wiese hinauf zur Straße. In **Crottorf** ❸ wenden wir uns nach links. Wir verlassen für eine Weile die Landfrauenroute und folgen nun dem Hexenweg, markiert mit einem weißen S auf rotem Grund. Am Wildenburger Hof geht es bergauf. Nach einer recht steilen Passage halten wir uns auf breitem Wege rechts und stoßen nach rund 500 m wieder auf den Siegerlandhöhenring. In der Ferne können wir den über 25 m hohen Bergfried

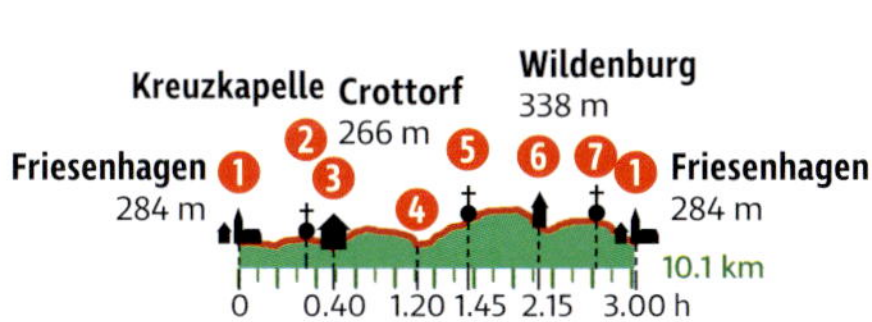

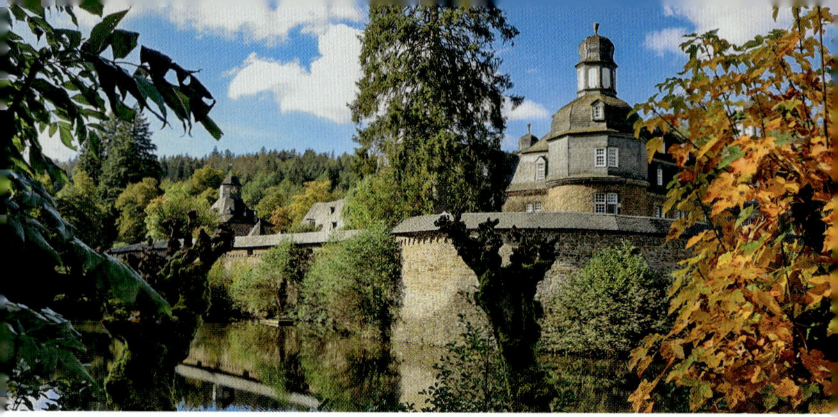

Das Crottorfer Wasserschloss: »Ein Stück des Paradieses, aus dem Himmel auf die Erde gefallen.«

der Wildenburg ausmachen. Unser Weg führt uns an die von Crottorf kommende **Landstraße L278** ❹, wo wir uns links halten und an der Kreuzung gleich wieder rechts. Wir überqueren den Nädringer Bach und verlassen die Teerstraße nach links in den Wald. Erneut geht es bergan, dieses Mal auf aussichtsreiche Höhen – das Bergische Land ist nah, und wie schön, dass entlang des Weges auch eine Bank zur Rast bittet. Ein Ausrufezeichen auf dieser Passage setzt die kleine weiße **Rochuskapelle** ❺, die wir nach rund 6 km erreichen. Wir verlassen an dieser Stelle den nach rechts abzweigenden Hexenweg und folgen dem Hauptweg nach halblinks eine gute Weile weiter bis zu einem deutlichen Abzweig nach scharf rechts. Nun geht es hinunter zur **Wildenburg** ❻, einst Hauptsitz der Edelherren von Wildenburg und später der von Hatzfeldt-Wildenburg, heute Sitz der Revierförsterei. Unser Weg führt hinab an die Straße, die von Wildenburg Bahnhof kommt; wir folgen dieser nach rechts, queren das Tal und wandern knapp 500 m mit der Straße bergauf. Links können wir der Kapelle zur schmerzhaften Mutter, der Strahlenbachskapelle, einen Besuch abstatten. Unsere Strecke verläuft aber nach rechts. Über ein Teersträßlein erreichen wir oberhalb der Ziegenschlade nach links abbiegend die **St.-Anna-Kapelle** ❼. Bis in den Oktober 2021 war die Rote Kapelle von zwei prächtigen Linden umstanden, doch dann warf ein Herbststurm die bereits angeschlagene, größere und mit rund 400 Jahren ältere der beiden um. Wir sollten auf dieser schönen Höhe eine Weile bleiben. Auch hier erzählt uns eine Infotafel von der düsteren Geschichte dieses Landstrichs, doch zum Glück ist der Himmel weit! Schließlich wandern wir zunächst vorbei am großen Gedenkkreuz, dann über Klosterstraße und Strahlenbach wieder hinunter zur Hauptstraße und damit zurück zu unserem Ausgangspunkt im Fachwerkdorf **Friesenhagen** ❶.

↗ 120 m | ↘ 120 m | 5.1 km

1.30 h

Der Köhlerpfad bei Walpersdorf

37

Auf der Spur eines alten Handwerks

Er hat jede Menge Holz vor der Hütte. Das braucht der Köhler auch, will er aus armdicken Ästen und kurzgesägten Stämmen aus Birke, Eiche oder Buche beste Kohle gewinnen. Und so wundert es nicht, dass entlang des Walpersdorfer Köhlerpfads vielerorts Holz lagert – ordentlich gestapelt und vor Nässe geschützt. Längst betreibt die alteingesessene Familie Wagener die Köhlerei vor allem aus Idealismus, sie will am alten Handwerk festhalten und ihr Wissen darüber teilen. Einst diente die Holzkohle dazu, die Siegerländer Schmelz- und Schmiedeöfen zu befeuern. Das nötige Holz wurde aus dem immer wieder nachwachsenden Haubergswald geschlagen. Wer dem Köhlerpfad folgt, wird auch darüber staunen, wie alt das Köhlerhandwerk ist: Die Köhlersiedlung Patschoß am Rande der jungen Sieg wurde schon 1336 erstmals schriftlich erwähnt. Weil mit steigender Nachfrage der Holzverbrauch zur Kohleherstellung wuchs, wurde Mitte des 16. Jahrhunderts eine gesetzliche Regelung getroffen: Die Holz- und Waldordnung des Grafen Johann von Nassau wehrte dem ungezügelten Raubbau und taugt durchaus als Blaupause für eine Politik der Nachhaltigkeit.

Ausgangspunkt: Wanderparkplatz Köhlerplatz, 442 m, Walpersdorf; Buslinie SB5 ab Siegen, Haltestelle »Martinstraße«; wer mit dem Bus anreist, beginnt die Tour am besten am Abzweig Wittgensteiner Straße / Am Schieferstein.
Anforderungen: In der Regel gute Feld- und Waldwege; kurzer Abschnitt auf Asphalt.
Einkehr: Keine.

Auf die Spur der Köhlerei begeben wir uns mit dem Rundwanderweg A1 ab dem **Wanderparkplatz Köhlerplatz** ❶ bei Walpersdorf. Über den schönen Spielplatz gehen wir hinüber zum Kohlenmeiler. Sollten wir einen der Köhler aus der Familie Wagener antreffen, könnten wir aus erster Hand erfahren, wie das Holz zu einem runden Haufen geschichtet und dann mit Grassoden bedeckt wird, ehe der Meiler nach dem Entzünden tage- oder gar wochenlang rauchen darf. Der Köhler muss dann darauf achten, dass das Feuer gerade genug Zu- und Abfuhr an Luft hat. Unser Weiterweg führt über die Landstraße L719 und über eine kleine Furt. Wir folgen dem Kütschenbach hinab zur Sieg, begeistern uns an der idyllischen Wald- und Weidelandschaft rund um die Wüstung Patschoß und halten uns nach der Flussüberquerung rechts. Das **Langenbachtal** ❷ führt

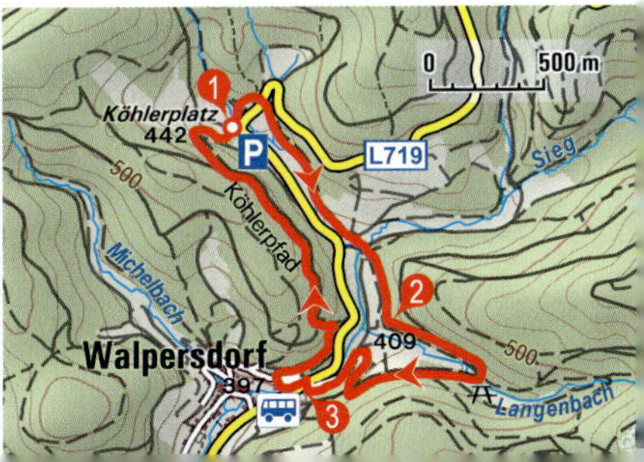

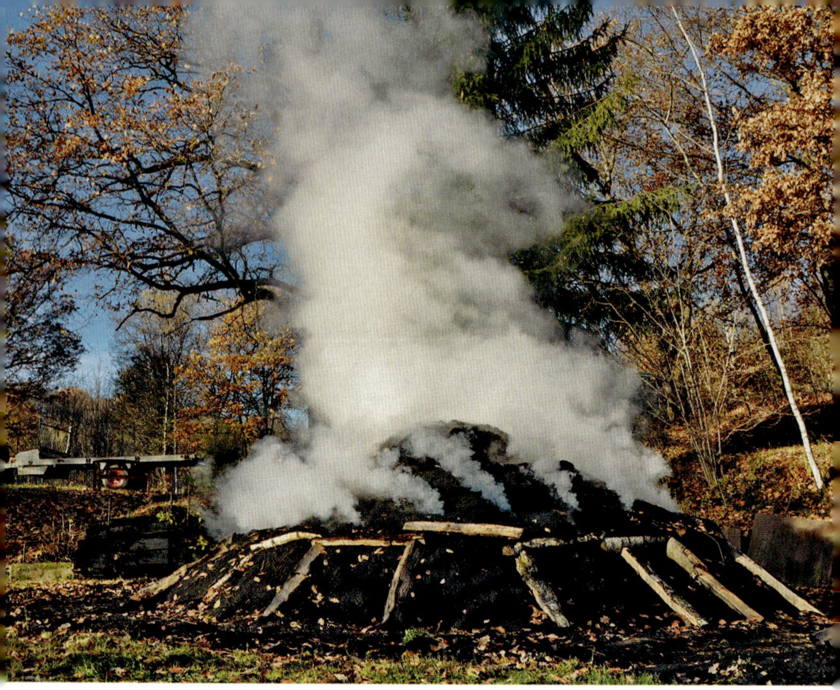

Eine echte Siegerländer Sehenswürdigkeit: der Kohlenmeiler bei Walpersdorf. Besonders spektakulär ist es, wenn der Meiler qualmt.

am nächsten Abzweig nach links vom Siegtal weg. An der rechten Wegseite können wir nun eine Reihe kleiner Köhlerplätze aus alter Zeit entdecken, ehe wir am Ende des Weges auf einen urig eingerichteten Köhlerplatz stoßen. Von hier führt der Weg wieder zurück Richtung Sieg. Auf der Hainstraße kommen wir ins Kohlenmeilerdorf **Walpersdorf** 3. Wir überqueren hier erneut die Landstraße und gelangen über die Straße Am Schieferstein in einen ausgedehnten Buchenwald. Unser Weg führt auf halber Höhe fast parallel zur Landstraße. Dort, wo wir freies Feld erreichen, geht es erst rechts, dann links zurück zum **Wanderparkplatz Köhlerplatz** 1.

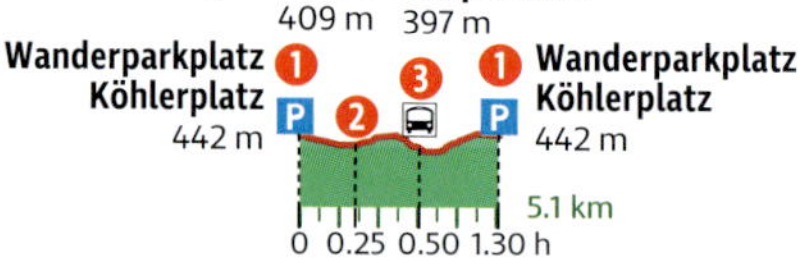

↗ 300 m | ↘ 300 m | 13.0 km

3.00 h

Von der Siegquelle zur jungen Lahn

38

Berg-und-Tal-Runde zwischen Siegerland und Wittgenstein

Proviant braucht es bei dieser Tour kaum. Denn an gleich drei Orten locken traditionsreiche Gastbetriebe zur Rast. Ein Ausflugsziel par excellence ist der Lahnhof, dessen Ursprünge nachweislich bis ins 14. Jahrhundert zurückreichen. Allerdings soll hier schon zur fränkischen Zeit ein Gutshof gestanden haben, samt Verpflegungsstation für Weit- und Handelsreisende auf der Eisenstraße. Von der Fuhrmannskneipe zum noblen Relais & Chateaux hat sich im oberen Lahntal das Hotel Jagdhof Glashütte entwickelt. 1905 als Bauernhaus gebaut, ist es über die Jahrzehnte immer wieder erweitert und verändert worden, kann sich mit fünf Sternen schmücken und einer Vielzahl weiterer Auszeichnungen. Seinem rustikalen Charme treu geblieben ist der Landgasthof Zur Siegquelle in Großenbach. 1909 errichtet, wird das Gasthaus nun in dritter Generation betrieben. Und zwischendurch? Heißt es mit Genuss wandern – auf den Höhen zwischen Siegerland und Wittgenstein und durch ein wunderschön stilles Tal.

Ausgangspunkt: Wanderparkplatz Siegquelle, 597 m, bei Großenbach; Buslinie SB5 ab Siegen bzw. Bad Laasphe; am Wochenende nur als Taxibus, Haltestelle »Siegquelle«.

Anforderungen: Im Bereich des Rothaarsteigs über abwechslungsreich geführte Pfade; ansonsten meist über Schotter- und Waldwege; das Bergauf-Bergab ist moderat.

Einkehr: Am Lahnhof: Landgasthof Zum Lahnhof, So./Mo. Ruhetag, Tel. +49 2737 3018, www.gasthof-lahnhof.de; Forsthaus Lahnquelle Di./Mi. Ruhetag, Tel. +49 2737 59580; im Lahntal: Jagdhof Glashütte, Mo./Di. Ruhetag, Mi.–So. ab 18 Uhr nur Sa./So. auch 12–14.30 Uhr, Tel. +49 2754 3990, www.jagdhof-glashuette.de; in Großenbach: Landgasthof Zur Siegquelle, Mo. Ruhetag, Tel. +49 2754 8321, www.landgasthof-zur-siegquelle.de.

Tipp: Familien mit Kindern werden ihre Freude am rund 3 km langen Walderlebnispfad Siegquelle haben. Obwohl an keiner Stelle die asphaltierte Eisenstraße besonders weit entfernt ist, wähnt man sich in einer Art Urwald. Es geht über stachelige Brücken, am Seil über eine Felswand und auf einen hölzernen Aussichtsturm.

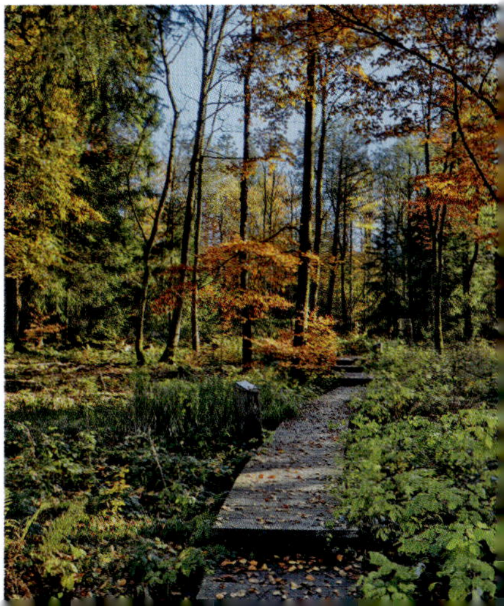

Vom Wanderparkplatz Siegquelle zweigt ein Bohlenpfad zur eingefassten Quelle ab.

Wir starten unsere Runde im Quellgebiet von Sieg, Ilm und Lahn bei Großenbach am **Wanderparkplatz Siegquelle** ❶. Von hier führt ein Bohlenweg über den feuchten Grund, den sogenannten Quellhorizont. Vielerorts tritt auf der Höhe des Rothaarkamms das Grundwasser aus dem Boden und tränkt das Erdreich satt. Der Steg führt uns zur Straße, die von der Eisenstraße nach Großenbach abzweigt, und über diese hinweg. Über eine Natursteintreppe gelangen wir zum **Quellbrunnen der Sieg** ❷. Wir wandern nun auf dem Rothaarsteig mal rechts, mal links entlang der Eisenstraße und das häufig unter dem schützenden Dach des Laubwaldes. Wir passieren die **Quelle** der zur Lahn führenden **Ilm** ❸ und freuen uns über den schön und abwechslungsreich geführten Pfad an der aussichtsreichen Westseite des Rothaarkamms. Am Lahnhof gönnen wir uns einen besonders schönen Zuweg: Wir verlassen den Rothaarsteig und folgen hier der Bezeichnung »W« des Wittgensteiner Panoramawegs kurz geradeaus, dann nach links und wenig später erneut nach links zum Landgasthof **Zum Lahnhof** ❹. In jedem Fall sollten wir uns auf dieser Höhe ein wenig Zeit nehmen, auch um dem Quellteich der Lahn beim benachbarten

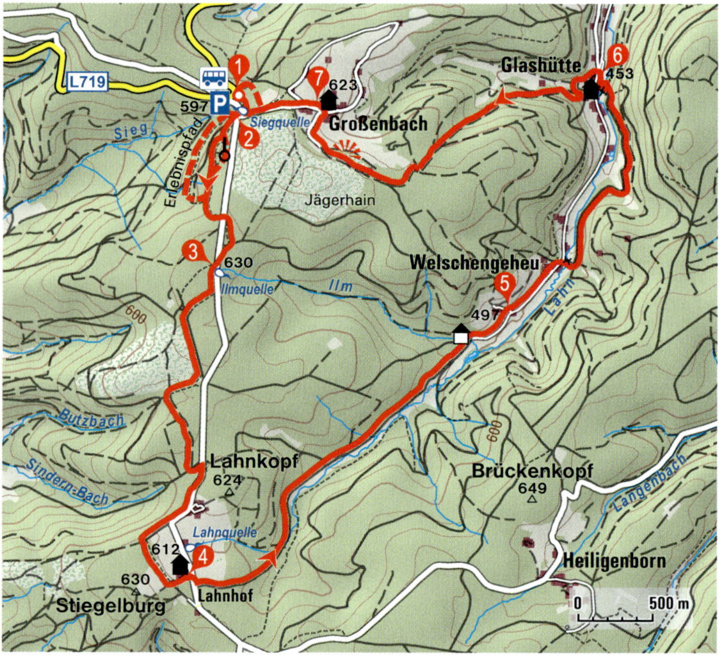

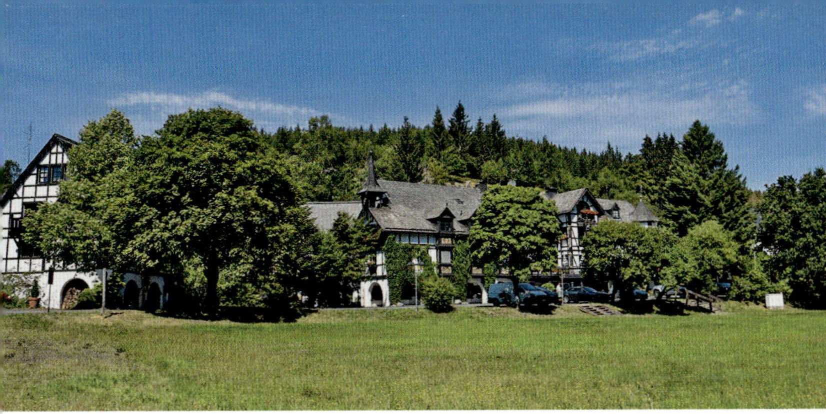

Das Hotel Jagdhof Glashütte kann sich mit vielen Auszeichnungen schmücken.

Forsthaus Lahnquelle einen Besuch abzustatten. Wir folgen dem jungen Fluss fortan über die am Lahnhof beginnende Lahn-Ferienstraße, die nicht weit vom Parkplatz des Lahnhofs talwärts führt. Bis zum kleinen Weiler **Welschengeheu** 5 wandern wir auf schottrigem Untergrund, dann auf Teer. Das freilich nur bis zum Abzweig des Ortswanderwegs A7, der uns – erst rechts, dann gleich wieder links führend – am Hang entlang zur Siedlung **Glashütte** 6 bringt.

Gleich hinter dem Jagdhof Glashütte führt der gelb markierte Rothaarsteig-Zubringer uns wieder auf die Höhe. Je weiter wir bergan wandern, umso schöner sind die Weitblicke ins Wittgensteiner Land. Im Bereich des Jägershains erinnern Stein und Gedenktafel an brutales inquisitorisches Handeln: An dieser Stelle sollten zwischen 1570 und 1680 wegen Hexerei beschuldigte Frauen ihrem vermeintlichen Tun abschwören, ist zu lesen und auch dass man das Schreien der Gequälten bis in die Täler habe hören können. Das nahe, herrlich gelegene Dörfchen **Großenbach** 7 erreichen wir über das Sträßlein Am Jägershain. Am Ehrenmal für die gefallenen Soldaten gehen wir links über die Großenbacher Straße bergan, um am Ortsausgang wieder auf den Rothaarsteig zu treffen.

Ein schmaler Pfad bringt uns parallel zur Straße zurück zur **Siegquelle** 2. Von dort sind wir rasch wieder am **Wanderparkplatz Siegquelle** 1.

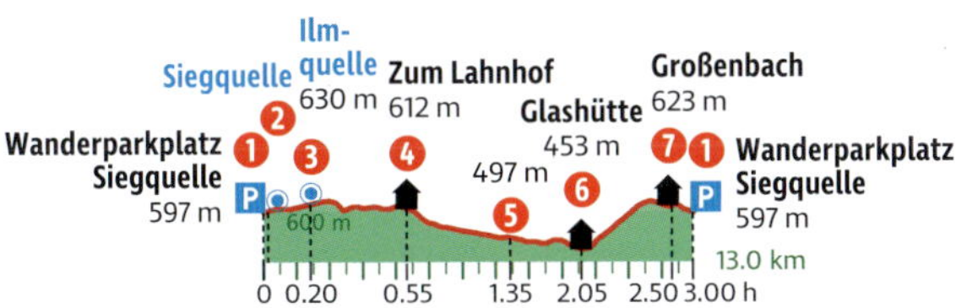

↗ 120 m | ↘ 400 m | 12.8 km

39 Von der Siegquelle nach Deuz

3.30 h

Eine Start-Ziel-Tour entlang des ganz jungen Flusses

»Und jedem Anfang wohnt ein Zauber inne ...« – Hermann Hesses Dichterwort gilt auch und gerade für das Werden eines Flusses. Quellgründe haben ihre besondere Faszination, nirgends sonst ist das Wasser so klar, so frisch, heilsam und rein. Deshalb zieht es uns auch zur Quelle der Sieg, die auf rund 600 Metern Höhe im Rothaargebirge entspringt. In guter Nachbarschaft zu Eder und Lahn, von denen die eine (Eder) zur Weser fließt, die andere (Lahn) zum Rhein. Wir folgen auf dieser Tour der jungen Sieg bis nach Deuz. Dort speist die Werthe die Sieg, das Tal wird offener. Der bis dahin ländliche Charakter der Landschaft ändert sich: Deuz ist ein von der Metallindustrie geprägter Ort, nicht zuletzt, seit die Walzengießerei Irle im Jahr 1848 ihren Standort von Kaan-Marienborn an die obere Sieg verlegt hat. In Sachen Mobilität schrieb der Netpher Stadtteil Geschichte: 1895 fuhr nach Weidenau der weltweit erste motorisierte Omnibus. Innovation scheint in Deuz zu gedeihen: Davon erzählt auch die noch recht junge Kulturinitiative, die zur Gründung einer »Qulturwerkstatt« führte.

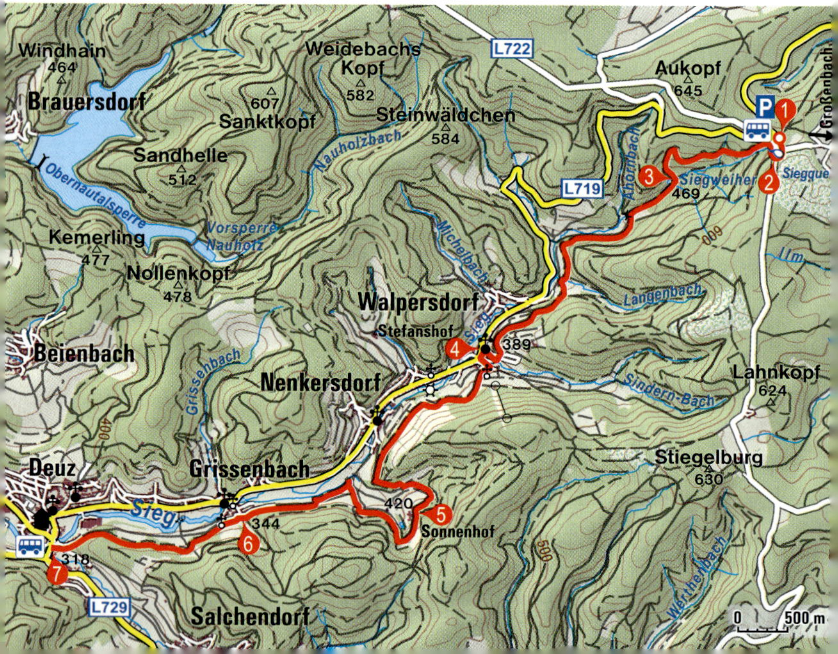

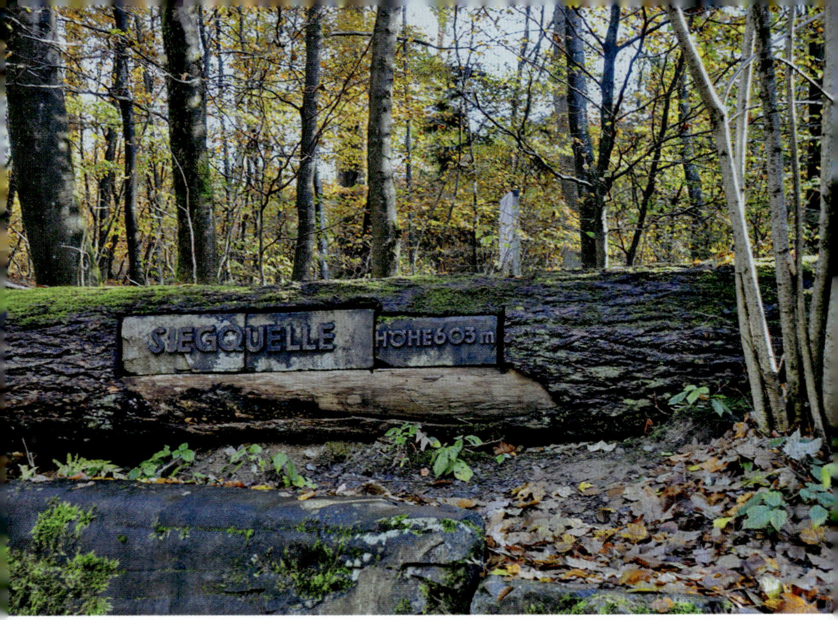

Die Sieg entspringt auf dem Rothaarkamm. Wir folgen dem jungen Fluss bis Deuz.

Ausgangspunkt: Wanderparkplatz Siegquelle, 597 m, bei Großenbach; Buslinie SB5 ab Siegen bzw. Bad Laasphe; am Wochenende nur als Taxibus, Haltestelle »Siegquelle«.
Endpunkt: Deuz, 318 m, Ortsmitte, Buslinie R16 nach Siegen, Haltestelle »Ortsmitte«; zurück zum Ausgangspunkt geht es mit der Linie SB5.
Anforderungen: Wunderschöne Streckentour über breite Forst- und Feldwege.
Einkehr: Am Ende der Tour in Deuz: Café Klarfeld, Albert-Irle-Straße 1, Mo. Ruhetag, Tel. +49 2737 2299929, www.cafe-klarfeld.de; Gasthaus Klein, Marburger Straße 7, Mo./Di. Ruhetage, Tel. +49 2737 59330, gasthaus-klein-deuz.de; Übernachtungstipp: Inklusionshotel Fünf10, Nauholzer Weg 19a, Tel. +49 2737 9848040, hotel-fuenf10.de.
Tipp: Ein Besuch der Meditations- und Lichterkirche St. Matthias am Nauholzer Weg in Deuz: Je nach eigener Befindlichkeit lassen sich Wort- und Musikbeiträge auswählen, die mit einer Choreografie aus Licht und Farben wirken, täglich 10–18 Uhr.

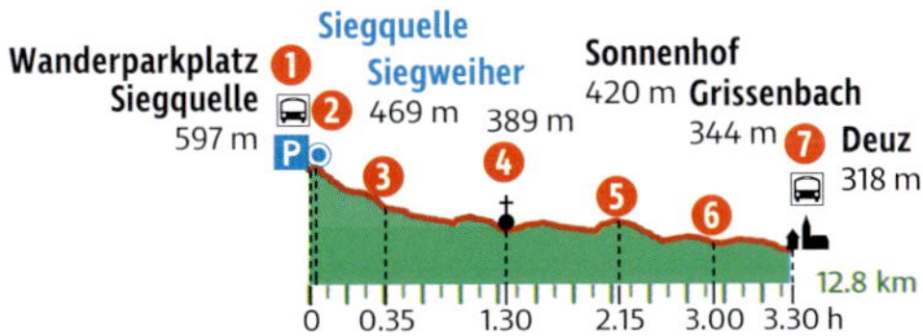

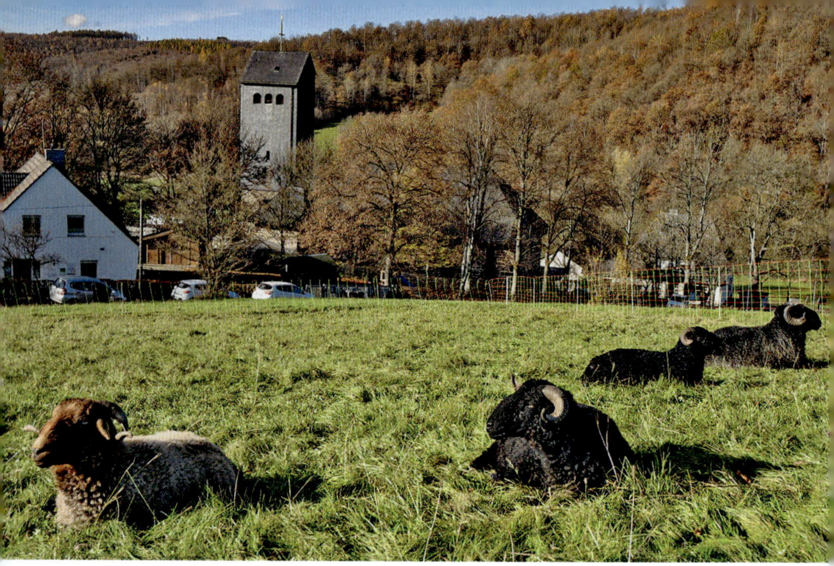

Das Köhlerdorf Walpersdorf erreichen wir an der St.-Sebastian-Kirche.

Vom **Wanderparkplatz Siegquelle** ❶ führt ein bei Nässe etwas rutschiger Bohlenweg zur **Siegquelle** ❷. Im Gebiet des Quellgrunds ist ein Teil des hier aus dem Boden drängenden Wassers vor einigen Jahren neu eingefasst worden. Es fließt durch eine Holzrinne auf einen Steinquader und kann so bequem zur Erquickung mit der Hand aufgenommen werden. Über die Eisenstraße gehen wir zurück zur Kreuzung der Landstraßen L719 und L722 (Bushaltestelle) und biegen dort mit dem gelb markierten Rothaarsteigzubringer nach links ab. Nach einem ersten, steilen Abstieg zweigt der Hauptweg nach links ab, wir aber bleiben für einen guten Kilometer auf der erreichten Höhe. Dann wenden wir uns halblinks und wandern zur Sieg hinab. Im Tal erfreuen wir uns an dem ruhig gelegenen **Siegweiher** ❸. Unser Weg wird zur landschaftlichen Genusstour, führt bis zu einer Brücke am Fluss entlang. Wir wechseln dort auf die andere Seite der Sieg und kommen wieder auf den Rothaarsteigzubringer. Diesem bleiben wir talwärts bis zum Köhlerdorf Walpersdorf treu und treffen dabei auch auf den am Kohlenmeiler beginnenden Köhlerpfad.
In Walpersdorf gelangen wir über die St.-Sebastian-Straße zur Kirche **St. Sebastian** ❹. Kurz müssen wir an der Hauptstraße entlang gehen, ehe uns links abbiegend Märzbecherweg und Flurstraße wieder aufs freie Feld bringen. Von der Marienkapelle aus lohnt sich ein Blick zurück auf das oberste Dorf des Siegtals. Wir wandern nun weiter fast höhengleich nach Südwesten. Unten im Tal wissen wir die Nenkersdorfer Mühle, der wir

ein anderes Mal (idealerweise am Tag des offenen Denkmals) einen Besuch abstatten können. Oberhalb des Ortsausgangs von Nenkersdorf stoßen wir auf mehrere mit »A« markierte Rundwanderwege. Wir folgen dem Weg mit der Markierung A1 ins ruhige Seitental des **Sonnenhofs** 5. Auf dem Weg dorthin können wir in der Ferne bereits die Häuser von Deuz und auch die Kirchturmspitzen erkennen. Nach diesem Schlenker zurück ins Tal müssen wir scharf nach links abzweigen, gehen zunächst eng am Altwiesenbach entlang. Über den mit XS markierten Sieghöhenweg gelangen wir am Waldrand nach **Grissenbach** 6. Wir streifen das Dorf aber nur und verlassen es beim Friedhof. Es geht ein Stück über Teer, dann halblinks auf einen Waldweg, später wieder zurück auf Asphalt und schließlich über die Straße Auf den Stäten in die Ortsmitte von **Deuz** 7. Hier heißen uns etliche gut erhaltene Fachwerkhäuser willkommen. Wir sind am Endpunkt unserer Wanderung angelangt und können mit dem Bus zum Ausgangspunkt zurückkehren.

Der Netpher Stadtteil Deuz empfängt uns mit stattlichen Fachwerkhäusern.

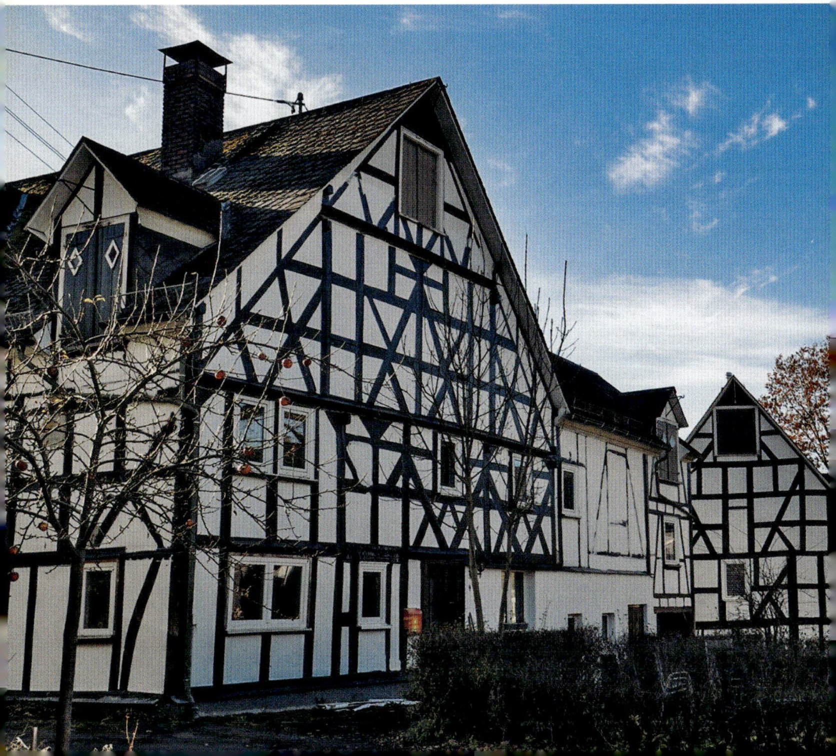

TOP

↗ 170 m | ↘ 250 m | 16.9 km

40 Von Lützel über die Ederquelle nach Erndtebrück

5.00 h

Zwei-Flüsse-Tour im Quellgebiet des Rothaarkamms

Freundlich kommt sie uns entgegen, die junge Eder. Sie entspringt auf dem Rothaarkamm, wendet sich wie die Lahn ins Hessische, durchfließt aber zunächst das Wittgensteiner Land mit Erndtebrück und mit Bad Berleburg. Wir folgen auf unserer Zwei-Flüsse-Tour der Eder aus dem Hochtal bei Lützel bis zur Quelle. Gespeist wird der Fluss auf seinem fast 180 Kilometer langen Weg zur Fulda von unzähligen Nebenflüssen. Einer von ihnen ist die Benfe. Sie wird uns auf diesem Weg später begleiten, wenn wir vom gleichnamigen Ort in »der Benfe« über einen Teil des Mäanderwegs nach Erndtebrück wandern. Willkommen heißt uns hier schon von fern die evangelische Kirche. 1911 in Dienst gestellt, wurde sie 1974 umfassend renoviert, unter tatkräftiger Mitwirkung des lange in Wittgenstein lebendenden Künstlers Wolfgang Kreutter (1924–1989). Dieser wählte als bestimmende Farbe für den Innenraum das Tannengrün – als Spiegel auch der Natur ringsum. Übrigens bewegen wir uns auf dieser betörend schönen Strecke im geografischen Zentrum des Kreises Siegen-Wittgenstein.

Ausgangspunkt: Lützel, 560 m, Bahnhof; Rothaarbahn RB 93 Haltestelle »Lützel«.
Endpunkt: Erndtebrück, 483 m, Bahnhof; Rothaarbahn RB 93 Haltestelle »Erndtebrück«; zurück nach Lützel mit der Rothaarbahn RB93.
Anforderungen: Genussreiche Streckenwanderung auf zumeist breiten Wald- und Feldwegen.
Einkehr: Erndtebrück: Westfälischer Hof, Marburger Straße 7, Tel. +49 2753 6680971, www.westfaelischerhof-erndtebrueck.de; Bauer's, Jahnstraße 6, Tel. +49 2753 598525, www.bauers-restaurant.de; gut 1 km von der Ederquelle entfernt Café Waldland, Sa./So. 13.30–18 Uhr, Tel. +49 151 20450316.
Tipp: Forsthaus Hohenroth beim Café Waldland: Gelegenheit zur Wildbeobachtung, v. a. zur Brunftzeit der Hirsche.

Schon seit dem Mittelalter wird »in der Benfe« gesiedelt. Heute besticht der Erndtebrücker Ortsteil durch seine wunderschöne Lage im Grünen.

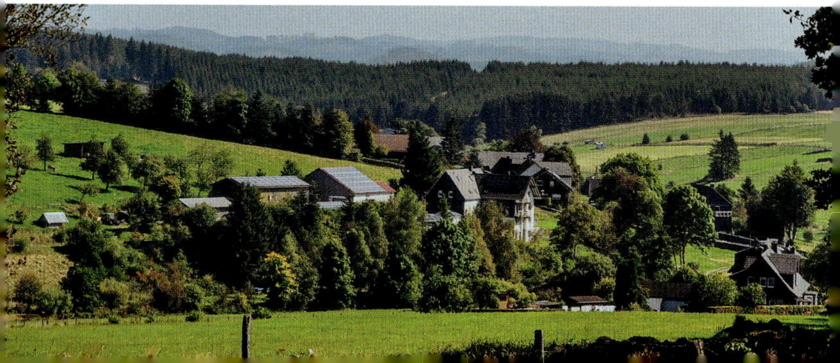

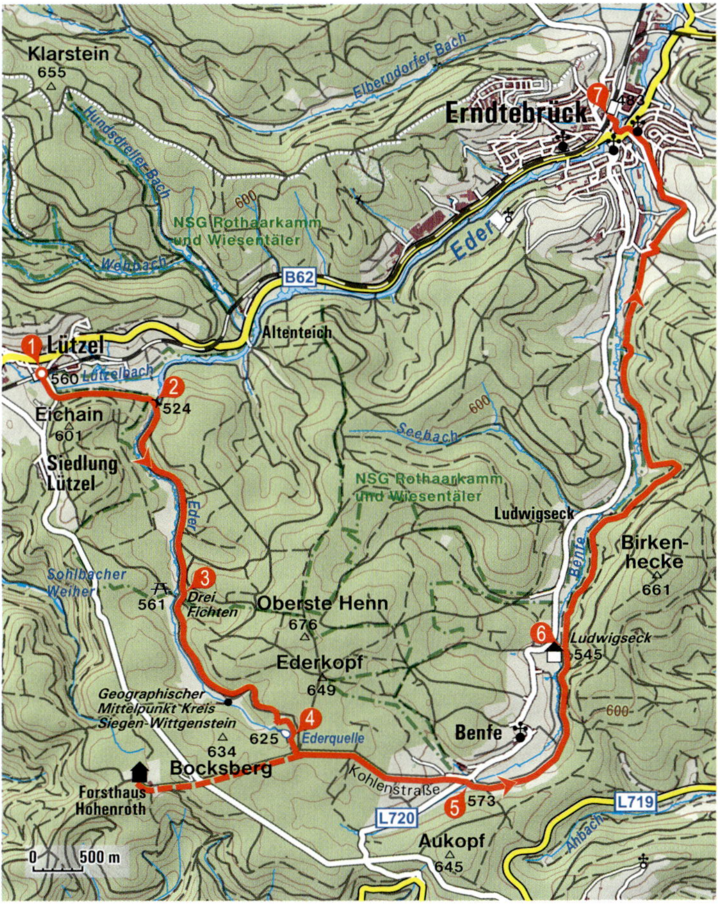
Klarstein
655
Elberndorfer Bach
Hundsdreller Bach
Erndtebrück
483
600
NSG Rothaarkamm und Wiesentäler
Eder
Wehbach
B62
Altenteich
Lützel
560
Lützelbach
524
Eichain
601
Siedlung Lützel
600
Seebach
NSG Rothaarkamm und Wiesentäler
Ludwigseck
Birken-hecke
661
Eder
Benfe
Sohlbacher Weiher
561
Drei Fichten
Oberste Henn
676
Ludwigseck
545
Ederkopf
649
600
Geographischer Mittelpunkt Kreis Siegen-Wittgenstein
634
625
Ederquelle
Benfe
Bocksberg
Kohlenstraße
Forsthaus Hohenroth
573
L719
L720
Ahbach
Aukopf
645
0
500 m

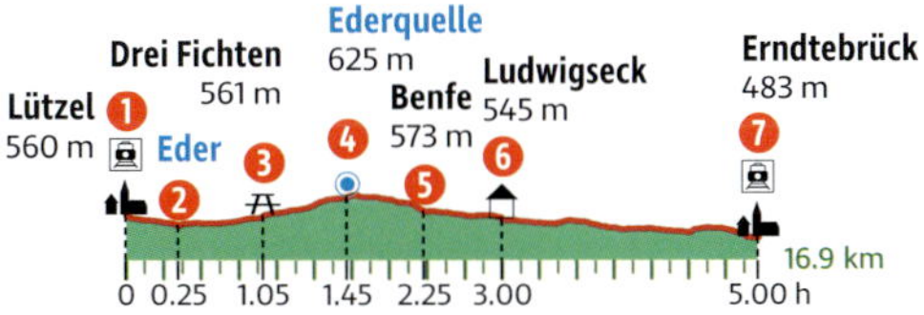
Lützel
560 m
Drei Fichten
561 m
Eder
Ederquelle
625 m
Benfe
573 m
Ludwigseck
545 m
Erndtebrück
483 m
16.9 km
0
0.25
1.05
1.45
2.25
3.00
5.00 h

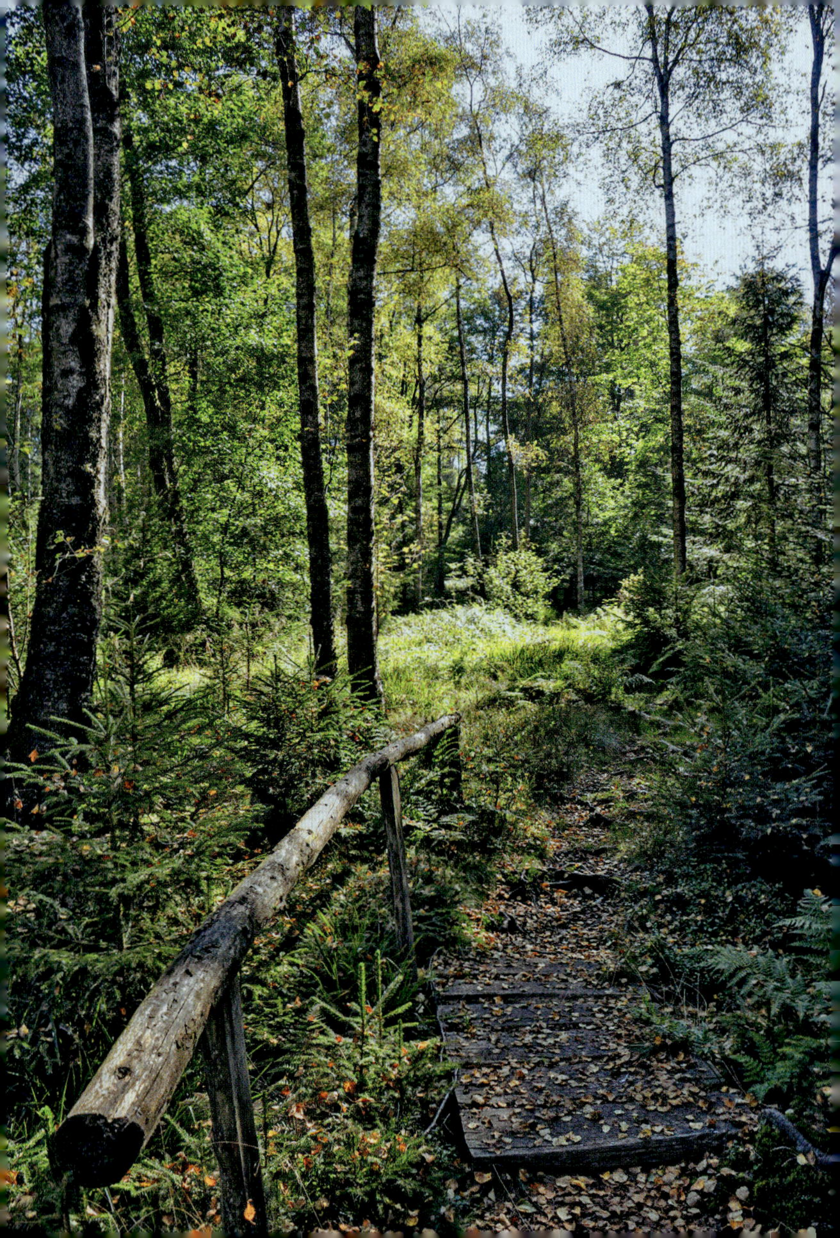

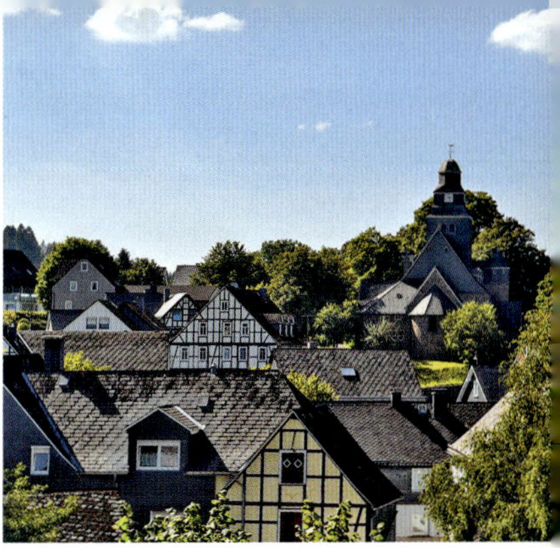

Erndtebrück heißt uns mit einer schönen Ortsansicht willkommen.

Am Bahnhof **Lützel** ❶ steigen wir in unsere formidable Tagestour ein. Sie führt uns zunächst über die Gleise der Rothaarbahn, dann über den Lützelbach und nun immer auf dem Rothaarsteig mitten hinein in die freie Flur. Nach einem guten Kilometer erreichen wir die junge **Eder** ❷, die nicht weit von hier das Naturfreibad des Skivereins (!) Lützel mit ihrem frischen Wasser speist. Auf einem Holzsteg überqueren wir den Bach und folgen diesem quellwärts. An den **Drei Fichten** ❸ laden nicht weit vom gleichnamigen Steinbruch Bänke zur Rast. Stetig geht es weiter bergan. Bei Kilometer 5,5 sollten wir aufmerksam sein, denn hier zweigt unser Weg als Pfad rechtwinklig ab und führt uns in den zauberhaften Ederbruch. Eine hölzerne Plattform lädt dazu ein, in diesem urwüchsigen Wald zu »baden«. An der **Ederquelle** ❹ informieren große Tafeln über den Fluss und seinen Lauf. Wir verlassen das Hochmoor und gelangen zur Kohlenstraße. Möchten wir den Abstecher zum Forsthaus Hohenroth machen, gehen wir zunächst nach rechts. Unser Weiterweg freilich führt uns nach links, Richtung Benfe. Wir verlassen das Hochmoor, um uns über die Kohlenstraße einem anderen Ufer zuzuwenden, dem der Benfe. Wo einst mit Pferdefuhrwerken die Holzkohle aus Wittgenstein ins Siegerland transportiert wurde, lässt es sich heute zügig wandern. Im idyllisch gelegenen **Benfe** ❺ verlassen wir den Rothaarsteig und schlagen jenseits der Landstraße L720 den Mäanderweg ein. Talauswärts sehen wir über den Wipfeln auf dem Ebschloh die Kuppel der Radarstation der Bundeswehr; von Erndtebrück aus wird der deutsche Luftraum (mit-)überwacht. Im sich zusehends öffnenden Benfetal ist das Wandern ein Genuss, erfordert allerdings etwas Ausdauer. Vielleicht machen wir noch einmal ein Päuschen beim Steinbruch am **Ludwigseck** ❻, ehe wir mit der herrlich mäandrierenden Benfe durch das weit geschwungene Tal auf Erndtebrück zusteuern. Entlang der Kreisstraße K33 kommen wir ins Zentrum der über 750 Jahre alten Gemeinde, wo es an den beiden Kreiseln im Wortsinn rund geht. Beim Café Dolomiti überqueren wir die Bundesstraße B62. Über Ederbrücke, Mühlenweg und Bahnhofstraße gelangen wir zum Bahnhof **Erndtebrück** ❼, dem Endpunkt unserer Wanderung. Zurück nach Lützel bringt uns die Rothaarbahn – in zwölf Minuten ...

Schmale Pfade führen durch die urwüchsige Hochmoorlandschaft an der Ederquelle.

↗ 50 m | ↘ 50 m | 1.8 km

41 Auf Koboldspuren zur Ilsequelle

1.00 h

»Der Kleine Rothaar« führt in ein Abenteuerland am Rothaarkamm

»Der Wald war nicht mehr grün, die Waldwiesen sahen braun aus, es wuchs nichts mehr.« – Wie gut, dass die kleinen Kobolde in Anita Heinbachs Bilderbuchgeschichte »Der Quellenzauberer« eine Lösung im Sinn haben. Sie machen sich auf den Weg zum Oberkobold, und der spürt tatsächlich gleich mehrere Quellen auf. Das Leben im Wald ist wieder schön! So setzen auch die Macher des Märchenwegs »Kleiner Rothaar« auf die Kraft der Natur. Denn rund um die Ilsequelle hat sich die Landschaft durch Borkenkäferbefall und Stürme enorm verändert. Doch auch im wahren Leben setzt auf den Höhen des Rothaarkamms die Regeneration der Wälder ein. Unweit der Ilsequelle finden wir den Weiler Heiligenborn: vier Häuser und die als Wohnhaus genutzte alte Schule. Entstanden ist der kleine Laaspher Stadtteil um 1700 als Kanon-Siedlung. Die Siedler zahlten einen Jahreszins, den Kanon, an ihren gräflichen Grundherrn. Im Gegenzug erhielten sie das Recht zur Rodung und damit zur Nutzung der so entstehenden landwirtschaftlichen Flächen. Um 1850 erfasste die Welle der Auswanderung auch die Bewohner von Heiligenborn. Sie verkauften ihren Besitz an die Fürstliche Verwaltung in Laasphe und verließen das Land – zumeist gen Amerika.

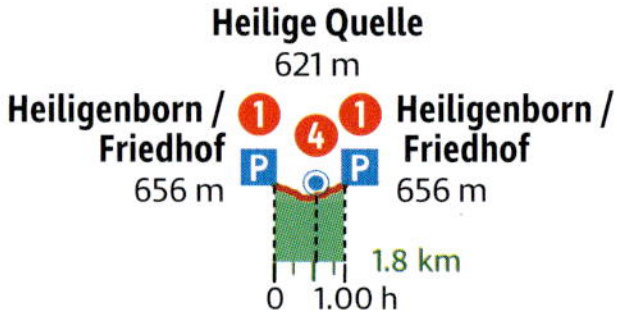

Ausgangspunkt: Wanderparkplatz »Alter Friedhof Heiligenborn«, 656 m; Zufahrt über die Kreisstraße K17 von Banfe oder von Feudingen, aus Richtung Siegen bzw. Netphen über die Landstraße L722.
Anforderungen: Familienwanderung, zum Teil auch über Stock und Stein.
Einkehr: Keine.
Variante: Wer zu Fuß aus dem Lahntal (Feudingen) kommt, wandert ca. 8 km durch das Ilsetal bergan; am Lahnhof, nur zehn Autominuten entfernt, gibt es zwei Gasthäuser: Landgasthof Zum Lahnhof, So./Mo. Ruhetage, Tel. +49 2737 3018, www.gasthof-lahnhof.de; Forsthaus Lahnquelle, Di./Mi. Ruhetag, Tel. +49 2737 59580, www.forsthaus-lahnquelle.de.
Tipp: Hinter dem Forsthaus Lahnquelle entspringt die Lahn aus einem Quellwasserteich, dem »Lahntopf«.

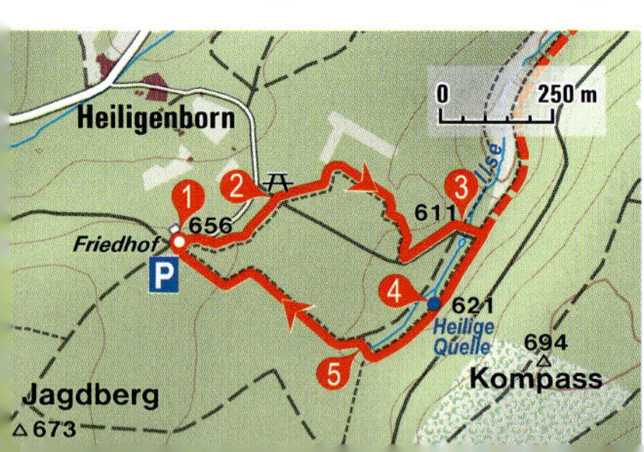

Wir beginnen das Familienabenteuer »Kleiner Rothaar« nicht weit von Heiligenborn beim **Wanderparkplatz** am **Friedhof 1**. Hier führen auch die Weitwanderwege E1, Rothaarsteig und Lahnwanderweg entlang, wir aber folgen dem rothaarigen Kobold mit dem Ranger-Hut.

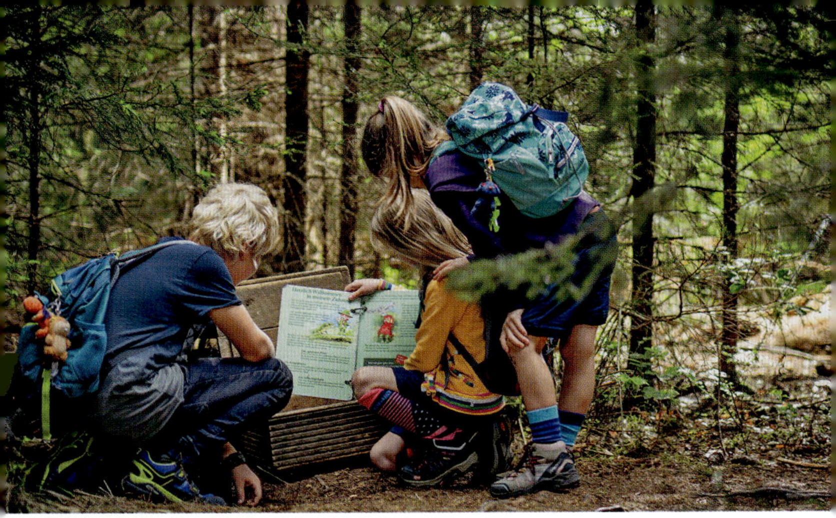

Macht kleinen und großen Leuten Freude: das Wandern auf dem »Kleinen Rothaar«. Begegnungen mit dem Kleinen Rothaar selbst inklusive.

Gleich hinter der Infotafel tauchen wir mit dem Rothaarsteig über einen Pfad in ein Wäldchen ein und werden bald schon dazu angeregt, die Ohren zu spitzen. Vielleicht hören wir den Specht oder den Wind. Am **Versammlungsort der Kobolde** 2 mit Holzbänken und Feuerstelle überqueren wir den breiten Forstweg. Unser Weg bleibt ein Pfad und unsere Aufgabe hinzuhören: Sind das die Tritte eines Hirsches? Nach etwa 400 m wenden wir uns erst halb links, dann nach rechts; es geht nun abwärts und zum ins Tal der jungen Ilse führenden Hauptweg. Weil wir schon auf großer Höhe sind, wirkt der gegenüberliegende Kompass, 694 m, wie ein Hügel. Wir erreichen den Bach an einer **Furt** 3. Vorsicht ist beim Überqueren geboten, doch zum Glück gibt es ein Geländer aus Holz, sodass wir den Blick nach rechts auf den einstigen Badeteich wagen können. Auf der anderen Seite des seit dem Mittelalter schon als heilsam bekannten Wassers wenden wir uns nach rechts und folgen dem Lauf der Ilse bis zur **Heiligen Quelle** 4. Neben dieser von einem Steinquader umfassten Quelle gibt es einen weiteren Ursprung im Bereich des nahen Jagdbergs, 673 m. Wo sich heut' die Wandersleut' ein Stelldichein geben, trafen im 17. Jahrhundert am »heiligen Born« in großer Zahl Linderung suchende Menschen ein. Sie setzten auf die Heilkraft des Wassers, das wie das Wasser von Lourdes als wertvolles Magnetwasser gilt. Von der Quelle aus geht es ein Stück bachaufwärts und dort wieder über den Bach. Ein **Treppchen** 5 bringt uns auf einen breiten Weg. Wir wenden uns hier erst nach links, dann nach halbrechts und lassen uns vom kleinen Rothaar wieder zum **Wanderparkplatz** am **Friedhof** 1 leiten.

↗ 180 m | ↘ 180 m | 8.8 km

42 Das Ilsetal bei Feudingen

3.00 h

Romantisches Naturerleben am Weidelbacher Weiher

Still ruht der See ... Was heute ein landschaftliches Idyll ist, wurde in bewegten Zeiten von Menschenhand geschaffen: Der Weidelbacher Weiher, vor allem zur Seerosenblüte ein Augenschmaus, gehörte in den frühen 1930er Jahren zu einem Wegebau-Projekt für Menschen ohne Arbeit. Der Fischgrund ist ein echtes Glanzlicht auf unserer Wanderung entlang der Ilse. Wir gehen den Rundweg A4. Dieser bildet eine kürzere Alternative zur 16 Kilometer langen Rothaarsteig-Spur Ilsetalpfad und bindet doch deren landschaftliche Höhepunkte über weite Strecken ein. Das Tal der nur rund acht Kilometer langen Ilse ist schmal, auch deshalb verdichtet sich hier die romantische Schönheit so sehr. Dazu gesellt sich das Wissen um die besondere Heilkraft des Wassers: Seit dem Mittelalter galt die Heilige Ilsequelle am Hang des Kompass, 694 m, als Pilgerstätte.

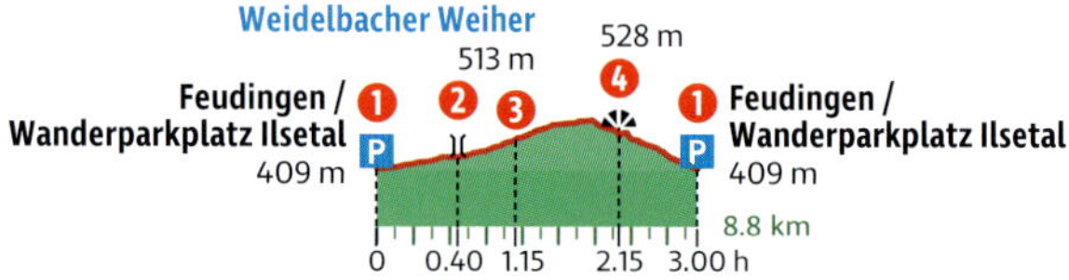

Ausgangspunkt: Wanderparkplatz Ilsetal, 409 m, Feudingen, an der Kreisstraße K35 »Zum Ilsetal«, die bis hinauf nach Heiligenborn führt; Buslinie SB5 ab Siegen oder Bad Laasphe, Haltestelle »Feudingen Ortsmitte«; Bahnlinie RB94 ab Erndtebrück oder Bad Laasphe, Haltestelle »Feudingen«: zu Fuß rund 1,5 km von der Feudinger Ortsmitte über den gelb-schwarz markierten Rothaarsteig-Zubringer.

Anforderungen: Breite Wald- und Forstwege.

Einkehr: Keine.

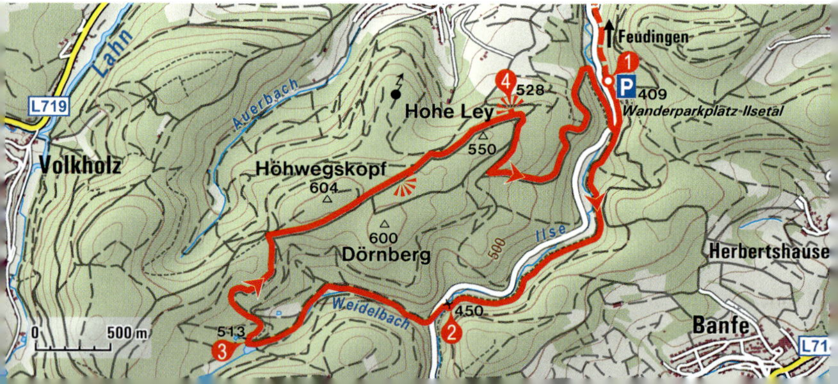

Der Weidelbacher Weiher ist auch im Herbst von einnehmender Schönheit.

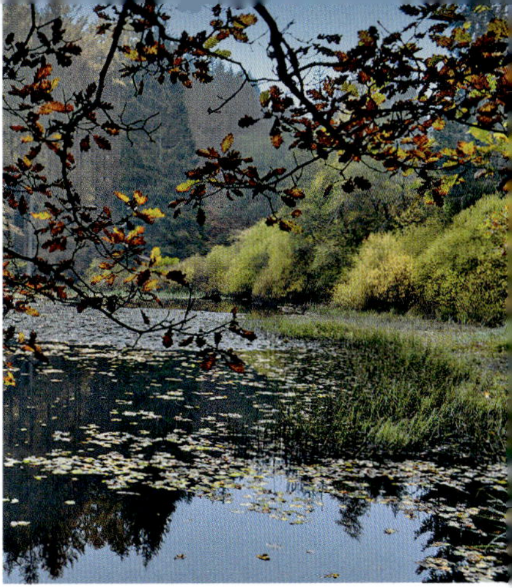

Am **Wanderparkplatz Ilsetal** ❶ im Süden von Feudingen beginnen wir unsere durchgängig mit A4 gekennzeichnete Wanderung. Wir gehen die Straße zunächst ein Stück taleinwärts, biegen dann vor der Brücke links in einen Waldweg ein. Die Wanderzeichen an den Baumstämmen zeigen an, dass wir nicht nur der Rothaarsteig-Spur Ilsetalpfad folgen, sondern auch dem Lahnwanderweg, dem hier mit X2 markierten Europäischen Fernwanderweg E1 und der Banfer Variante einer Ilsetal-Tour. Unser Weg führt fast 2 km durch den Talgrund, der mal enger, mal weiter ist, die Ilse fröhlich plätschern, aber auch sanft mäandern lässt und uns dann an einer Bank mit Wegweiser nach rechts über eine **Brücke** ❷ über den kleinen Fluss bringt. Auf der anderen Seite der Kreisstraße geht es wieder in den Wald. Stetig wandern wir auf dem gut ausgebauten, Allee-ähnlichen Weg oberhalb der Schlucht des Weidelbachs bergan und freuen uns, am **Weidelbacher Weiher** ❸ durchatmen zu können.

Der Weiterweg führt über ein Holztreppchen und als Pfad durch den Wald zu einem breiten Weg, der den Namen des einstigen Oberförsters Dr. Franz Fischer trägt. Nach rund 5 km Gesamtstrecke verlassen wir am Höhwegskopf den bislang parallel verlaufenden Ilsetalpfad und wenden uns nach rechts. Über die Hänge des Dörnbergs, 600 m, gelangen wir zum höchsten Punkt unserer Runde und zu schönen Aussichten: In der Ferne zeichnen sich jenseits der Lahn die Höhen bei Bad Laasphe ab (wer genau hinsieht, entdeckt auch Schloss Wittgenstein!), gleich vor uns zeigt sich Feudingen gleich mehrfach in einer Postkartenansicht.

Bei Kilometer 6 dieser Tour trifft unser Weg wieder auf die Rothaarsteig-Spur und biegt mit dieser nach rechts zur Hohen Ley, 550 m, ab. Unbedingt folgen sollten wir der Einladung des Wegweisers zum **Panoramablick** ❹, um mit Genuss auf Feudingen und die den Ort umgebenen Dörfer zu schauen. Danach geht es nach einem scharfen Rechtsknick ziemlich rapide zurück ins Ilsetal. Noch einmal nach links und eine kleine Weile am Hang entlang, dann erneut spitzwinklig nach rechts – und schon hat uns der Talgrund wieder. Wir wenden uns links zur Brücke hin und kehren über den vom Start schon bekannten Straßenabschnitt zu unserem Ausgangspunkt am **Wanderparkplatz Ilsetal** ❶ zurück.

↗ 290 m | ↘ 290 m | 14.0 km

43 Die Feudinger Höfe

4.00 h

Streifzug durch die Dörfer des Wittgensteiner Lands

Der Luftkurort Feudingen ist ein idealer Ausgangspunkt für Wanderungen rund um Bad Laasphe, Erndtebrück und das Quellgebiet von Sieg, Lahn und Eder. Mit dem Ilsetalpfad und der Nähe zum Mäanderweg ist der über 800 Jahre alte Laaspher Stadtteil im oberen Lahntal ans Netz der Rothaarsteig-Rundwanderwege angebunden. Er ist Etappenort des Lahnwanderwegs und wartet mit einer Infrastruktur auf, die das Ankommen, Bleiben und Weiterziehen ermöglicht. Bestens aufgestellt ist Feudingen auch, was die Ortswanderwege angeht. Wir haben uns für den F6 entschieden: »Die Feudinger Höfe« schlägt einen Bogen über die Dörfer Rüppershausen, Oberndorf, Rückershausen und Weide. Hier zeigt sich beispielhaft, warum Siegen-Wittgenstein als Flächenkreis gilt; erlebbar wird auch die ländliche Struktur des Wittgensteiner Landes. Dass Wintersport in dieser Gegend großgeschrieben wird, erfahren wir bei Rückershausen: Hier gibt es gleich mehrere Skisprungschanzen, bei Schnee werden die Wanderwege zu Loipen und ein kleiner Lift ermöglicht alpines Skivergnügen.

Ausgangspunkt: Feudingen, 392 m, Sieg-Lahn-Straße / Im Brühl am Bhf.; Parken am Bhf., idealerweise nach Absprache mit der Rezeption des Romantik Landhotels Doerr; Buslinie SB5 ab Siegen oder Bad Laasphe, Haltestelle »Feudingen Ortsmitte«; Bahnlinie RB94 ab Erndtebrück oder Bad Laasphe, Haltestelle »Feudingen«.
Anforderungen: Zum Teil über geteerte Wirtschaftswege; das machen die wunderschönen Wege durch den Wald und übers Feld wieder wett.
Einkehr: Unterwegs keine. Empfohlene Rast am Skigelände bei Rückershausen oder am Ortseingang von Weide. Feudingen: Café Müller, Sieg-Lahn-Straße 29; Abendessen im Hotel im Auerbachtal nach vorheriger Anmeldung, Tel. +49 2754 375880, www.auerbachtal.de.

Auf dem Feudinger Hardtchen gibt es ein Denkmal für die Gefallenen der Weltkriege.

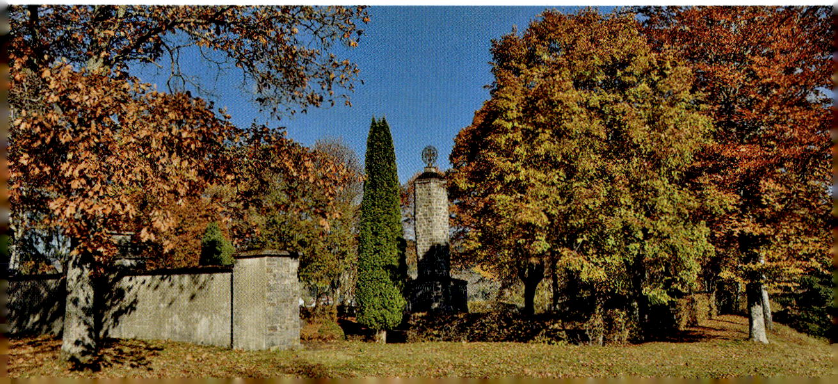

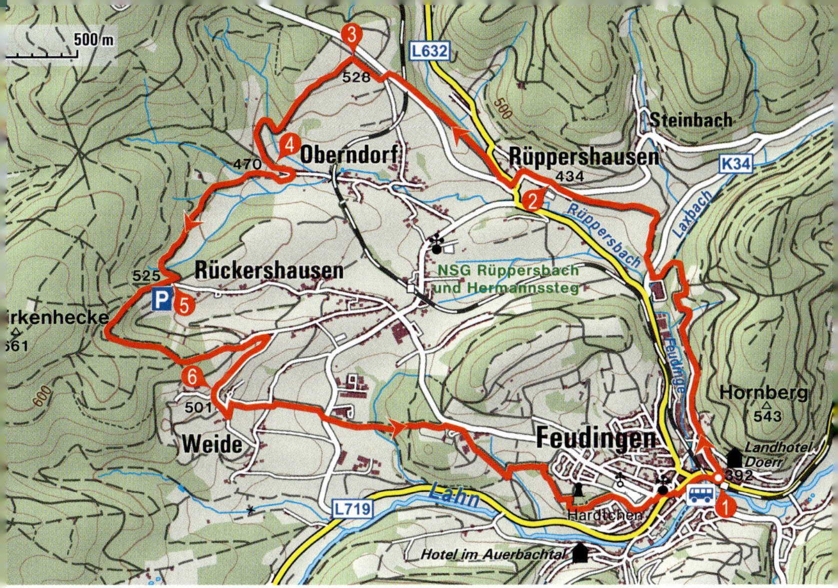

Wir beginnen unsere mit F6 vorzüglich gekennzeichnete Höfe-Tour an der Sieg-Lahn-Straße in **Feudingen** ❶ am Abzweig der Straße Im Brühl und kommen in das kleine und alte Industriegebiet des Ortes. Über die Straßen Zum Trauberg und Am Hornberg wandern wir nach Norden, zum Teil über Weideland, im Grunde dem Lauf der Bahnlinie nach Erndtebrück und dem des Feudinge-Bachs folgend. Nach knapp 2 km kreuzen wir die schmale Kreisstraße K34 im Laxbachtal und gelangen jenseits dieser Nebenstrecke in den Bereich des Naturschutzgebiets »Rüppersbach und Hermannssteg«. Nach etwa 400 m biegen wir nach links ab. Unser Zwischenziel heißt **Rüppershausen** ❷. Das Dorf ist einer der kleinen Orte des Laaspher Bereichs »Auf den Höfen« und wurde schon 1365 urkundlich erwähnt.
Wir durchqueren Rüppershausen, halten uns dabei zunächst links und erst an der Straße Zum Dille rechts. Nun beginnt ein längerer Aufstieg, mal rechts der Straße, mal am Straßenrand entlang. Kurz nach der Brücke über

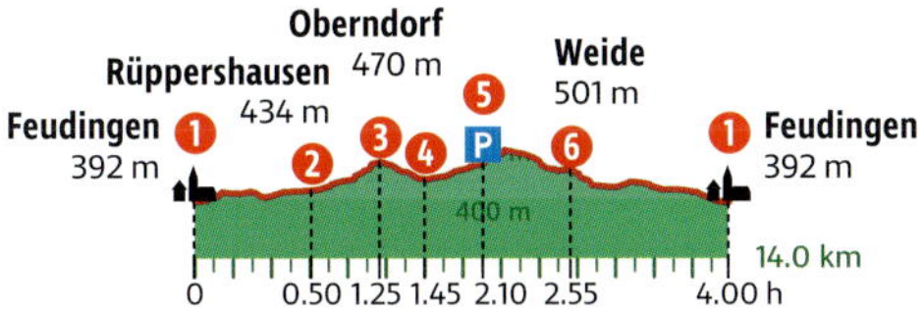

die Bahn biegen wir nach links in die Erndtebrücker Straße ein, wenden uns dann gleich wieder nach rechts und passieren das Gelände des Modellflugclubs Wittgenstein. Dieser **Modellflugplatz** ❸ zählt zu den schönsten in Deutschland! Wir treffen hier auf den in Erndtebrück beginnenden Mäanderweg, dem der Weg F6 eine Weile folgt: zunächst nach links durch ein idyllisches Hochtal und entlang des Quellgebiets Oberndorfer Bruch an den Ortsrand von **Oberndorf** ❹. Dort geht es über die Straße Zur Grundwiese erneut zu feinstem Weideland fürs Rind. Am Talschluss werden wir von der Dimension des mitten in der Natur gelegenen Skisprunggeländes überrascht. Am **Wanderparkplatz Rückershausen** ❺ lohnt sich eine Rast. Wir trennen uns hier vom Mäanderweg und umrunden das Wintersportareal in einem größeren Bogen. Ein echter Genuss sind die Weitblicke ins obere Lahntal. Queren dann noch die roten Waggons der Kurhessenbahn das vorwiegend grüne Land, wähnen wir uns mitten in einer Modelleisenbahnlandschaft. Bei den ersten Häusern, die wir in Rückershausen erreichen, biegen wir über die Obere Weide scharf rechts nach Weide ab. Das Dorf Weide ist eine der Siedlungen, die im frühen 18. Jahrhundert rund um Feudingen entstanden. Aus dem einst wüsten Ort ist fruchtbares Land geworden. In **Weide** ❻ beginnt unser Rückweg nach Feudingen. Wir wandern über freies Feld, mal auch mitten durch eine Hofansiedlung hindurch, überqueren die Siegener Straße und gelangen durch ein erneut wunderschönes Bachtal über den Feudinger Sportplatz zur Grundschule. Über den Schulhof führt uns der F6 durch eine weit geschwungene Landschaft hinüber zum Hardtchen, einem umzäunten Naturgelände (besonders schön zur Heideblüte!) mit einem Ehrenmal für die Weltkriegsopfer. Wir verlassen das Areal über die Lindenallee, die hinunter zum Friedhof führt, und machen noch einmal einen Stopp an der evangelischen Kirche. Um 1250 als Martinskirche erbaut, ist diese dreischiffige Hallenkirche eine der ältesten in Wittgenstein.

Im Zickzackkurs gelangen wir über kleine Gässchen zur geschäftigen Sieg-Lahn-Straße und sind von hier rasch am Ausgangspunkt in **Feudingen** ❶ zurück.

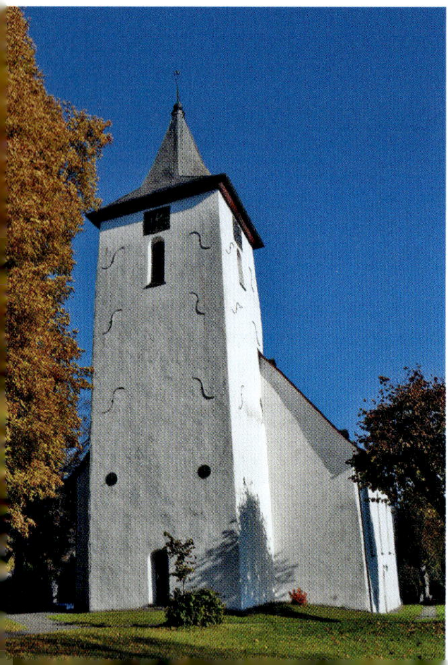

Die evangelische Kirche von Feudingen.

↗ 250 m | ↘ 180 m | 9.4 km

3.00 h

Bad Laasphe und das obere Lahntal

44

Über Altstadt und Schloss nach Feudingen

Eine erste Adresse bei der Ankunft in Bad Laasphe ist das Haus des Gastes am Wilhelmsplatz. Mit Tourist-Info, Serviceräumen und einem Pilzmuseum bietet es Gelegenheit zur Orientierung. Wanderwege führen in alle Himmelsrichtungen. Zu empfehlen ist ein Bummel durch die Laaspher Altstadt mit ihren rund 60 denkmalgeschützten Fachwerkhäusern. Das älteste Gebäude im historischen Zentrum ist die evangelische Kirche; ihre Geschichte reicht bis ins frühe 13. Jahrhundert zurück. Die große Zeit als Kneipp-Kurort ist in Bad Laasphe vorbei, doch es tut sich was: Gemeinsam mit sieben weiteren Kur- und Heilbädern in Südwestfalen arbeitet die Stadt an der Lahn an einem Kurkonzept für pflegende Angehörige. Die Infrastruktur ist vorhanden – ein Kurpark auch! Über der Stadt thront das stattliche Schloss Wittgenstein. Hier hatte bis 1950 die fürstliche Familie derer zu Sayn-Wittgenstein-Hohenstein ihren Sitz. Schloss Wittgenstein beherbergt heute eine Privatschule mit angeschlossenem Internat.

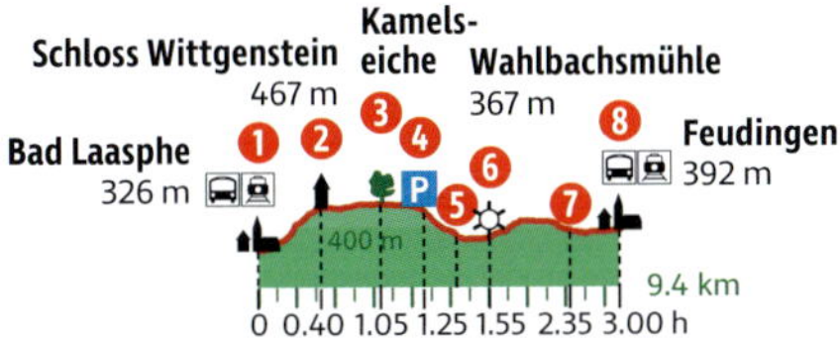

Ausgangspunkt: Bad Laasphe, 326 m, Haus des Gastes; Buslinie SB5 von Siegen, Haltestelle »Wilhelmsplatz«; Bahnlinie RB94, Haltestelle »Bad Laasphe«, ca. 10 Min. zu Fuß bis zum Haus des Gastes.
Endpunkt: Feudingen, 392 m; Buslinie SB5 nach Siegen oder Bad Laasphe, Haltestelle »Feudingen Ortsmitte«; Bahnlinie RB94 nach Erndtebrück oder Bad Laasphe, Haltestelle »Feudingen«.
Anforderungen: Gute Forst- und Wirtschaftswege, zum Teil Asphalt.
Einkehr: Wahlbachsmühle: Selbstbedienungskühlschrank der Familie Karpf mit alkoholfreien Erfrischungsgetränken, rustikal-gemütlicher Sitzplatz, Frühjahr bis Herbst; Laaspher Altstadt: Mehrere Möglichkeiten; Brauereigasthof Zur Sonne, älteste Gaststätte und Stammhaus der Bosch-Brauerei, begeistert nicht nur mit Herzhaftem, sondern nachmittags auch mit frisch gebackenem Kuchen, Königstraße 32, Tel. 49 2752 5070330, brauhaus-zursonne.de; Feudingen: Café Müller, Sieg-Lahn-Straße 29; Abendessen im Hotel im Auerbachtal nach vorheriger Anmeldung, Tel. +49 2754 375880, www.auerbachtal.de.
Tipp: In Bad Laasphe bieten sich gleich mehrere thematische Stadtspaziergänge an. Einer davon widmet sich dem jüdischen Leben in der Stadt und führt unter anderem zur einstigen Synagoge an der Mauerstraße.

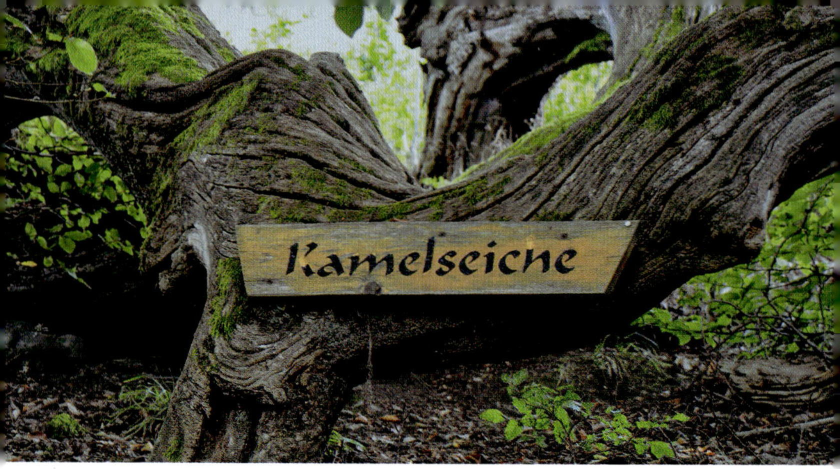

Die alte Kamelseiche auf dem Weg zwischen Laasphe und Saßmannshausen.

Vom Haus des Gastes in **Bad Laasphe** ❶ aus steuern wir zunächst jenseits der Bundesstraße B62 die Altstadt an. An der Königsstraße passieren wir den Stadtbrunnen und etliche historische Fachwerkhäuser. Die schmucken Fassaden zeugen vom Reichtum und Stolz der einstigen Baumeister und Besitzer. Nach etwa 400 m biegen wir nach links in die Schlossstraße ein, wenig später wieder rechts in den Max-Präger-Weg. Das Straßenschild verweist auf den 1943 in Auschwitz ermordeten Vorsteher der einst regen jüdischen

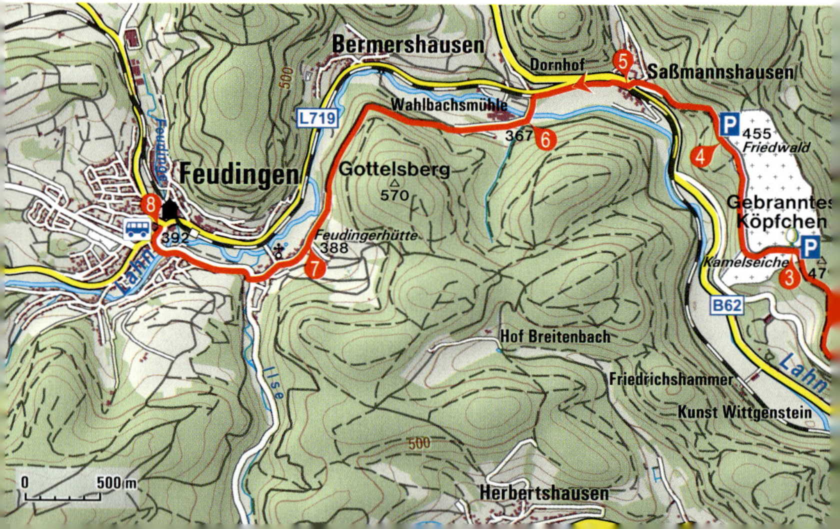

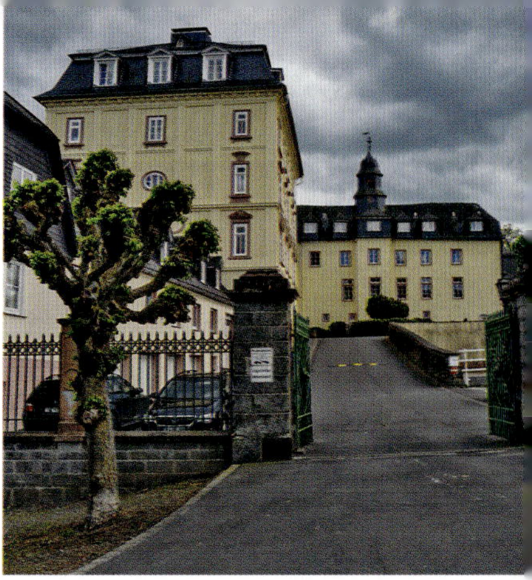

Das stattliche Schloss Wittgenstein war bis 1950 Sitz der fürstlichen Familie.

Gemeinde Laasphes. Bei der früheren Schlossbergklinik führt unser Weg nun hinauf zum Schloss – mit reizvollen Blicken auf den Laaspher Stadtkern und nach Niederlaasphe. **Schloss Wittgenstein** 2 sollten wir zumindest einen Kurzbesuch abstatten: den Hof betreten, wenn möglich über die Treppe auch den kleinen Park.

Über die Schlossstraße geht es zunächst entlang weiterer Schulanlagen, bald aber in einen wunderschönen Laubmischwald. Lange folgt unser Weg auf halber Höhe dem hier recht engen Tal. Die **Kamelseiche** 3 am Gebrannten Köpfchen zierte früher sogar Bad Laaspher Ansichtskarten, sie zeigten den Baum, der von seiner Form her an ein Kamel erinnert, gern in Begleitung zweier Rehe. Naturromantik pur! Beim **Parkplatz am Friedwald** 4 öffnet sich der Blick ins Lahntal und damit auch auf das Dörfchen Bermershausen, dessen Wahrzeichen der Scharfenstein ist, ein Acht-Meter-Felsen hoch über dem Dorf. In **Saßmannshausen** 5 überqueren wir die Bundesstraße B62, gehen für etwa 500 m entlang der Landstraße L719 und biegen nach links ab. Wir überqueren die Gleise der Bahnlinie und wenig später auch die Lahn und halten uns im Bereich der **Wahlbachsmühle** 6 rechts. Während der Lahnwanderweg von hier aus über den Homberg durchs Ilsetal zum Weidelbacher Weiher führt, wählen wir die Talvariante und folgen nun der Feudinger Ortsroute F3. Diese bringt uns ohne nennenswerte Anstrengung nach **Feudingerhütte** 7. Hier fällt uns ein Kirchlein ins Auge. Es ist seit Mitte des 19. Jahrhunderts der Versammlungsort der Katholisch-Apostolischen Gemeinde in Feudingen. Über die Hüttenstraße und die Straße Zum Ilsetal gelangen wir zunächst zur Ilse und dann über den Großen Hof nach **Feudingen** 8.

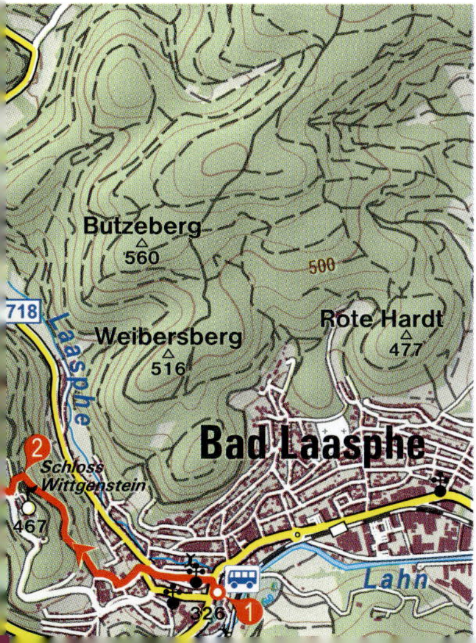

TOP

↗ 240 m | ↘ 240 m | 8.9 km

45 Lahn-Facette Entenberg

3.00 h

Gipfelerlebnis an der Grenze zu Hessen

»Am Ziel deiner Wünsche wirst du jedenfalls eines vermissen: dein Wandern zum Ziel.« Sagt die Dichterin Marie von Ebner-Eschenbach, und ihr kluger Satz ist den Einträgen des Gipfelbuchs am Entenberg, 535 m, vorangestellt. Auf der Spitze dieses Luginslands öffnet sich der Blick auf Niederlaasphe, Puderbach, ins nahe Hessische und den Perfstausee bei Breidenstein. Sind die Winde am Entenberg günstig, treibt es die Gleitschirmflieger hinauf. Wir kommen auf Hin- und Rückweg durch den Laaspher Kurpark. Seit 1904 ist die Stadt Luftkurort, 1960 wurde sie Kneipp-Kurort und 1984 Kneipp-Heilbad. Die Kneipp'sche Gesundheitslehre spiegelt sich rund um das Haus des Gastes: im Wassertretbecken im Stadtgarten und im Kräutergarten hinter dem Besucherzentrum. Auf den Spuren von Sebastian Kneipp sind wir aber auch, wenn wir wandern. Denn eine der fünf Säulen fürs Wohlbefinden heißt Bewegung.

Ausgangspunkt: Bad Laasphe, 326 m, Haus des Gastes, öffentlicher Parkplatz an der Lahnstraße; Buslinie SB5 von Siegen, Haltestelle »Wilhelmsplatz«; Bahnlinie RB94, Haltestelle »Bad Laasphe«, ca. 10 Min. zu Fuß bis zum Haus des Gastes.
Anforderungen: Man sollte trittsicher und konditionsstark sein: Zum Teil geht es über Stock und Stein bergan und vom Entenberg recht steil hinab.

Einkehr: Am Ende der Gipfelrunde diverse Möglichkeiten in der Altstadt von Bad Laasphe, z. B. Brauerei-Gasthof Zur Sonne, älteste Gaststätte und Stammhaus der Bosch-Brauerei, Königstraße 32, Tel. +49 2752 5070330, brauhaus-zursonne.de.
Tipp: Gern geben wir den Rat der Bad Laaspher Touristiker weiter und empfehlen eine Sonnenaufgangswanderung auf den Entenberg.

Vom Entenberg aus geht der Blick weit ins Land. Von hier starten bei günstigen Winden die Gleitschirmflieger ins Tal.

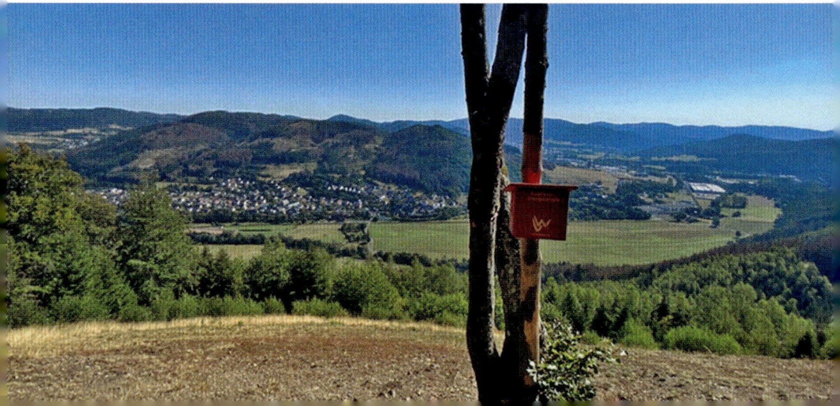

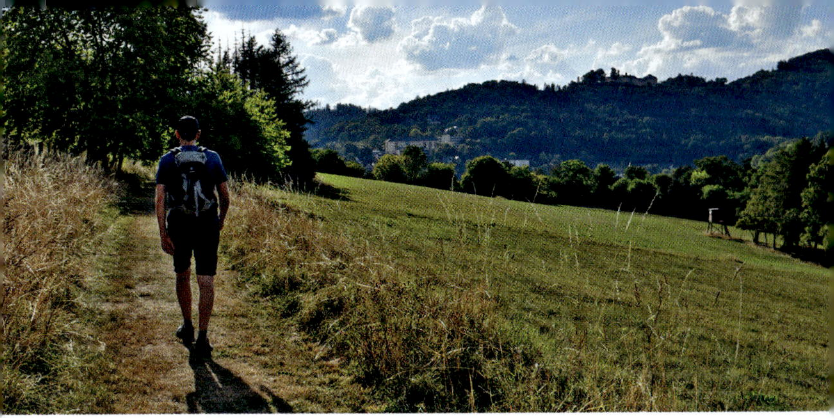

Wir wandern auf Bad Laasphe zu. Über der Stadt thront Schloss Wittgenstein.

Die »Lahn-Facette Entenberg« ist eine der mit »Facetten« bezeichneten Rund- und Streckentouren entlang des Lahntals. Sie beginnt in **Bad Laasphe** ❶ am Haus des Gastes, sie ist mit einem geschwungenen schwarzen L markiert und führt hinter dem Haus des Gastes zur Brückenstraße, mit dieser über die Bahn und auf die andere Seite der Lahn. An der Felswand sehen wir den Gär- und Lagerkeller der seit 1705 in Laasphe ansässigen Brauerei Bosch. Die gepflasterte Straße führt uns links zum **Kurpark** ❷ hinauf. Ein Blickfang der gepflegten Anlage ist das monumentale Denkmal für die Opfer der beiden Weltkriege. Ein anderer ist die große rote Skulptur des australischen Künstlers Michael Le Grand, aufgestellt im Zuge der Laaspher Bildhauersymposien.

Der Weg zum Entenberg führt jetzt in den Wald und biegt dort nach rund 200 m scharf links ab. Es geht zunächst bequem bergan und, erneut links haltend, erst noch einmal am Hang entlang mit **Lahntalblick** ❸ über die Schafweide hinweg und Picknickplatz. Nun nimmt die Route Fahrt auf, denn die »Lahn-Facette« wählt nicht den geraden Weg auf die Höhe, sondern schlängelt sich als Pfad, stets deutlich markiert, in einem feinen Bergauf-Bergab am Hang entlang.

Am Ende dieses kleinen Abenteuers landen wir auf einem breiten Forstweg, der den Gebrannten Kopf, 512 m, halb umrundet und uns zur **Hugo-Kracht-Hütte** ❹ führt. Namensgeber der seit 1950 in dieser Form bestehenden Schutzhütte ist der aus Gelsenkirchen stammende

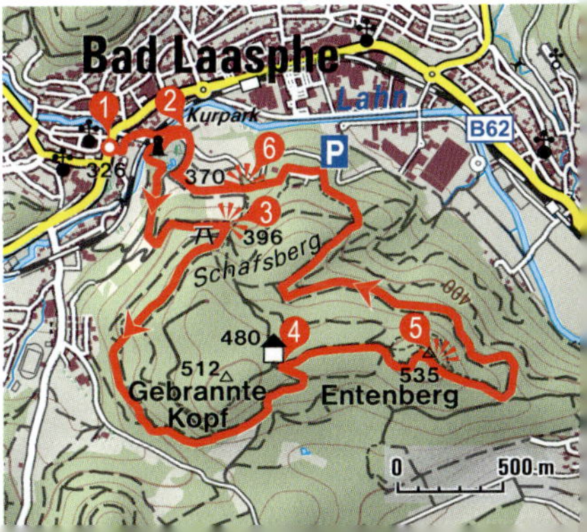

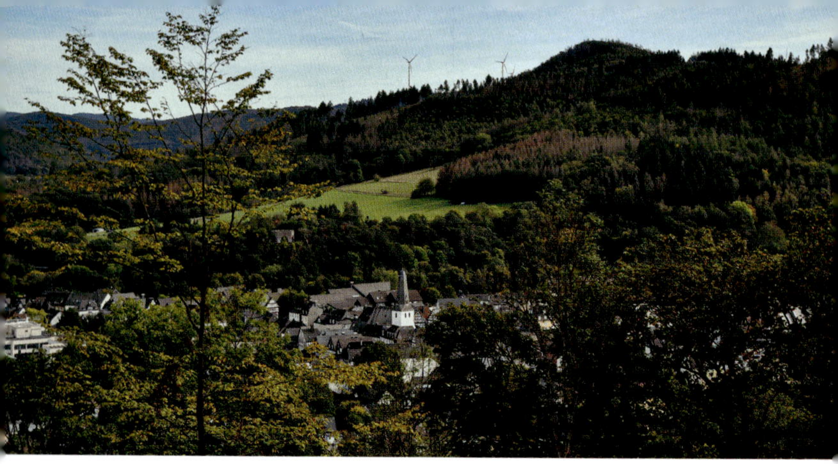

Unser Blick geht über Bad Laasphe hinweg.

Lehrer Hugo Kracht (1870–1953). Den Pionier der SGV-Arbeit und Mitbegründer des Deutschen Jugendherbergswerks verschlug es der Liebe wegen nach Laasphe: Bei einer seiner Wandertouren machte er 1895 im »Wittgensteiner Hof« Station und war von der Wirtstochter Auguste mehr als angetan! Im Verbund mit dem Lahnwanderweg und dem Rundwanderweg A4 wandern wir über ein Hochplateau ostwärts und machen uns nach einem Schlenker nach halbrechts scharf links an den finalen Aufstieg zum **Entenberg** 5. Der Grenzstein zeigt an, dass wir die Grenze zu Hessen erreicht haben.
Entlang dieser erfolgt auch der zunächst recht steile Abstieg. Die »Lahn-Facette« ändert sehr bald ihre Richtung – es geht nun westwärts. Parallel zum Lahntal wandern wir fast höhengleich Richtung Laasphe zurück. Am Schafsberg wenden wir uns erst nach rechts, später nach links, kommen am Wanderparkplatz Am Hohenstein vorbei und zum Schützenhaus. Dort biegen wir vor einer Schranke nach links ab und folgen dann rechts einem Pfad, der uns unterhalb der vom Hinweg schon bekannten **Schafweide** 6 bringt. Über aussichtsreiches Wiesengelände (Schlossblick!) kommen wir ein zweites Mal zum **Kurpark** 2. Wir wandern zur Lahn hinab und damit nach **Bad Laasphe** 1 zurück.

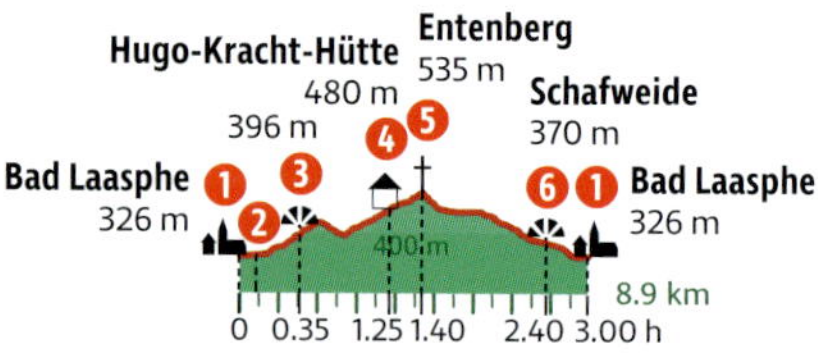

↗ 110 m | ↘ 110 m | 4.7 km

1.30 h

Von Banfe nach Bernshausen **46**

Genussrunde in einem stillen Seitental der Banfe

Man muss sie schon erwischen, die schmale Stichstraße, die aus dem Banfetal in den kleinen Bad Laaspher Stadtteil Bernshausen führt. Eine Zufahrt, die am Ende des Zweiten Weltkriegs auch die US-amerikanischen Panzertruppen übersehen haben. Wanderer können Bernshausen zum Beispiel über die Höhe vom Banfer Sportplatz aus erobern. Von der einstigen Burg derer zu Berndshausen ist heute nichts mehr zu sehen; das dörfliche Gepräge aber hat sich gehalten: mit Fachwerk, Weiden und Vieh. Im Dorf findet sich ein Hof, wo Belted Galloway gezüchtet und das Fleisch der langfelligen Rinder mit der auffallenden weißen Bauchbinde zum Verkauf angeboten werden. Das Bernshäuser Tal ist ein stilles Tal, das in seiner Verlängerung hinauf zur Ilsequelle und zum Kompass führt, dem mit 694 Metern höchsten Berg des südlichen Rothaargebirges. Dreh- und Angelpunkt im Banfetal ist Banfe. Urkundlich erstmals 1329 erwähnt, belegen archäologische Funde, dass am Ufer der zur Lahn fließenden Banfe schon vor 4000 Jahren Menschen siedelten.

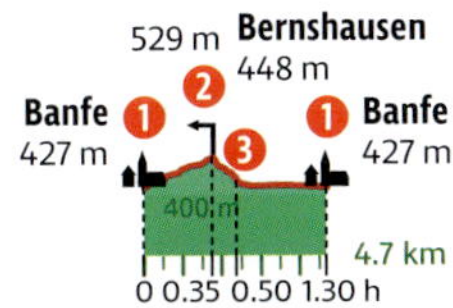

Ausgangspunkt: Banfe, 427 m, Sportplatz, mit Parkmöglichkeiten; Buslinie R32 ab Bad Laasphe, Haltestelle »Banfe Eiche«, 15 Min. über Banfetal- und Sportplatzstraße zum Ausgangspunkt.
Anforderungen: Bei schönem Wetter eine herrlich sonnige Runde auf breiten Forst- und Wirtschaftswegen, zum Teil asphaltiert; Abstieg nach Bernshausen zum Teil steil, Trittsicherheit erforderlich.
Einkehr: Banfe: Filiale der Bäckerei Müller mit kleinem Café, Banfetalstraße 83.
Tipp: Das Heimatmuseum Banfetal in Banfe stellt die Kultur und Geschichte des Wittgensteiner Landes auf anschauliche Weise dar, jeden 1. Sonntag im Monat 14–17 Uhr sowie nach Absprache, Tel. +49 2752 6209; Bernshausen: 24-Stunden-Hofladen von Santina Weber und Christian Graser, Bernshäuser Straße 12, frische Eier aus Freilandhaltung, Nudeln, Honig und mehr.

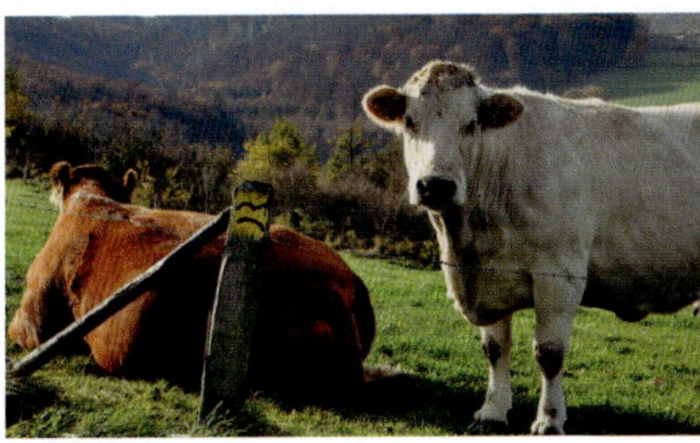

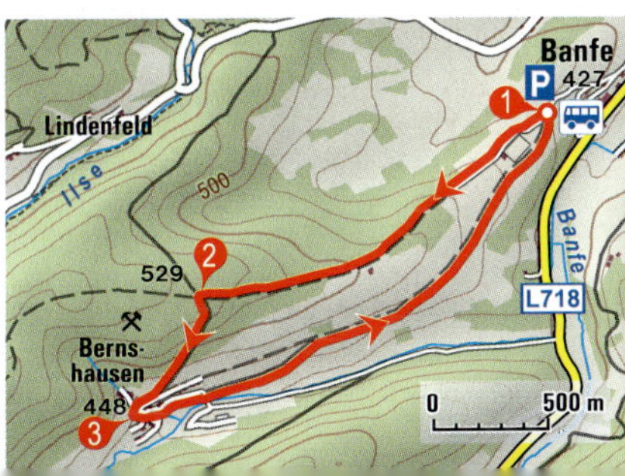

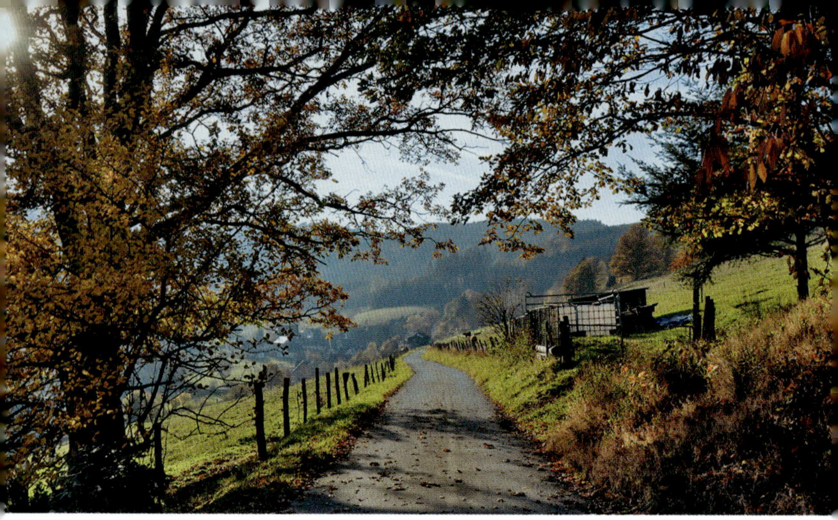

Still und idyllisch: das Bernshäuser Tal.

In unsere genussvolle Runde steigen wir in **Banfe** ❶ am Sportplatz ein und wandern rechts des Areals mit dem gelb-schwarzen Rothaarsteigzubringer bergan. Zunächst geht es auf Teer, später auf Schotter durch wunderbar freies Gelände; in der Nähe sind wir mit mancher Kuh auf Du und Du, am Hang gegenüber sehen wir einen allein stehenden Hof und beim Blick zurück vielleicht sogar die beiden geschieferten Turmspitzen des »Banfer Doms«. Gut anderthalb Kilometer bleiben wir auf dem Hauptweg. Dieser führt im weiteren Verlauf in den Wildniswald »Heiligenborner Wald – Dieter Mennekes Wildnis« und damit auch zur Ilsequelle. Wir allerdings wenden uns an der **Kreuzung** ❷ oberhalb des Ilsetal-Weilers Lindenfeld nach links, um mit den Ortswanderwegen A8 und B3 nach Bernshausen abzusteigen. Diesen Weg nahmen früher die Lindenfelder Schulkinder. In der bis in die 1960er Jahre bestehenden Bernshäuser Volksschule unterrichtete der Lehrer mitunter fast 40 Kinder in acht Altersstufen zugleich. Das Schulgebäude ist gleich das erste Haus am Ortsrand rechts.
Über das Sträßchen Langäcker kommen wir nach **Bernshausen** ❸ und wenden uns mit Erreichen der Bernhäuser Straße unmittelbar nach links. Wir gehen mitten durchs Dorf und staunen über manche alte Fachwerkfassade. Wo die Bernshäuser Straße am Ortsausgang nach rechts abknickt, wandern wir geradeaus und kommen wieder aufs freie Feld. Vor uns die »Mühlen« des Windparks Hesselbach, hinter uns das idyllische Tal und um uns herum das Grün der »Beltie«-Weiden – schön ist es hier. Zwei Mal noch halten wir uns auf dem zumeist geteerten Weg jeweils halblinks und bummeln gemütlich zum Sportplatz in **Banfe** ❶ zurück.

↗ 250 m | ↘ 250 m | 8.0 km

2.30 h

Puderbach und Puderburg

Grenznahes Vergnügen für Gipfelstürmer

Nur seine ersten sechs Lebensjahre hat der berühmteste Sohn des Bad Laaspher Stadtteils Puderbach in dem kleinen Ort verbracht, doch seine letzte Ruhestätte bringt ihn wieder an den Anfang seiner Lebensgeschichte: Der Komponist und Musikpädagoge Friedrich Kiel (1821–1885) liegt an der Mauer der Wehrkirche begraben. Für ihn ging es von Puderbach aus in die Welt: über Schwarzenau im Edertal und Bad Berleburg letztlich nach Berlin. Wir kommen von wo immer nach Puderbach und erschließen uns das so schön gelegene Dorf über die Hänge des Hausbergs Puderburg, 619 m, und über das Naturschutzgebiet »Silbergsrücken und Puderbachtal«. Die Kirche von Puderbach, erbaut in der Mitte des 13. Jahrhunderts, ist die älteste Kirche in Wittgenstein. Aus den frühen Jahren erhalten sind Raumausmalungen und ein roher Taufstein. Eine Besichtigung ist möglich – den Schlüssel gibt es bei der Küsterin (Kontaktdaten auf der Info-Tafel der Kirchengemeinde).

Ausgangspunkt: Puderbach, 368 m, Wanderparkplatz am Vereinsheim, am Ortseingang rechts über die Straße Vor der Höhstadt; Buslinie BBL-1 (Bürgerbus ab Bad Laasphe, nicht am Wochenende), Haltestelle »Königsberger Straße«.
Anforderungen: Abwechslungsreiche Tour mit knackig-steilem Anstieg; das Gipfelerlebnis ist auch für Kinder, die gut zu Fuß sind, spannend; wer sich für die Steilstufe konditionell nicht gewappnet und trittsicher genug fühlt, sollte die Puderburg mit dem A6 nur umrunden.
Einkehr: Keine.

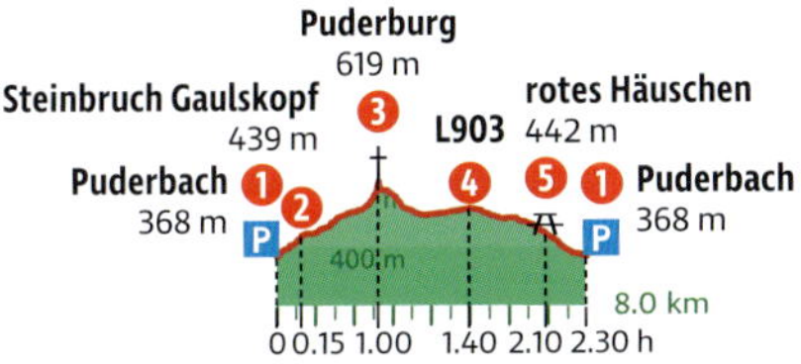

Beim Platz am Puderbacher Vereinsheim beginnen wir unseren Aufstieg zur Puderburg.

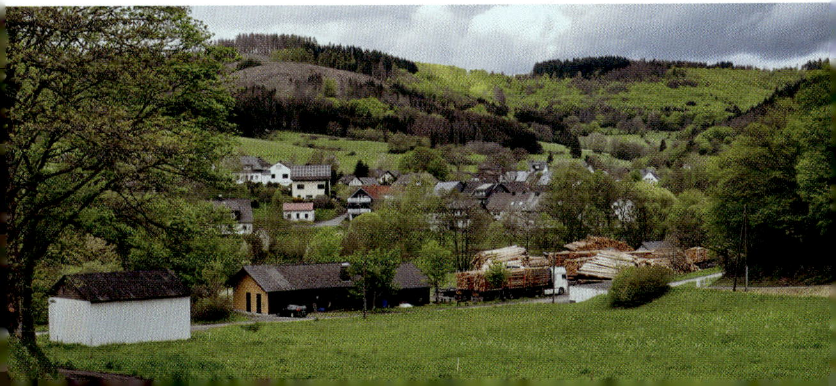

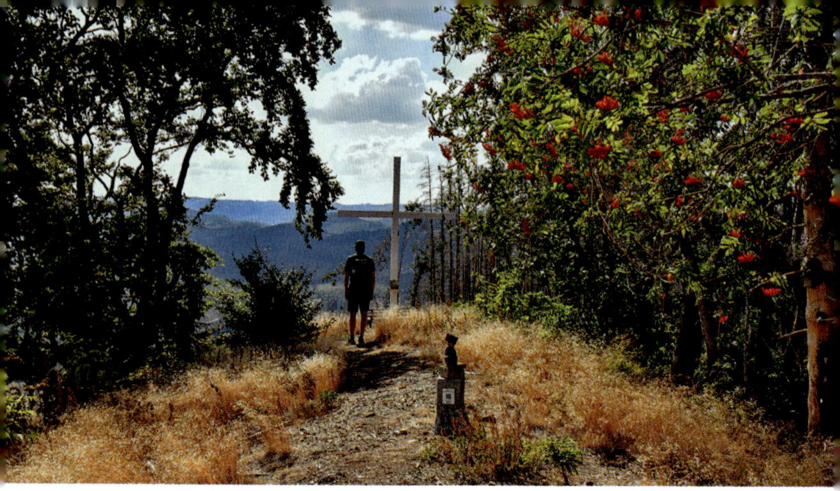

Geschafft! Die Puderburg ist erklommen. Jetzt muss eine Gipfelrast her – und zwar eine mit Panoramablicken.

Am Vereinsheim in **Puderbach** ❶ beginnt unser rund 3 km langer Aufstieg zur Puderburg. Dabei folgen wir zunächst den Wegmarkierungen P bzw. P2. An der Verzweigung der Straßen Vor der Höhstadt und Vor der Richtel wenden wir uns nach links und wandern entlang des Burbachs bergan. Am **Steinbruch Gaulskopf** ❷ macht unser Weg eine Biegung nach links und nähert sich der Puderburg stetig über nach Westen gewandte Hänge. Der Blick wird bald frei auf die gebirgige Landschaft rund um Bad Laasphe und zum Schloss Wittgenstein. Puderbach liegt uns hier wunderschön zu Füßen, vor uns erhebt sich die kegelförmige Puderburg. Nach etwa 2 km trifft der aus dem Tal heraufführende Wanderweg A6 auf unsere Route, wenig später weist uns ein Gipfel-mit-Kreuz-Zeichen nach rechts: Ab jetzt gilt es, eine echte Steilstufe zu meistern; gut beraten ist, wer wenigstens einen Wanderstock hat. Der Pfad nach oben folgt übrigens unmittelbar dem Grenzverlauf zwischen Nordrhein-Westfalen und Hessen. Über einen Grat geht es zum Gipfelkreuz der **Puderburg** ❸ mit Gipfelbuch und einem Panorama vom Allerfeinsten: hinü-

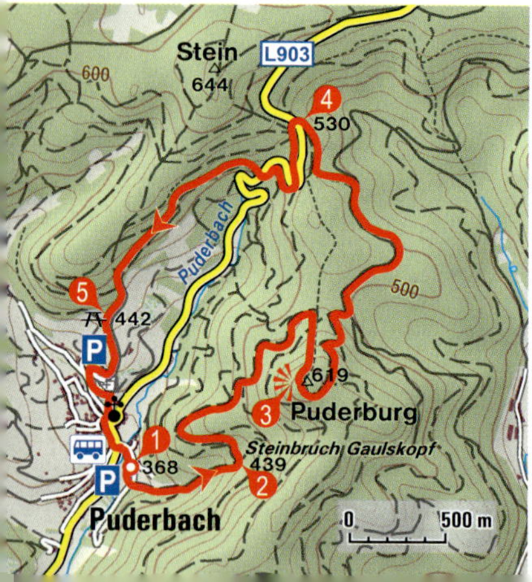

ber nach Laasphe und ostwärts ins Biedenkopfer Land. Nach verdienter Rast steigen wir vom Grat rechts hinunter zum A6 ab. Wir folgen dem Pfad nach links und kommen rasch auf einen breiteren Weg. Dort halten wir uns erneut zunächst links, am nächsten Abzweig rechts und ganz bald auf noch breiterem Weg wieder links. Sind die Bäume im Herbst vom Laub befreit, können wir von hier das Ausflugsziel Sackpfeife, 673 m, mit der 210 m hohen Sendeanlage des Hessischen Rundfunks ausmachen. Der A6 bringt uns nun durch herrlichen Buchenmischwald zur Landstraße **L903** 4. Sie führt über den Didoll und Richstein an die Eder. Wir folgen der Straße ein Stück bergab und biegen vor der dritten Kehre nach rechts wieder in den Wald ein. Damit sind wir zurück auf dem mit A6 markierten Weg, der uns zunächst am Waldrand, dann mitten durch grünes Weideland auf das Wiesengelände über Puderbach bringt. Als aussichtsreicher Pausenplatz bietet sich die Bank am **roten Häuschen** 5 an. Hier lässt sich die landschaftliche Schönheit dieses zum naturgeschützten Silbergsrücken zählenden Areals auskosten. Wir wandern weiter bergab und kommen zum Wanderparkplatz am Friedhof, den wir über einen spitzwinkligen Abzweig fast zur Gänze umrunden. Über einen Wiesenweg geht es rechts zum Dorf hinab und geradewegs auf die Puderbacher Kirche zu. Über eine Treppe gelangen wir zur Dorfmitte. Nur ein paar Schritte sind es von hier zum Friedrich-Kiel-Geburtshaus an der Friedrich-Kiel-Straße 3. Zu unserem Ausgangspunkt am Vereinsheim in **Puderbach** 1 gelangen wir schließlich über die Lahn-Eder-Straße und von dort nach links über die Straße Vor der Höhstadt.

Die Kirche von Puderbach ist die älteste Kirche in Wittgenstein. Erbaut wie eine feste Burg!

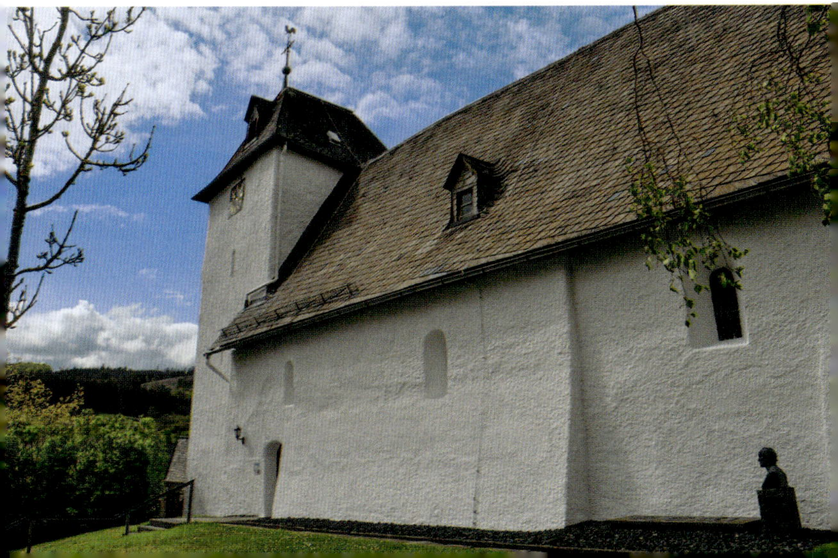

TOP

↗ 500 m | ↘ 500 m | 13.8 km

48 Die Via Celtica bei Dotzlar

5.00 h

Ein Weg wie eine Erzählung aus keltischer Zeit

Der als »Via Celtica« bezeichnete Weg erschließt die hügelige Umgebung rund um Dotzlar strikt mit einem »keltischen« Motiv. Dabei folgten die Wegeplaner dem Prinzip der aus der US-amerikanischen Nationalpark-Entwicklung stammenden »Heritage Interpretation«. Das tun sie in diesem Fall unabhängig von einer historisch fundierten Grundlage, denn stichhaltige Beweise für eine frühe keltische Besiedlung gibt es hier bislang nicht ... Es gibt einen Flyer zum Weg, der anhand von 14 »Ankerpunkten« vom Leben und Denken der Kelten erzählt. Das mag anregen oder auch nicht. Man kann diesen Weg aber auch einfach gehen, klettern, schauen und genießen. Beides ist möglich und absolut lohnend.

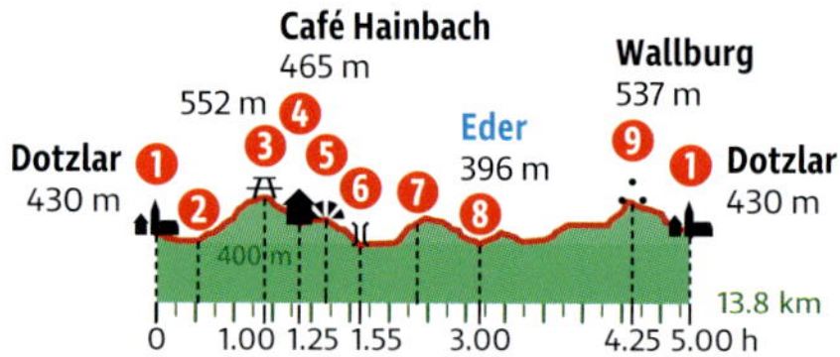

Ausgangspunkt: Dotzlar, 430 m, Parkplatz bei der Kulturhalle, Laubrother Straße; Buslinie R33 ab Bad Berleburg, Haltestelle »Dotzlar Scheid«, 5 Min. zu Fuß bis zum Ausgangspunkt.
Anforderungen: Konditionell fordernde Tour mit zum Teil alpinem Charakter; Trittsicherheit ebenso wichtig wie festes, am besten knöchelhohes Schuhwerk.

Einkehr: Café Hainbach, Mi.–Sa. 14–18 Uhr, So./Feiertag ab 10 Uhr (Ende 2022 geschlossen); Gasthof zum Bahnhof nahe der Ederbrücke bei Arfeld, Sa./So. ab 12 Uhr, werktags ab 16 Uhr, Mi. Ruhetag.
Tipp: Besuch des Schieferschaubergwerks Raumland, April–Oktober samstags ab 14 Uhr, www.schieferschaubergwerk.de.

Am Parkplatz an der Laubrother Straße in **Dotzlar** ❶ lädt die Wandertafel zu gleich zwei Wegen ein: der Via Celtica und der Runde »Bei de Hullerkeppe«. Wir folgen dem schwarzen Sechseck des »Keltenwegs«. Doch dem Wacholder (dialektal: »Hullerkeppe«) werden wir unterwegs mehr als einmal begegnen. Wir verlassen das Dorf über die Eichenstraße und wandern entlang des Schul- und Sportgeländes dem Edertal entgegen oder über den Wiesenweg. Am Waldrand gehen wir bis zum scharfen Rechtsabzweig, der uns über einen Pfad zur **Dotzlarer Hauptstraße** ❷ bringt. Wir halten uns kurz rechts, überqueren die Landstraße L553 und biegen nach links in einen Wirtschaftsweg ein, den wir bald wieder nach rechts verlassen. Allmählich gewinnen wir an Höhe, passieren die Quelle des Meisbachs (mit

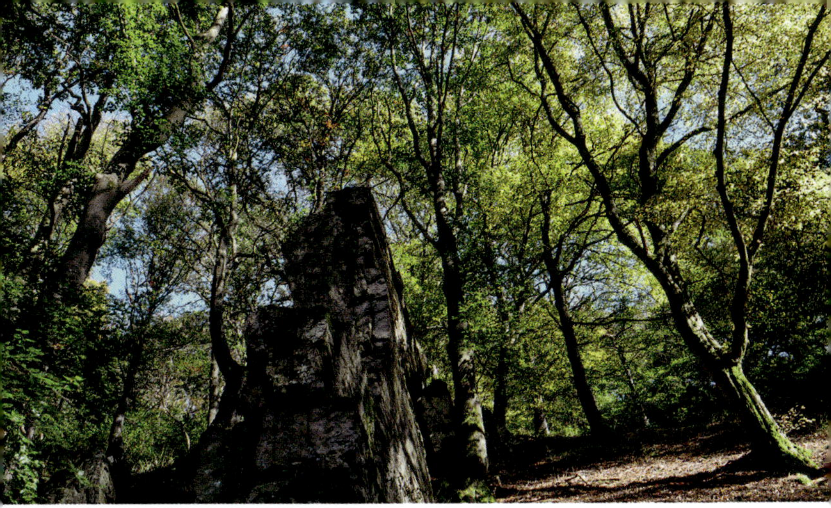

Die Felsformationen am Hang des Honert müssen wir zum Teil überklettern.

Badewanne!) und freuen uns auf freiem Wiesengelände über die Dotzlarer Ansicht mit Burgberg. Über einen Pfad gelangen wir auf der Höhe des Bergs Schwarze Grube, 572 m, zur einstigen Grenze zwischen den Grafschaften Sayn-Wittgenstein-Berleburg und Sayn-Wittgenstein-Wittgenstein.

Ein schmaler Weg führt uns an der umzäunten **Wacholderheide** 3 vorbei. Am Fuß dieses geschützten Terrains laden Bank und Tisch zur Rast. Am **Café Hainbach** 4 biegen wir kurz darauf wieder links in den Wald und können bald einen ersten Kreis schließen. Denn die **Aussichtsplattform** 5 hatten wir vor etwa einer Dreiviertelstunde schon einmal ins Auge gefasst. Herrlich ist der Blick von hier auf ein feines Fleckchen Erde – nach Arfeld und Richtung Schwarzenau, zur Dotzlarer Burg und darüber hinaus ins rothaargebirgige Land.

Wir sehen bereits den Weg, der uns jetzt zum ersten Mal an die Eder führt, zuletzt über einen steilen Pfad hinab an die Landstraße und zur **Ederbrücke** 6. Hier heißt es Obacht geben, denn gleich am anderen Ende der Brücke zweigt am Geländer ein versteckter Pfad scharf rechts hinab ans Ufer. Die Streckenarchitekten haben hier aus der Not (Beton) eine Tugend (Inspiration) gemacht und einen Vers, ein wenig frei nach Marcel Proust, auf die Brückenpfeiler geschrieben: »Setz dich an einen Fluss, und sei einfach da …«. Ederaufwärts gehen wir zügig etwa 1 km zumeist auf dem Bahndamm der einstigen Trasse zwischen Raumland und Battenberg. Dann überqueren wir die Kreisstraße K50, um die Via Celtica nun von einer ganz anderen Seite zu erleben: Wir kraxeln durch eine **felsige Wand** 7 am Hang des Honert und staunen über steinerne Formationen. Bei den Wegzeichen

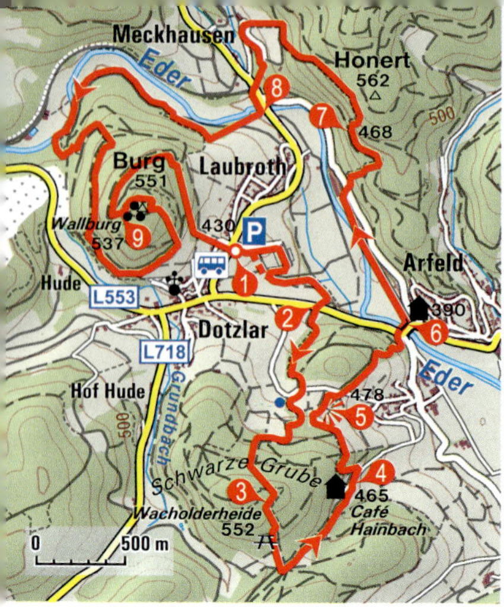

entdecken wir nun auch die Fledermaus, das Symbol des bei Raumland startenden Wittgensteiner Schieferpfads. Oberhalb des Weilers Meckhausen hat uns Weidegelände wieder. Wir halten uns beim Erreichen der Straße Zum Ederblick links und biegen wenig später rechts ab, um über einen Pfad steil hinab zur **Eder 8** zu gelangen. Hier sind erneut unsere Kletterkünste gefragt: Gleich zweimal übersteigen wir über eine Stiege einen Weidezaun. Wir folgen zunächst der Schleife der Eder im Tal, ehe uns die Via Celtica in einer Art Spirale zur Burg, 551 m, hinaufführt. Dotzlar kommen wir im Bereich des Friedhofs schon ziemlich nah, haben noch einmal eine schöne Aussicht auf Dorf und Umland und gelangen schließlich über naturnahe Pfade zur alten **Wallburg 9**. Ohne große Umschweife geht es von hier bergab. Unser Weg schlägt noch einmal einen weiten Bogen rechts um den Burgberg und führt dann nach links über Wiesen und die Fliederstraße zurück zu unserem Ausgangspunkt in **Dotzlar 1**.

Von der Aussichtsplattform über dem Edertal öffnet sich ein herrlicher Blick.

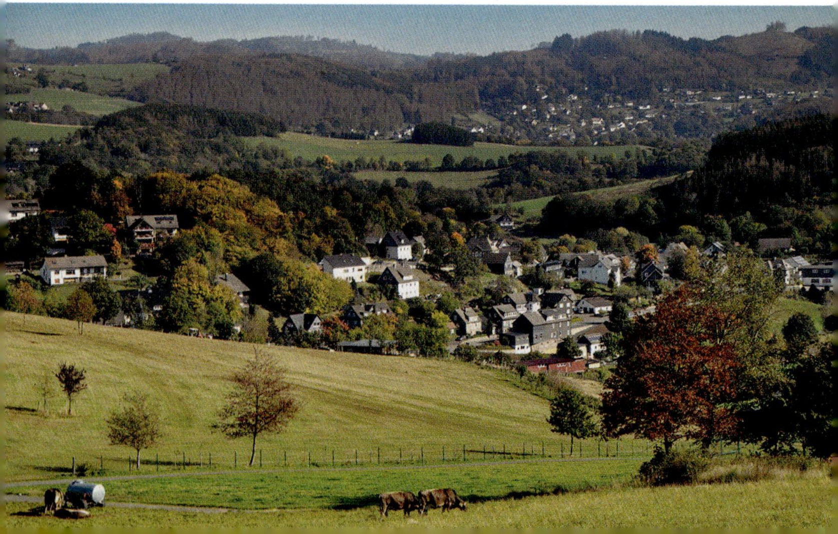

↗ 250 m | ↘ 250 m | 13.1 km

3.30 h

Wisent-Pfad bei Aue-Wingeshausen

Auf der Spur der europäischen Bisons

Ein Wisent sollte schon gesichtet werden auf dieser bis auf die Höhen des Rothaarkamms führenden Wanderung. Deshalb heißt es: Augen auf! Spätestens rund um das Gehege der »Wisent-Wildnis« bietet sich eine echte Chance. Das Herz schlägt schon ein bisschen höher, erblickt man die gefährdeten, zum Teil tonnenschweren »Urviecher«. Die größten Landsäugetiere Europas sind verwandt mit den amerikanischen Bisons und galten in der freien Wildbahn seit den 1920er Jahren als ausgestorben. Wiederansiedlungsprojekte wie das im Bereich des Rothaargebirges wollen das Wisent zurück in seine angestammten Heimaten bringen. Doch die neben der eingezäunten, seit 2013 frei lebenden Wisent-Gruppe führt durchaus zu Konflikten, denn die Interessen von Naturschützern, Touristikern oder Waldbesitzern kollidieren heftig und auch vor Gericht. Auf unserer Runde freilich passt es mit Wisent, Wald und der Natur.

Ausgangspunkt: Sonnenhof, 481 m, An der Bracht 50, 57319 Bad Berleburg, Aue-Wingeshausen; Rothaarbahn RB 93 bis Bahnhof Aue-Wingeshausen, von dort zu Fuß über Haupt- und Kappelstraße, dann der Beschilderung folgen, 2 km zum Sonnenhof; alternativ: Vom Bahnhof mit der Buslinie L196 zur Haltestelle »Wingeshausen Kirche«, von dort über Alte Landstraße und Weidinger Weg zur Route.
Anforderungen: Zumeist auf Forst- und Wirtschaftswegen, vor allem im ersten Teil auch auf naturnahen Pfaden.
Einkehr: Am Ausgangspunkt: Sonnenhof, Sa./So. ab 10 Uhr, Fr. ab 16 Uhr, Mi./Do. ab 14 Uhr, Tel. +49 170 4412710, www.sonnenhof-cafe.de; Wisent-Hütte am Eingang zur »Wisent-Wildnis«, Mo./Di. Ruhetage, sonst 11–17 Uhr, So. ab 10 Uhr, www.wisenthuette.de; diverse Möglichkeiten in Jagdhaus; Forellenhof in Wingeshausen, Fr./Sa. ab 17 Uhr, So. auch 12–15 Uhr, Tel. +49 2759 21495, www.forellenhof-wingeshausen.de.

Tipp: Der zusätzliche Besuch der »Wisent-Wildnis« mit ihrem 3 km langen Rundweg macht diese Tour zu einem formidablen Tagesausflug, geöffnet täglich außer Mo.

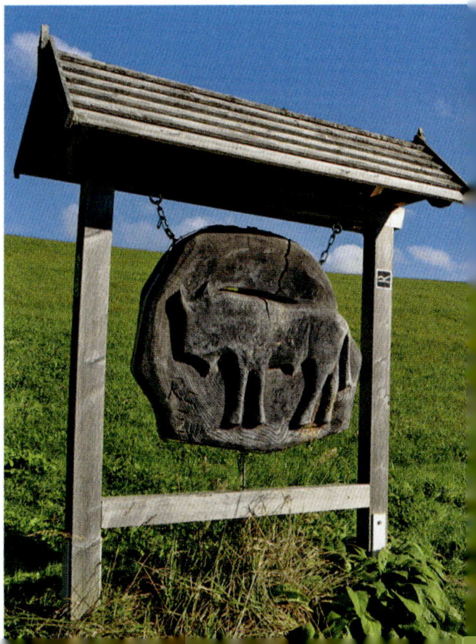

Wer rund um Aue-Wingeshausen unterwegs ist, kommt an Wisenten nicht vorbei …

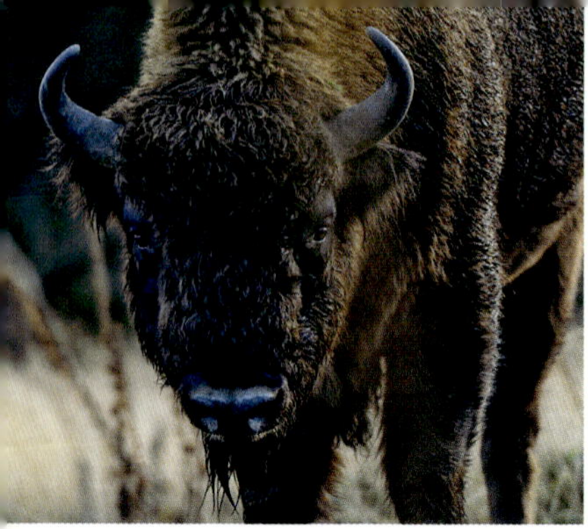

Machen Freude und manchmal auch Ärger: die Wisente.

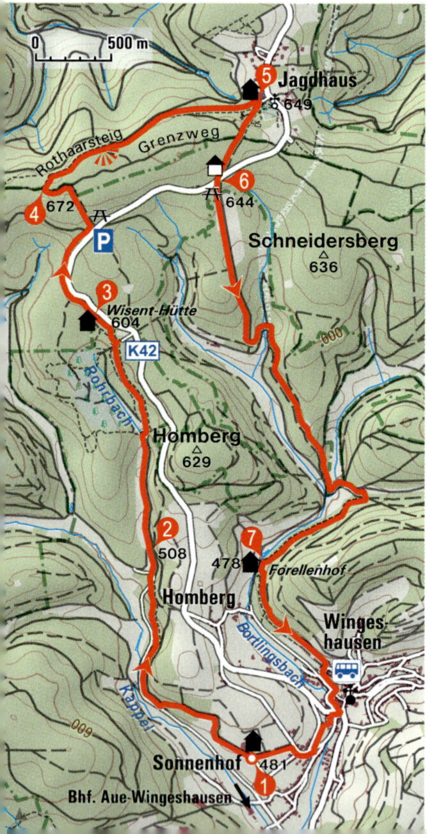

Wir beginnen unsere »Expedition« in die Welt der Wisente am **Sonnenhof** ❶ in Wingeshausen. Markiert ist unsere Strecke durchgängig mit dem schwarz-weißen Logo der zertifizierten Rothaarsteig-Spur.

Hoch über dem Tal des Kappel-Bachs sehen wir schon bald das erste kolossale Wildrind: als hölzernen Wegweiser am Waldrand. Wenig später verlassen wir den Waldweg und zweigen nach links über ein Treppchen hangabwärts ab. Wir wandern über Stock und Stein und passieren den Eingang zum Fledermaus-Stollen »Hinterm Homberg«. Auf wieder breiterem Weg gelangen wir zum Wassertretbecken am **Rohrbach** ❷. Wir nähern uns nun der »Wisent-Wildnis«. Wem der suchende Blick durch den Wildgehegezaun zu wenig ist, um dem Europäischen Bison auf die Spur zu kommen, der sollte später an der **Wisent-Hütte** ❸ ein Ticket lösen; die Runde durchs Gehege hieße 3 km plus und eine gute Stunde mehr.

Der Weiterweg folgt eine Weile dem Verlauf der Kreisstraße K42, um dann am Wanderparkplatz Mondscheinbank scharf nach links und kräftig bergauf zu führen. Noch 300 m sind es bis zum Grenzweg. Dort treffen sich der Kreis Siegen-Wittgenstein und der Hochsauerlandkreis und damit zwar keine Welten, aber doch unterschiedlich geprägte Kulturräume. Schon auf Sauerländer Seite gelangen wir auf den **Rothaarsteig** ❹, hier ganz

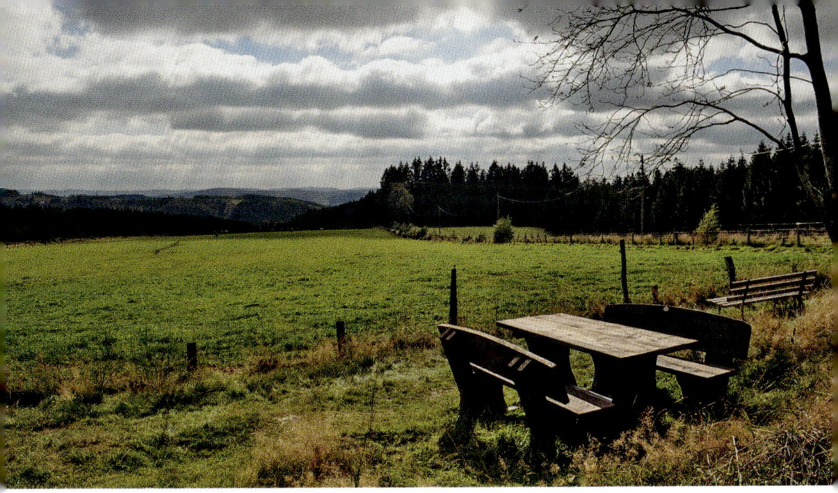

Der Picknickplatz auf dem Wisent-Pfad überhaupt: die Rastanlage an der Hochalm.

schmal und mit spektakulären Blicken ins »Land der tausend Berge«. In der Ferne machen wir den 173 m hohen Fernmeldeturm Bödefeld bei Schmallenberg aus. Wir verlassen den Rothaarsteig bei **Jagdhaus** 5. Was im 18. Jahrhundert mit einem Jäger-Domizil auf fast 650 m Höhe begann, hat sich zu einem kleinen touristischen Zentrum entwickelt; kaum fassen kann der Wanderwegweiser die Schilder mit ganz unterschiedlichen Zielen. Wir bleiben dem Wisent-Pfad treu, der uns nach rechts und wieder über eine Grenzweg-Kreuzung erneut an die Kreisstraße führt. Eine Schutzhütte verleitet zur Rast, aber besser noch picknickt es sich jenseits der Kreisstraße K42, am oberen Ende der **Hochalm** 6. Was für ein Ort und was für eine schöne Aussicht ins Wittgensteiner Land! Ab jetzt geht es hinab Richtung Wingeshausen: die Wirtschaftswege entlang, manchmal über Pfade abseits von Schotter und Teer geführt, am **Forellenhof** 7 mit seinen ruhigen Teichen vorbei und schließlich mitten durchs Dorf. Über den Inselweg und die Brücke über den Bortlingsbach geht es hinauf auf den Liedrain und dann zur Bracht. Eine Überraschung am Wegesrand ist die Weinlaube. Von hier ist es nicht mehr weit zum Ausgangspunkt, dem **Sonnenhof** 1.

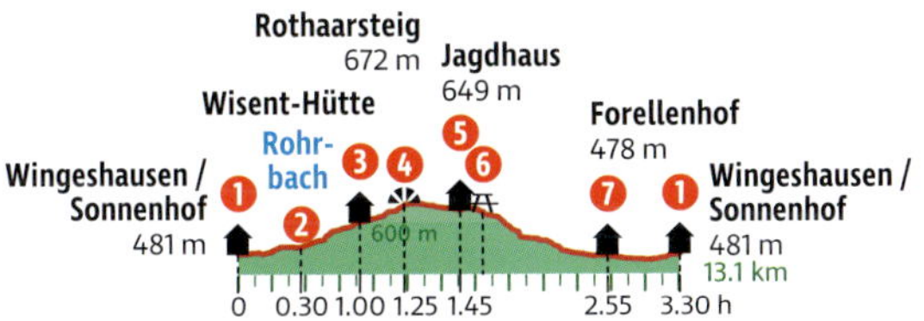

TOP

↗ 340 m | ↘ 410 m | 19.4 km

50 Von Girkhausen nach Bad Berleburg

5.30 h

Wo der Wittgensteiner Panoramaweg zum Waldskulpturenweg wird

Einmal rund um Wittgenstein führt ein Panoramaweg von rund 150 Kilometern Länge, der in sieben oder acht Tagestappen erwandert werden kann. Wir wählen den nördlichsten Abschnitt und damit auch jenen, der uns vom einstigen Holzschnitzer- und Drechslerdorf Girkhausen aus auf die größte Höhe bringt: zum Albrechtsberg, dem mit 768 m höchsten Berg im Kreis Siegen-Wittgenstein. Abwechslung in die recht weite Strecke bringen ab Kühhude etliche der großen Skulpturen, die den Wald zwischen Bad Berleburg und Schmallenberg zum Kunst-Raum machen. Der Waldskulpturenweg entstand in den Jahren 2000 bis 2010 und ist zum Publikumsmagneten geworden. Das goldene Ei (»Was war zuerst«) der Künstlerin Magdalena Jetelová zeigt auf der Zielgeraden der Etappe schon an, dass es rund um die an der Odeborn gelegene Stadt Bad Berleburg, 2021 als »Premium-Wanderort« zertifiziert, märchenhaft zugehen wird. Nicht nur wegen des Schlosses, das Sitz der fürstlichen Familie zu Sayn-Wittgenstein-Berleburg und Zuhause Ihrer Königlichen Hoheit Prinzessin Benedikte von Dänemark ist, sondern auch wegen der romantisch anmutenden Märchenspur. Auf dieser können Jung und Alt sechs Märchen kennenlernen – und ein bisschen Stadtgeschichte noch dazu.

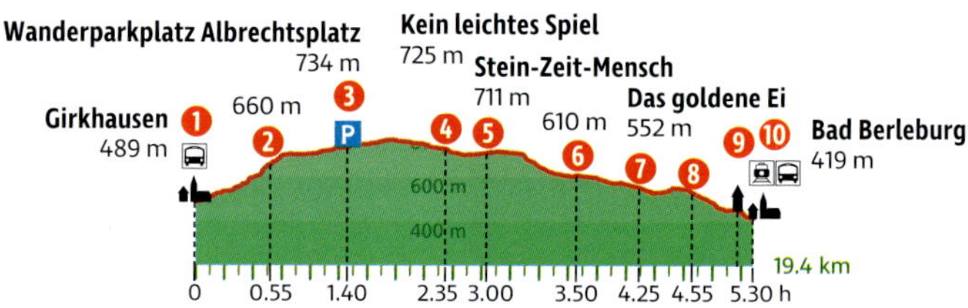

Ausgangspunkt: Girkhausen, 489 m, Ortsmitte, wenige Parkmöglichkeiten nahe der Drehkoite; Buslinie R28 ab Bad Berleburg, Haltestelle »Post«.
Endpunkt: Bad Berleburg, 452 m, Bahnhof; zurück nach Girkhausen geht es mit der Buslinie R28 ab Bad Berleburg; Rückfahrt ab Bahnhof Bad Berleburg z. B. nach Siegen mit der Rothaar-Bahn RB 93.
Anforderungen: Gute Forst- und Wirtschaftswege; Ausdauer.
Einkehr: Kurz vor dem Ziel unweit des Wanderparkplatzes Trufterhain: Café-Restaurant Hof Mühlbach, Mo./Do. Ruhetag, Tel. +49 2751 7407, www.hof-muehlbach.de; Cafés und Restaurants in Bad Berleburg.
Tipp: In Girkhausen erinnert das Handwerks- und Heimatmuseum Drehkoite an die alte Tradition des Holzschüsseldrehens und auch an die des Löffelschnitzens. Drehvorführungen gibt es jeden ersten Samstag im Monat, in der Regel um 16 Uhr, Anfragen über info@drehkoite.de.

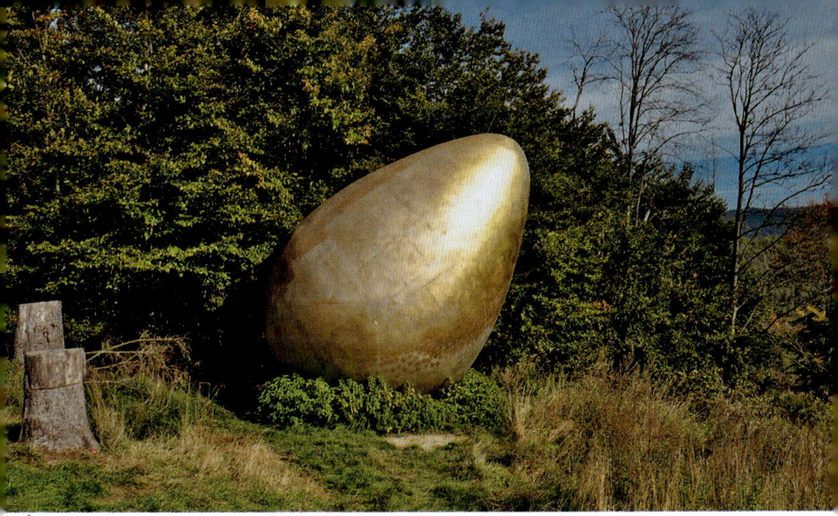

Das goldene Ei der Künstlerin Magdalena Jetelová ist ein Blickfang am Wegesrand.

Ehe wir uns von **Girkhausen** ❶ aus auf den Weg machen, werfen wir einen Blick auf und gegebenenfalls auch in die einstige Wallfahrtskirche. Das zweischiffige und zweichörige Gotteshaus mit seinem isoliert stehenden Turm stammt aus dem 13. Jahrhundert. Sowohl das weiße W des Wittgensteiner Panoramawegs als auch das liegende gelbe R des Rothaarsteig-Zubringers führen uns dann aus dem oberen Odeborntal nach Norden bergan. Über zwei Kehren gelangen wir zu einem Aussichtspunkt und genießen das Panorama einer dörflichen Szenerie im XXL-Format. Einer der acht Berleburger »Augensteine« fokussiert am Steinert durch sein »Guckloch« die Girkhausener Kirche.

Weil wir uns vom Blick auf den Talschluss nicht so schnell lösen wollen, wählen wir statt des unmittelbaren Zustiegs auf den Rothaarkamm oberhalb des Schulzehofs die etwas weitere Variante des Panoramawegs. Beide Möglichkeiten bringen uns zur **Skihütte Girkhausen** ❷. Immer weiter geht es nun auf die Höhe, wo wir nach etwa einer Stunde Gehzeit die von Bad Berleburg nach Winterberg führende Bundesstraße B480 überqueren. Kurz darauf treffen wir am **Wanderparkplatz Albrechtsplatz** ❸ auf den Rothaarsteig – und: auf jede Menge Ausflügler. Einsam ist es hier oben nicht; der Grenzweg entlang der Rhein-Weser-Wasserscheide ist viel begangen, auch weil sich der Wander- und Wintersportort Schanze und der Weiler Kühhude mit der nahen Hängebrücke gut zu Fuß erreichen lassen. Und so begegnen sich hier nicht mehr nur Franken (»Wittgensteinsche«) und Sachsen (»Kölsche«), wie die Infotafel auf 725 m Höhe vermerkt, sondern Menschen aus aller Herren und Herrinnen Länder.

Am Albrechtsplatz halten wir uns links, kommen bald an einem alten Ahornbaum vorbei und später auch am sogenannten Heidenstock. Wir atmen auf dieser Grenzhöhe nicht nur frische Luft, sondern auch jahrhundertealte Geschichte. Genau dieses Empfinden reflektiert Ansgar Nierhoffs massive, aber dennoch durchlässige Skulptur **Kein leichtes Spiel** ❹, die uns kurz vor dem Weiler Kühhude anzeigt, dass wir den Waldskulpturenweg erreicht haben. Wenig später laden zwei Liegebänke zum ausgiebigen Pausieren ein – ein Genuss mit Bauernhofblick. Ab jetzt folgen wir strikt dem Wanderzeichen des Waldskulpturenwegs, der unweit des Kühhuder

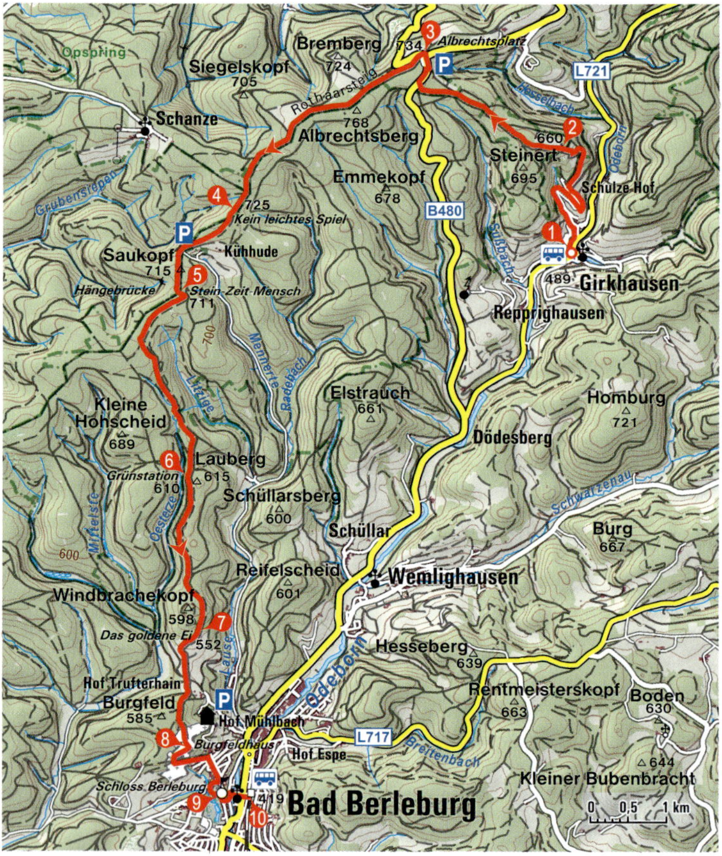

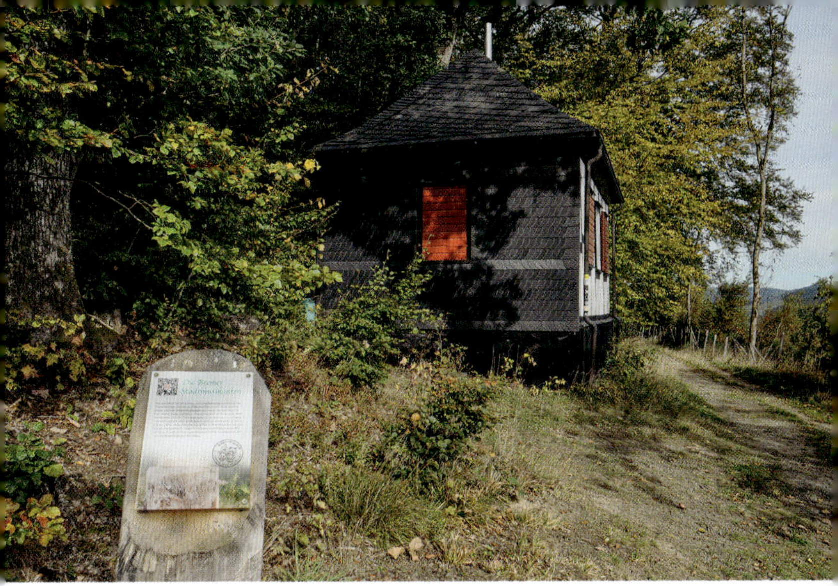

Das Burgfeldhaus ist eine Station am Bad Berleburger Märchenweg.

Wanderparkplatzes mit Nils-Udos beeindruckendem Werk **Stein-Zeit-Mensch** 5 erneut innehalten lässt. Wir passieren mit dem »Monument des verschollenen Falken« ein Land-Art-Werk von Alan Sonfist, das seine Wirkung allerdings erst aus der Vogelperspektive entfaltet. Am Hang des Laubergs, 615 m, nehmen wir ein Häuschen im Grünen ins Visier: Gloria Friedmanns **Grünstation** 6. Den hinter dem Wildschutzgitter liegenden Windbrachekopf, 598 m, nehmen wir über die östliche Seite, halten uns also links, schließlich möchten wir das **goldene Ei** 7 nicht verpassen, das sich aus unserer Perspektive zunächst versteckt. Der glänzende Blickfang verleitet uns dann beim Weitergehen wieder und wieder zur Rückschau. Zwischen den Viehweiden des Hofs Trufterhain halten wir uns geradeaus. Wir müssen noch einmal einen kurzen Anstieg bewältigen, orientieren uns dann rechts und erreichen am hübschen **Burgfeldhaus** 8 eine Station der Märchenspur. Erzählt wird hier von den Bremer Stadtmusikanten – auch wir können Esel, Katze, Hund und Hahn auf diese Weise begegnen und können uns das auch via Stempel bescheinigen lassen.
Die Kastanienallee führt uns nach einem scharfen Links-Abzweig hinab zur die Fürst-Richard-Straße. Von dort geht es über die Hochstraße zum **Berleburger Schloss** 9 mit Park und Orangerie. Von der Parkstraße kommen wir über das Mühlrainchen und die Graf-Casimir-Straße zum Bad Berleburger Bahnhof 10.

STICHWORTVERZEICHNIS

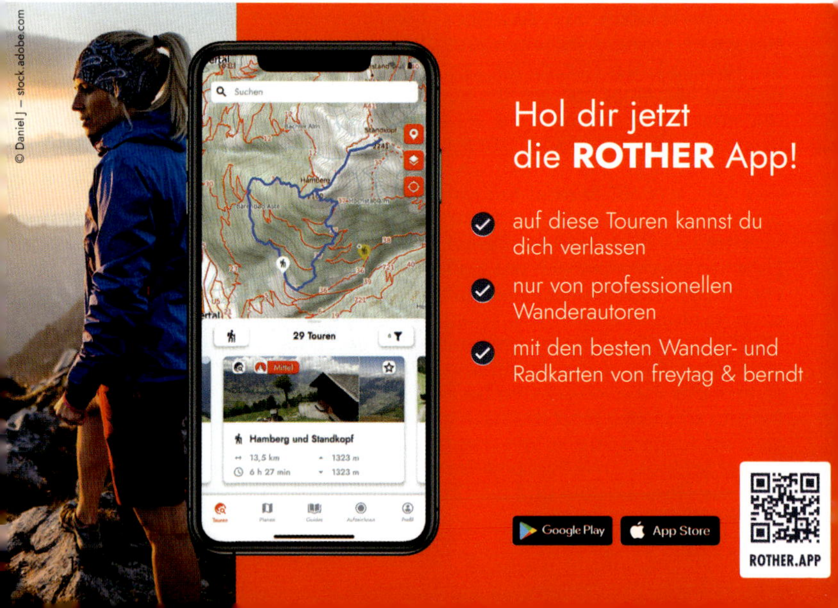

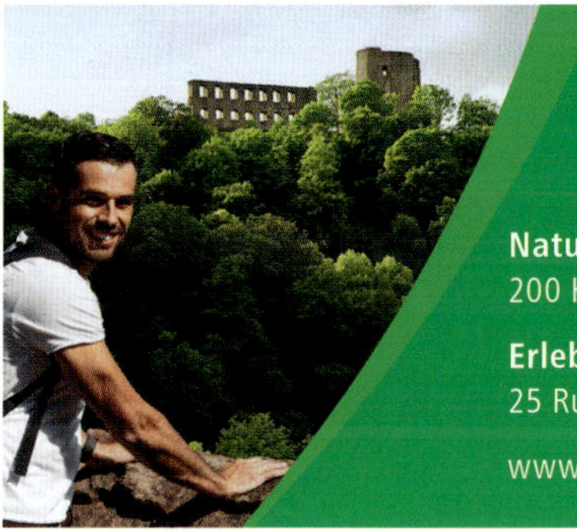

Naturregion
Sieg

Natursteig Sieg
200 Kilometer pures Wandervergnügen

Erlebniswege Sieg
25 Rundwege pures Entdeckervergnügen

www.naturregion-sieg.de

Gute Unterhaltung im Stadttheater im Grünen

Südwestfälische Freilichtbühne Freudenberg e.V.

Kuhlenbergstrasse 26, 57258 Freudenberg
Tel: 02734-4797-3333, www.freilichtbühne-freudenberg.de